U0104006

史學研究叢書・歷史文化叢刊

皇權、近習與權臣：南宋的外戚與政治

黃純怡　著

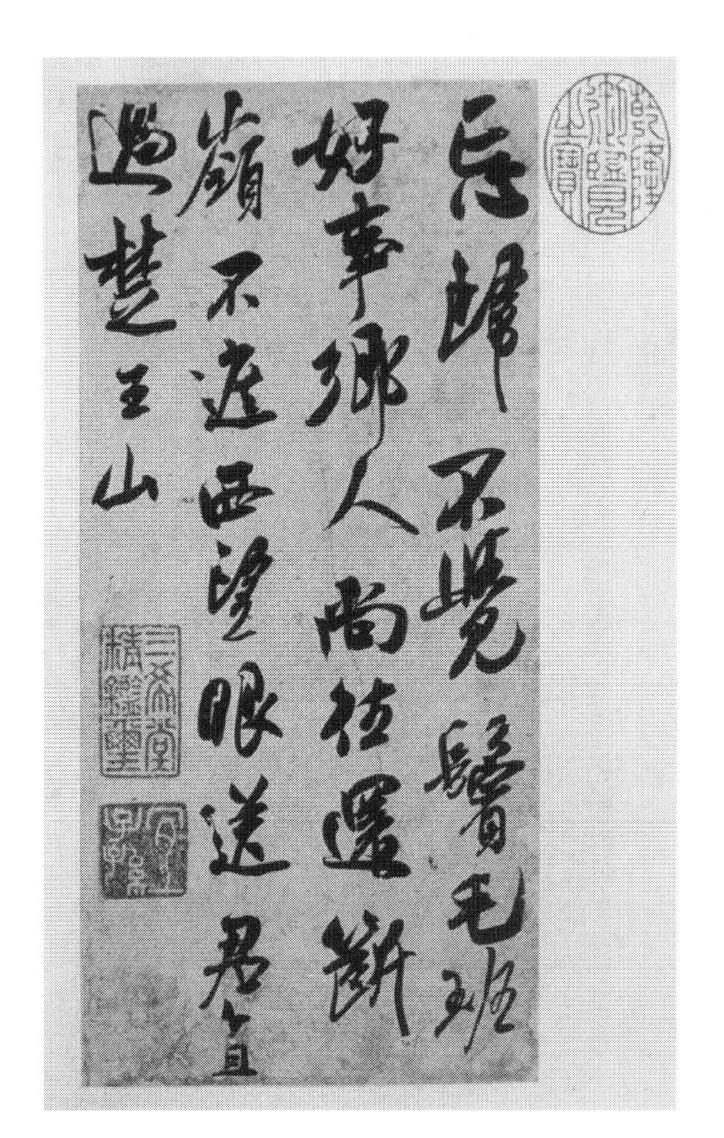

圖片說明：（南宋）吳琚（生卒不詳）詩帖，北京故宮博物院藏。

吳琚是南宋著名書法家，以行書著稱，他是高宗憲聖吳皇后的姪兒，父為吳蓋。吳琚與孝宗皇帝交好，在紹熙內禪時有機會得到從龍之功，但其人淡泊自適，反為權臣韓侂胄所忌。

目次

第一章
前言

南宋紹熙五年（1194），光宗的右史兼起居舍人彭龜年（1142-1206）直前奏事，進《內治聖鑒》二十卷，奏以祖宗家法，集為此書。光宗說：祖宗家法最善。漢、唐兩代都比不上，對待外戚之法最為嚴備。彭龜年曰：我這本書，主要是為了防止宦官、宮中婦女得以弄權，這些人如果看到這本書，恐怕皇上就很難看得到了。光宗回答說：不至如此吧。[1]彭龜年在此時呈上他編好的《內治聖鑒》，是有他的深意。光宗懼內，對李皇后既愛且懼，與退位的太上皇孝宗又有心結，兩宮已許久不相見，面對彭龜年的直言，光宗僅以「不至是」來規避，但這也代表光宗對所謂的祖宗之法是很在意的。

對專業研究者而言，宋代史的基本知識之一，就是強幹弱枝、重文輕武的基本國策。以強幹弱枝為基礎的君主集權，其運作包含皇帝坐朝聽政，以下由二府：中書門下與樞密院的最高長官的理政與議政，群臣的集議以及臨時決策機構所組成。皇帝通常是最後的裁決者，而這個集團原則上排斥女主、內侍、外戚、宗室與武將參與其決策活動，故而宋代被視為「無外戚之患」的朝代。

然而，梳理兩宋的歷史，北宋的確沒有外戚能夠參與執政，南宋卻有兩位權相：韓侂胄、賈似道兼具外戚的身分，因此，本文的研究目的，即在這樣的提問展開。

1　王應麟：《玉海》卷130〈官制〉「紹熙內治聖鑒」，頁2502上至下。另見彭龜年：〈進內治聖鑒疏〉，《止堂集》（《叢書集成初編》本，北京市：中華書局，1985年），卷3，頁36；《宋史》卷393〈彭龜年傳〉，頁11996。

第一節　問題意識

南宋「背海建都、背海立國」，[2]疆域大幅縮小，而北方外族的軍事實力卻遠勝於宋，雖然南宋可倚賴江南的經濟資源，創造出豐厚的財政收入，像是透過土地開發、推動海外貿易、茶鹽專賣、鼓勵商業等措施，開闢財源，然而歲幣的開支、發展水陸聯防的戰備能力、強化邊防及建立地方自衛武力等，也都是南宋所面臨在國防戰略上禦敵的沉重負擔。[3]因此，南宋以江南的自然環境為基礎，面對北方外族的進逼，在軍事對峙局面漸趨和緩之後，便以穩定政局為首要工作。正是因為不同的歷史情境，與北宋相比，南宋無論在政治、軍事、經濟與社會，都有著不同的特色。

以南宋的皇權與相權、臺諫之間的關係來看，北宋時期的臺諫制度的改變（由皇帝來任用臺諫）即成為黨爭的主要原因。而南宋的臺諫常與權臣合作，或權臣任用附和的言官來排除異己，形成臺諫力量無法箝制權臣。劉子健曾提出，南宋皇帝縱容權相才是主要的關鍵。[4]除了任用權相之外，皇帝對於言官，常用拖延敷衍、調護或抑言獎身及控制的方法來阻礙臺諫言事，也是形成權相的原因之一。而南宋軍政的特殊情勢，迫使宰執常須緊急處理軍務，因而兼知樞密使之職，形成「宰輔互兼」的現象。[5]

2　見劉子健：〈背海立國與半壁江山的長期穩定〉，收入氏著：《兩宋史研究彙編》（臺北市：聯經出版社，1987年11月），頁21-40。

3　黃寬重：〈南宋政治、社會與文化的發展〉，收入氏著：《藝文中的政治：南宋士大夫的文化活動與人際關係》（臺北市：臺灣商務印書館，2019年7月），頁13-47。

4　劉子健：〈南宋君主和言官〉，收入氏著：《兩宋史研究彙編》（臺北市：聯經出版社，1987年11月），頁12-13。有關宋代臺諫制度的研究，可參考刁忠民：《宋代台諫制度研究》，成都市：巴蜀書社，1999年5月。賈玉英：《宋代監察制度》，開封市：河南大學出版社，1996年6月。

5　梁天錫：〈論宋宰輔互兼制度〉，收入《宋史研究集》第4輯（臺北市：國立編譯館，1969年），頁275-308。

在這樣特殊的政治情勢之下，南宋從而產生北宋沒有的權相，這些權相較北宋的相權更為擴大，他們在人事任免與民政處理都有極大的權力，權相在臺諫任用親近的言官，以避免他們在朝政上受到其他士大夫的攻擊。最主要的，還是在皇帝對他們的信任與倚重，默許權相在朝政上的種種作為。

南宋權相共有四位，除了高宗時的秦檜、寧宗與理宗前期的史彌遠之外，寧宗朝的韓侂胄、理宗與度宗朝的賈似道皆具外戚身分，這點相當值得注意。由於宋代對外戚的待遇，一向是給予優遇及賞賜，而不會給予有實權的官職，以此來避免外戚干政。故而韓侂胄與賈似道的「特例」，自然有其特殊的背景原因，在其得權之前，外戚身分是否成為進入權力核心的一項阻礙，亦或士人們的反對，抵不過皇權的一意孤行呢？

本文的預擬方向，即在這樣的提問展開。筆者曾以《北宋的外戚與政治》一書探討北宋時期的執政外戚、與政外戚，發現在輿論與臺諫的制約之下，執政外戚想要有所作為，是相當困難的，反而謙靜、低調及遠權勢的作風，才能保持權位，否則很容易遭到官僚集團的攻擊，捲入政爭之中。[6]北宋雖有外戚的參政，但無外戚衍生的政治問題 ，而南宋是否也是北宋的延續？

過去史家對韓侂胄與賈似道的討論，似都集中在其得權原因及黨爭兩方面，兩人都是權臣，也有下面的一些共通點：

外戚出身，曾以蔭補官或恩補官。

曾參與皇位繼承的過程：有從龍之功，且在關鍵時刻得到皇帝

6　黃純怡：《北宋的外戚與政治》（臺北市：萬卷樓圖書股份有限公司，2016年3月），頁79-80。

信任。本人有能力或之前政績不錯。

受到部分官僚的支持。

歷史評價以權臣甚至是「姦臣」看待。（如《宋史》將兩人都列入〈姦臣傳〉）

以外戚身分入主的權臣，以宋代一個士大夫常利用「祖宗家法」主導政策走向的時代，是極難想像的。士大夫大可以外戚弄權的歷史經驗，做為借鏡，驅逐權臣。就如孝宗時陳俊卿曾反對錢端禮任相，說：「祖宗家法，外戚不與政，最有深意，陛下所宜守」[7]，當時錢端禮為皇長子鄧王趙愭的岳父，任參知政事，最後未能任職執政，可見士大夫對此家法，仍是相當堅定執守的。

然而，如前所言，南宋還是出現外戚權臣，這樣的「特例」在南宋的政治環境裡，如何達成及產生，對政局又有何影響，此為本文的研究目的。

第二節　前人研究成果

「外戚」指的是皇帝的母族與妻族，尚包括皇帝的姐妹與女兒的夫族。在中國歷史上曾發生過王莽取西漢而代之的實例，東漢也是外戚當權，並且產生一定的模式，由先帝皇后擁立年幼的皇子，而自己再以太后身份輔佐，引用太后信任的親族（通常也兼具豪族身分）委以實權，但最後失敗者多，「陰、郭、馬三家保全，甚餘皆無不敗者」。[8]

7　《宋史》卷385〈錢端禮傳〉，頁11831。

8　趙翼：《二十二史劄記》（臺北市：世界書局，1986年10月）卷3〈兩漢外戚之禍〉，頁41。

有鑒於歷代外戚弄權、擅權而導致國勢衰落的情形層出不窮，宋代的外戚也同樣成為統治者與士大夫防漸的對象，因此外戚在宋代一直沒有出現重大的政治問題，也使得這一領域的研究，較少受到學界的注意。早期學者多半認為，宋代無外戚問題，如宮崎市定認為，宋代外戚在對於皇室內部的事情已沒有任何發言權，他們就好像把自己的女兒供奉給神明一樣，只能引以為榮，得到短暫的快樂，因此認為「無漢王氏之患」。[9]柳詒徵也說「宋代是看不見篡奪的時代」，[10]沒有外戚干政的問題。

張邦煒的《宋代皇親與政治》，首先提出「宋代究竟有無內亂」、「宋代是否形成內朝」等問題，並企圖藉由研究宋代宗室、后妃、外戚與宦官的關係來尋求解答，在第三章〈宋代外戚與政治〉中，張討論了一些從政受阻的外戚如錢惟演和張堯佐，也討論徽宗時前後拜相的韓忠彥、鄭居中，南宋的錢端禮、及權臣韓侂胄、賈似道。他認為在宋代的士大夫文化下，外戚想要居於權力中心，幾乎都必須承受排山倒海的抨擊與反對，就算是有如徽宗時前後拜相的韓忠彥、鄭居中，南宋的韓侂胄、賈似道，這些外戚都有一些特殊的背景原因，因此認為宋代對外戚能優遇加防範，法制嚴密，不給實權，才能避免外戚干政亂政。[11]至於外戚得權的背景原因，張文當中則沒有再深入探討。

張儒婷《宋代外戚地位研究》，是以宋代的「待外戚之法」切入，探討宋代如何加強對外戚的限制，張的論文認為宋代對外戚是有嚴格的防範措施的，通過經濟、政治、日常生活交往來削弱外戚的特權，本文也是第一本有系統來討論外戚的出身、封賞和任官等問題的著

9 （日）宮崎市定：〈宋元の經濟狀況〉，收入《世界文化史大系》第12卷（東京：角川書店，1928年），頁337。

10 柳詒徵：《中國文化史》（臺北市：正中書局，1964年再版）中冊，頁223。

11 張邦煒：《宋代皇親與政治》，成都市：四川大學出版社，1993年12月。

作。外戚雖有特權，但卻有諸多任官的限制，本文對「限制」之下的「特例」雖也有一些討論，但可惜沒有對特例形成的因素作探討。[12]

拙著《北宋的外戚與政治》以北宋外戚為探討對象，並提出：外戚的任用，宋代有「矯漢唐之弊」的共識，因此對外戚有許多限制與約束，然而任何的限制與約束在皇權之下都是可以被打破的。例如：北宋時的武將外戚家族李氏、曹氏，以及執政外戚王貽永、張堯佐、韓忠彥、錢惟演等人，都是曾被重用的外戚。皇帝在不同的情況下，仍會重用外戚，而不受祖制的約束。而外戚的種類、本身的才能或政績、與當權者的關係，也會決定這位外戚在朝政的地位。像是太祖重用王繼勳、太宗重用武將外戚如李繼隆家族等，徽宗即位初用韓忠彥，也是基於當時政局的需要，皇權的考慮並非只由其外戚身分著眼。[13]

前人學者對南宋政治及權力運作的討論不少。劉子健〈包容政治的特點〉討論南宋妥協、包容的政治手段和方式，保守謹慎的作風，以達成鞏固政權、上下安定的目的。本文也對南宋君權、相權、士風、胥吏之間如何運作「包容政治」有所闡述。[14]余英時《朱熹的歷史世界》透過朱熹時期的政治，討論士大夫政治文化，環繞著「國是」、「黨爭」的影響，作者深入討論道學家欲「得君行道」的理想，與理想的幻滅過程。[15]寺地遵則透過南宋前期政治的討論，回應南宋

---

12 見張儒婷：《宋代外戚地位研究》，吉林市：東北師範大學碩士論文，2007年6月。對外戚任用的制度的文章，尚有苗書梅：〈宋代宗室、外戚與宦官任用制度述論〉，《史學月刊》1995年第5期，頁32-38。楊光華：〈宋代后妃、外戚預政的特點〉，《西南師範大學學報》1994年第3期，頁62-67。白文固：〈宋代外戚恩蔭制度淺論〉，《青海社會科學》2001年第5期，頁85-91。

13 黃純怡：《北宋的外戚與政治》（臺北市：萬卷樓圖書股份有限公司，2016年3月）

14 劉子健：〈包容政治的特點〉，收入《兩宋史研究彙編》，臺北市：聯經出版社，1987年11月。

15 余英時：《朱熹的歷史世界：宋代士大夫政治文化的研究》，臺北市：允晨文化公司，2003年6月。

雖然有北宋政權的基本性質，但也因為南北抗爭的關係，出現徹底的集權主義。[16]

在皇權運作的制度上，內批、御筆、劄子等文書格式，近年來也是討論的焦點。由於這些文書形式大多不出於中書，而是由皇帝獨斷，往往會形成皇權與士人政治之間的衝突點，也容易形成近習或權臣干政的弊端。[17]小林晃認為，韓侂胄、史彌遠代表不同的權力型態。韓侂胄是透過皇帝掌握內批與御筆，而得權的專權者，而史彌遠則是代表士人夫輿論推動之下以宰執為領導的政治體制的恢復。[18]這種看法也與學者們如寺地遵、戴仁柱、何忠禮、韓冠群等不同，過去學者的看法是，認為韓與史皆為專權者，史彌遠只是取代韓成為官僚集團的領導角色，但權力結構沒有太大改變，而為了杜絕權臣的再度出現，在韓侂胄被誅後眾臣便呼籲「政歸中書」。[19]

對南宋黨爭與韓侂胄相關討論也相當多。沈松勤以文人的學術、文學與政治生涯與朋黨結合，討論南宋道學與反道學之爭。謝康倫（Conrad Schirokauer）、程誌華探討寧宗時期的慶元黨禁，並指出反道學的本質其實是政治鬥爭。黃俊彥、小林晃以韓侂胄的得權、專權

16 （日）寺地遵：《南宋初期政治史研究》，臺北市：稻鄉出版社，1995年7月。

17 近年來成書的有鄧小南、曹家齊等編：《文書、政令、信息溝通——以唐宋時期為主》，北京市：北京大學出版社，2012年1月。鄧小南、曹家齊等編：《過程、空間——宋代政治史再探研》，北京市：北京大學出版社，2017年7月。（日）平田茂樹：《宋代政治結構》，上海市：上海古籍出版社，2010年8月，內容有〈解讀宋代的政治空間〉、〈宋代地方政治管見——以劄子、帖、牒、申狀等為線索〉等文，均有相關討論。

18 見（日）小林晃：〈南宋寧宗朝における史彌遠政権の成立とその意義〉，收入《東洋學報》第91卷第1期，2009年，頁35-64。

19 見何忠禮：《南宋政治史》（北京市：人民出版社，2008年），頁302-4。（日）寺地遵：《南宋初期政治史研究》，臺北市：稻鄉出版社，1995年7月。韓冠群：〈從政歸中書到權屬一人：南宋史彌遠專權之路〉，《四川師範大學學報》第44卷第3期，2017年5月，頁150-151。

原因，兼及南宋寧宗時的政治大事：慶元黨禁、開禧北伐，黃俊彥並指出韓侂冑善於以政策合作的方式，籠絡不同的士人，以達成北伐的終極目標。[20]

過去對南宋政治的討論以宋金和戰為多，近年來開始關注孝宗以下的政治情形。柳立言討論孝宗身為高宗的養子時，皇位繼承之下高宗的心態。張維玲則關注南宋中期以來道學家與近習之間的政爭。虞云國、張金嶺、方震華分別探討宋光宗、寧宗與宋理宗的即位與政治情形，使我們對孝宗以下的皇帝，有了更深入的了解。[21]

由崔瑞德（Denis Twitchett）、史樂民（Paul JAkov Smith）主編《劍橋中國宋代史》是劍橋中國史系列中最晚出版的作品，此書上卷於2014年出版。該書彙集了中、日、英文等研究成果，觀察了兩宋之間文人政治的興起、政局的發展、道學運動的興起。此外，它們突出了朋黨和皇權對宋政治文化的不穩定影響，以及強大的草原帝國像是遼、西夏、女真和蒙古對宋代的影響。[22]就南宋而言，女真在北方的

20 沈松勤：《南宋的文人與黨爭》，北京市：人民出版社，1995年4月。謝康倫（Conrad Schirokauer）：〈論偽學之禁〉，收入陶晉生等譯：《宋史論文選集》，臺北市：國立編譯館，1995年5月，頁159-200。程誌華：《學術與政治：南宋「慶元黨禁」之研究》，新竹市：清華大學歷史研究所碩士論文，1995年6月。黃俊彥：《韓侂冑與南宋中期的政局變動》，臺北市：臺灣師範大學歷史研究所碩士論文，1976年7月。（日）小林晃〈南宋中期における韓侂冑專權の確立過程〉，《史學雜誌》2005年，頁31-54。

21 柳立言：〈南宋政治初探——高宗陰影下的孝宗〉，《中央研究院歷史語言研究所集刊》第57期3分（1986），頁553-584。張維玲：《從南宋中期反近習政爭看道學型士大夫對「恢復」態度的轉變（1163-1207）》，臺北市：臺灣大學歷史系碩士論文，2009年5月。虞云國：《南宋行暮：宋光宗、寧宗時代》，上海市：人民出版社，2018年9月。張金嶺：《宋理宗研究》，北京市：人民出版社，2018年10月。方震華：〈轉機的錯失——南宋理宗即位與政局的紛擾〉，《臺大歷史學報》第53期，2014年6月，頁1-35。楊宇勛：〈宋理宗與近習：兼談公論對近習的態度〉，《中山大學學報》2014年第6期。

22 見（英）崔瑞德（Denis Twitchett）、（美）史樂民（Paul Jakov Smith）編，*The Cambridge History of China,* Vol. 5 Part One: The Five Dynasties and Sung China And Its

征服，對南宋的影響是無庸置疑的，「恢復」也是南宋政局的課題之一，江偉愛在第九章提出，孝宗的政治集權方式顯現君主獨裁的特性，他也提到孝宗以內批與御筆來加強權力（頁657），甚至不顧宰相和樞密院的意見，向女真出兵。戴仁柱則在第十、十一章討論光宗到理宗的政治，他提出韓侂胄、賈似道是深宮中的產物，是權臣、寵臣，而非從文官系統發展而來。

從前輩學者的研究裡，我們看到對南宋的政治的幾個課題，都有很豐碩的研究成果，也幫助我在外戚政治的問題上，從不同的角度思考與切入。孝宗時，錢端禮任參知政事兼權知樞密院事，極受孝宗倚重，吏部侍郎陳俊卿力詆其罪，說「本朝無以戚屬為相，此懼不可為子孫法」。又在進讀寶訓時，言及外戚：

> 祖宗家法，外戚不與政，最有深意，陛下所宜守。[23]

錢端禮是孝宗長子鄧王妃的父親，鄧王那時還不是孝宗的太子，錢端禮急著登上相位，籠絡朝臣，恐怕也是因為外戚不與政的原因，但他的急迫，反而讓他受到攻擊，未能如願。其後，孝宗立鄧王為太子，錢端禮就以避嫌之故，不再任執政之職。

寧宗即位不久，彭龜年時任吏部侍郎，他眼見知閤門事韓侂胄因有從龍之功，數以在內庭干預政事，不禁提出警戒：

> 臣伏見祖宗待外戚之法，遠監前轍，最為周密，不令預政，不令管軍，不許通宮禁，不許通賓客，不惟防禁之，使不害吾

Precursors, 907-1279 AD 2014.5.　中譯本《劍橋中國宋代史》，北京：中國社會科學出版社，2021年第2次印刷。

23 《宋史》卷385〈錢端禮傳〉，頁11831。

治，亦所以保全之，使全吾之恩也。[24]

彭龜年為了制止韓侂胄得權，用祖宗待外戚之法，來勸說寧宗。正如司馬光曾言：「（本朝）祖宗創業垂統，為後世法。」[25]在上面的兩則史料內容上，我們都看到「祖宗之法」的力量。它是累積的，是一個治理國家的基本方略，也是貫徹制約精神的具體章程。[26]它也是變化的，經由各朝、不同士人的認識與闡述，提出不同的解釋，以維護朝政的穩定。那麼，在彭龜年筆下的「祖宗待外戚之法」，是否真的能在南宋的情境下落實，成為對外戚參政的約制呢？

君主專制的時代，由皇帝的世襲制度所衍生的主要問題，首先是世襲制度之下帝王的教育，因為偏重儒家經典的內容，缺乏實務的歷練，容易為臣下所蒙蔽。就如劉靜貞所言：世襲得位的君主，不一定具備足夠的學養能力，或是政治興趣，來完成獨裁天子的政治角色。[27]而這個問題在南宋，則更為明顯，就算皇帝背後有制度的支持，但在政治事務的處理上，因為皇帝本身個人能力、資質的限制，仍然不得不仰賴外力的協助，但這樣的結果，卻容易形成大權旁落。加上南宋皇帝常因沒有子嗣，而讓皇位繼承的過程，充滿波折。在此情形下即位的皇帝，皇權的實際運作，皇權與士人政治的互動又是如何？它對南宋外戚權臣的形成，是否有決定性的影響呢？

北宋時期的外戚，雖然有許多限制與約束，但仍有武將外戚家族

---

24 彭龜年：《止堂集》（叢書集成初編本，北京市：中華書局，1985年）卷五，〈論韓侂胄干預政事疏〉，頁73。

25 司馬光：《溫國文正司馬公文集》（收入《四川叢刊初編》，上海市：商務印書館，1965年），卷40〈體要疏〉，頁2。

26 鄧小南：《祖宗之法——北宋前期政治述略》，北京市：三聯書店，2006年9月。頁9。

27 劉靜貞：《北宋前期皇帝和他們的權力》，臺北市：稻鄉出版社，1996年4月。頁6。

李氏、曹氏及執政外戚王貽永、張堯佐、韓忠彥、錢惟演等人受到皇帝的重用，外戚的個人特質（才能與性格）、與當權者的關係，也會決定外戚在朝政中的地位。[28]外戚在北宋並沒有像漢代一樣產生干政或亂政的情形，主要是因為宋代的政治環境與漢代不同，宋代士大夫監督力量的崛起、后妃家族勢微，都讓外戚的干政受到密切的監督。而祖宗家法的約束、后妃與外戚的自我約束等，也是原因之一。

君主專制的政治，雖然真正的決策者是皇帝，但基於當時政局的需要，外戚的任用還是十分常見。只是北宋外戚位高卻多少有實權，自然不足為患。在南宋卻產生如韓侂冑、賈似道等外戚權臣，本文希望在南宋情境下討論外戚權臣的形成，透過南宋的外戚參政，能更了解皇權、權臣與士人之間的運作關係。

28 參見黃純怡：《北宋的外戚與政治》，臺北市：萬卷樓圖書股份有限公司，2016年3月。

第二章
南宋外戚的任用制度

宋代立國之初，鑒於前代藩鎮割據、朝政動蕩的歷史經驗，便有針對內政的的各種政策。如強幹弱枝、重文輕武等。而朝政動蕩往往會來自於皇帝身邊的人，如后妃、宦官、宗室以及外戚。有如宋太宗曾言：「國若無內患，必有外憂；若無外憂，必有內患。外憂不過邊事，皆可預為之防。惟姦邪無狀，若為內患，深可懼焉。」[1]為防止內憂的產生，其中外戚任官的限制，也是在這種防弊的想法之下而生。

第一節　授官與恩蔭

宋代的外戚一般都授予武官的官職，因宋朝重文輕武，文官地位高於武官，因此，授予武官是為了防止姻、戚干預政事，授予的官職，大部分也都是沒有實權的官職。如有些外戚初任官職是文官，但在擁有外戚身分之後，就會改授武官。如高宗的第一任皇后邢皇后（1106-1139）之父邢煥（？-1132），原為文官，邢氏為康王妃後，升右文殿修撰、徽猷閣待制。其後諫議大夫衛膚敏言：「后父不當班從官」，遂改光州觀察使、除樞密都承旨。[2]

邢煥有五個兒子：孝揚、孝肅、孝寬、孝蘊、孝騫，因邢煥之故，皆推恩補官，孝揚、孝肅及孝寬均除直祕閣，皆為文資。[3]其後

1　楊億：《楊文公談苑》（上海市：上海古籍出版社，1993年8月），頁50。

2　見《宋史》卷465〈邢煥傳〉，頁13589。

3　《宋會要輯稿》后妃2之3、4、5、8，頁220上至221下，頁223上等各條。

孝揚在紹興六年（1136）才改授武義大夫、遙郡刺史。[4]

公主的夫婿即在尚公主後就算是白身，仍可直接授官。[5]所授駙馬的官職也都是武官，屬於沒有實權的虛銜。大長公主是皇帝的姑姑，長公主是皇帝的姐妹，公主則是皇帝的女兒，駙馬無論之前官職為何，尚主後都授將軍。神宗熙寧八年（1075）以前，駙馬都尉初次皆授小將軍。[6]熙寧八年以後，才有分別：駙馬都尉選尚公主、長公主，并除小將軍，下降日，除刺史；選尚大長公主，即除大將軍，下降日，除團練使。[7]

中國古代的政治制度中，有按照貴族或官員的政治地位，授予其子孫、親戚官職的一種優惠制度。外戚由其姻親地位而得到官職的恩蔭，或者加遷，都比一般官員的升遷來的迅速，但它也是有其定例的。

一　由父、祖名下蔭補得官

父、祖就是外戚，其子孫們可以因父祖之故，蔭補得官。宋代外戚除了少數，都以武官入仕。蔭補的時間，依據宋代的定制，每三年一次行使郊祀大禮，南郊祀天，北郊祀地，又行明堂禮，祀后土、皇地祇於明堂，官員皆可奏補親屬。依照父、祖本身的官職來規定人數及奏補的範圍：

4 《宋會要輯稿》后妃2之5，紹興六年二月十四日，頁221下。

5 李燾：《續資治通鑑長編》，以下簡稱《長編》卷181，至和二年九月辛巳，龍圖閣直學士、右諫議大夫李東之言，頁4376。宋代駙馬在尚公主後，白身初任官就是駙馬都尉、左衛或右衛將軍。

6 《宋會要輯稿》帝系8之46，8之47，8之50，8之51，8之53，8之54均記有宋太祖至哲宗時駙馬初授官情形，頁171下至175下。另見黃純怡：〈宋代的駙馬與政局〉，《第四屆海峽兩岸宋代社會文化學術研討會論文集》（臺北市：中國文化大學，2016年7月），頁221-237。

7 《宋會要輯稿》帝系8之53，元祐元年二月十六日，以三省言，頁175上。

凡武臣，……樞密使、副使、宣徽節度使子，西頭供奉官；期親，右侍禁；餘屬，自知班殿直以下第官之。六統軍諸衛上將軍、節度觀察留後、觀察使、內客省使子，右侍禁；期親，右班殿直；餘屬，三班奉職以下第官之。客省使、引進防禦使、團練使、四方館使、樞密都承旨、閤門使子，右班殿直；期親，三班奉職；餘屬，為差使、殿侍。諸衛大將軍、內諸司使、樞密都承旨、閤門使子，右班殿直；期親，三班奉職；餘屬，為差使、殿侍。諸衛大將軍、內諸司使、樞密院諸房副承旨子，三班奉職；期親，借職；餘屬，為下班殿侍。諸衛將軍、內諸司副使、樞密分房副承旨子，為三班借職。[8]

原本皇帝的萬壽節也是可以推恩奏補的，但因此法造成太多冗官問題，因此對恩蔭的官員及推恩人數都有所限制，唯后妃誕聖節則沒有限制。

此外，官員致仕可依制度蔭補親屬：

凡文武朝官、內職引年辭疾者，多增秩從其請，或加恩其子孫。[9]

有些官員因在任上生病，覺得時日無多，也可用死前遺表的方式請求蔭補。[10]例如高宗時邢皇后父邢煥故去，邢煥家「乞將遺表恩澤，特補皇后親弟孝蘊、孝蹇京官」，[11]後因不合制度，補忠訓郎。皇

8 《宋史》卷159〈選舉志〉，頁3726。

9 《宋史》卷170〈職官志〉「致仕」，頁4088。

10 據《宋史》卷159〈選舉志〉，頁3732載：尚書省文武官致仕，雖不及受敕，若無曾受蔭人，自有遺表恩。

11 《宋會要輯稿》后妃2之3至4，紹興三年九月十二日，頁220下至221上。

后另一位弟弟邢孝揚則轉兩官。紹興三年十一月（1133），邢煥夫人能氏又上遺表乞官，孝揚除直祕閣，孝蘊和孝蹇除閤門祇侯。[12]

二　由后、妃及公主名下蔭補得官

每三年一次行使郊祀大禮，或誕聖節，太皇太后、皇太后可以奏補親屬四人，皇后二人。「凡諸妃期親守監簿，餘判、司、主簿或尉；異姓親試監簿。婉容以上有服親，才人以上小功親，並試監簿。凡大長公主、長公主、公主夫之期親，判、司、主簿或尉，餘試監簿；子，補殿中丞；孫，光祿寺丞；壻，太常寺太祝，外孫，試銜、知縣。」[13]

在三后及公主生辰時，可以推恩蔭補，但神宗時又規定「罷生日恩，所奏須有服親」[14]以避浮濫。后妃冊封時，其家人可推恩蔭補，后妃病逝亦然。

高宗第一位皇后邢皇后（1106-1139），是高宗為康王時聘娶的王妃，當時高宗出使金國，將妻小都留在藩邸，靖康之禍後為金人所北擄，高宗即位後還是遙冊她為皇后，當時推恩親屬二十五人，邢后的父、兄也在其中。[15]

高宗第二位吳皇后（1115-1197）是在十四歲時選入康王宮內。高宗即位後，吳氏也隨侍左右。紹興十三年（1143）吳氏受冊封為皇后後，弟吳益、吳蓋也受推恩，吳益加成州團練使、武翼郎兼閤門宣

12 《宋會要輯稿》后妃2之4，紹興三年十一月三日，頁221上。

13 《宋史》卷159〈選舉志〉，頁3725。

14 《宋史》卷159〈選舉志〉，頁3729。

15 《宋史》卷243〈憲節邢皇后傳〉，頁8646。

贊舍人，吳蓋加文州刺史。其他親屬推恩共二十五人。[16]

寧宗楊皇后（1162-1232）年少孤苦，因會唱詞被選入宮，慶元元年（1195）為寧宗嬪妃，六年（1200）為貴妃，同年韓皇后病逝，楊氏才受封為皇后，兄楊次山由吉州刺史升任福州觀察使，後又拜岳陽軍節度使。[17]

蔭補之後，若是后妃的外戚，在后妃壽節、歸謁家廟或因其過世、忌日等都可得到加遷。但這並不是定制，而是看后妃本身的條件、與皇帝的關係等而定。

孝宗的第三任皇后謝皇后因歸謁家廟，其弟謝澄由右武郎、閤門宣贊舍人轉官為右武大夫。[18]光宗的李皇后歸謁家廟，姪兒孝純、孝友都轉右武郎，帶御器械幹辦皇城司。[19]

光宗的李皇后，推恩親屬人數最多，結果引來朝臣的反彈：

> 皇后受冊恩數，今若欲援引成例，則乾道二年推恩體例九十三人，淳熙四年一百三十三人。今表計一百七十二人，數目之多，則前例所無也。乾道二年惟陳珆一人轉兩官，淳熙四年本閣官止轉一官，今楊舜卿於遙郡轉兩官，則為觀察使，陸彥端，張彥臣亦轉兩官，則徑轉團練使，夫以兩代之重，而以恩賞超遷，亦前例所無也。乞下樞密院條具合推恩人數，酌量裁定。詔本閣提舉官楊舜卿、陸彥端、張彥臣等與依指揮轉行。[20]

---

16 《宋史》卷466〈吳益傳〉，頁13591。《宋會要輯稿》后妃2之9，紹興十三年十月十四日，頁223下。

17 《宋史》卷465〈楊次山傳〉，頁13595。又見卷243〈楊皇后傳〉，頁8658。

18 《宋會要輯稿》后妃2之23，淳熙四年十二月二十四日，頁230下。

19 《宋會要輯稿》后妃2之23，紹熙四年正月九日，頁231下。

20 《宋會要輯稿》后妃2之25，紹熙三年十二月二十六日，頁231下。

光宗有些懼內，故對李皇后親屬推恩，也特別寵遇。不止皇后受冊時的推恩人數超標，皇后歸謁家廟，推恩的人數也超過標準。如李氏門客蔣孝曾、霍溥等人，原為白身，欲補官承信郎、將仕郎，引發朝臣的詬病。朝臣認為，張景詵、霍溥、霍淵等人雖是李氏親屬，但也應該合乎皇后推恩的名額。[21]故宋史記載：

> 后立後封三代為王，家廟逾制。后謁家廟，推恩親屬二十六人，使臣一百七十二人，下至李氏門客，亦奏補官，中興以來未有也。[22]

南宋初年（紹興元年，1131），孟太后去世。在世的近親，有姪女四人，加封兩等。姪子孟忠厚之妻嘉國夫人王氏，加封次國夫人。其餘本宗的緦麻以上親戚，各與升轉一官。選人依轉循資或改官，白身人與補初品官。異姓緦麻以上親戚，皆各轉一官，選人比照升轉。其中本宗、異姓的緦麻以上親戚，已有封號的婦女加封一等，未有封號的婦女加封孺人。

紹興三年（1134）孟太后大祥，再次給予恩澤：本宗緦麻以上親屬，各等與轉二官。其中親姪子孟毅夫等三人賜緋章服，白身二人與補初品官。未有差遣人，令吏部准予占射差遣一次，應堂除人，與合入差遣。異姓緦麻以上親，各特與轉一官，其中本宗、異姓緦麻以上親命婦，皆各加封一等。[23]

孟太后是北宋哲宗時的太后，雖不被哲宗寵愛，也沒留下子女，

21 《宋會要輯稿》后妃2之25-25，紹熙四年正月十七日，頁231下-232上。

22 《宋史》卷243〈后妃傳〉，頁8654。

23 《宋會要輯稿》，后妃2之3，紹興元年六月四日條、紹興三年四月十七日條，頁220下。

但非常長壽，因其年齡和地位，因此在發生政治危機時，往往會起關鍵性的作用。北宋徽宗即位時，孟太后被封為元祐太后，其後蔡京當政，重用新黨黨人，元祐孟后再度被廢，在靖康之禍發生時，孟后已獨居宮外二十多年，不問世事，幸運地沒有被金人擄走北上。被金人立為楚帝的張邦昌，因對帝位無意，請出孟太后垂簾聽政，並恢復元祐太后的尊號。

趙構即位後，孟太后撤簾還政，並跟著高宗南渡到杭州。金人追擊高宗之餘，也沒放過孟太后，她的隨行人員潰散，所幸孟太后無事，直到高宗將她接回行在。建炎三年（1129）發生苗劉軍變，[24]高宗被迫退位，當時孟太后再度垂簾聽政主持大局，一邊安撫苗、劉兩人，一邊聯絡韓世忠等人勤王，可說是發揮穩定朝政的作用。

對當時唯一留下的皇子趙構而言，因他並非是在皇子正統的繼位程序下而繼承帝位，自然需要一個資深而地位崇高的人出來支持，孟太后是宋徽宗名義上的母后，也是高宗的祖母輩，對高宗助力極大。而孟太后後來在苗劉軍變裡的表現，更可以看出她對高宗的全力支持。高宗在孟太后死後屢次加遷其親屬，就是重視與回報的表現。

高宗親母顯仁韋太后，在紹興十二年夏四月（1142）和徽宗的棺槨一起被接回，高宗憐惜親母在北方被囚受苦，加之為人子的孝道，對韋氏親屬也予特別推恩。季弟韋淵個性暴橫，不循法度，但因韋后故，原任昭慶軍節度使、開府儀同三司，進封樂平郡王。[25]韋淵的三個兒子：韋訊、韋謙、韋讜也分別蔭官。

紹興十九年（1149），韋太后慶賀七十大壽，宮中除行慶賀禮

24 苗劉軍變，又稱明受之變。建炎三年由苗傅、劉正彥所發動，以清君側之名，逼高宗禪位給當時年僅三歲的皇太子趙旉，苗劉二人後被殺。

25 《宋會要輯稿》，后妃2之8，紹興十二年九月十五日，頁223上。

外，親屬各遷官一等，幾近二千人。[26]紹興二十九年（1159），太后年八十，親屬再度推恩進官一等：

> 連州刺史新特改添差兩浙東路馬步軍副都總管韋訊為忠州團練使，惠州刺史韋誼為貴州團練使，榮州刺史韋訢為成州團練使，右承直郎韋璞、�並為右承事郎，忠訓郎、閤門祇候璹、琛並為秉義郎，忠訓郎瑛為秉義郎。[27]

韋訊、韋誼、韋訢為韋太后姪兒，在韋太后駕崩祔廟後，推恩轉三官，姪孫璞、�、璹、琛、瑛、珪各與轉兩官，其他姪孫璟、珆、珝補官承節郎。[28]由韋太后和孟太后死後的推恩來比較，韋太后的姪兒可轉三官，孟太后姪兒只轉兩官，韋太后由於是高宗親母，因此其推恩也比較優禮。

韋太后有個姪女，嫁給吳蓋（高宗吳皇后之弟）的兒子吳環，因韋太后之故，吳蓋和吳環也都獲得推恩。吳蓋原為寧武軍節度使、提舉佑神觀，遷轉行一官，特授太尉。[29]韋太后的姪女、姪女夫獲得推恩，這是符合制度的，但吳蓋只因為是親家的關係，就獲得轉官，這也顯示推恩、轉官的制度與其範圍都非定制。

外戚因恩蔭而得官的人數眾多，然而大多品階不高，也多半沒有實權。因此雖可以得到經濟上的利益，但比較起因科舉得官的士大夫，恩蔭得官者在政治影響力和社會地位都不高，自然也無法有太多干政的可能性。對於蔭補的外戚，主要的目的是可以保障他們子孫的生活。

---

26 《宋史》卷243〈后妃傳〉，頁8642。

27 《宋會要輯稿》，后妃2之12，紹興二十九年二月四日，頁225上。

28 《宋會要輯稿》，后妃2之8，紹興三十年四月九日，頁225上。

29 《宋會要輯稿》，后妃2之12，紹興三十年五月二十九日，頁225上。

第二節　俸祿與賞賜

宋代外戚在任官的限制較多，但為了照顧這些皇親們的生活，也需要在經濟上給予照顧，因此外戚的經濟待遇上格外的豐厚，除了依據其官階和差遣領取俸給外，還有其他的賞賜。

宋代官員的俸祿大致分為本俸、添支和其他俸祿。本俸中又包括俸料、衣賜、祿粟三種，其後又有職田等，可說是名目繁多。以下我們以外戚常任官的本俸來說明。

以俸祿來看。宋代外戚的常任官是武資，最高到節度使、團練使、節度觀察留後、觀察使、防御使等。其俸祿如下：

> 節度使，四百千，管軍同。……皇族節度使同中書門下平章事，并散節度使及帶王爵，奉同節度使。……節度觀察留後，三百千，管軍同。……如皇族充留後及帶郡王同。……觀察使，二百千，管軍同。……如皇族充觀察使，即三百千。[30]

上述可知普通官員有「管軍」的差遣，才能拿到這樣的俸給，而皇族（含外戚）則不在此限。俸給之外，衣賜的數量：

> 防御使，三百千。……其皇族及兩省都知押班、諸司使并橫行、諸衛大將軍遙領者，百五十千。皇族春、冬加絹各十五匹，綾十匹，春羅一匹，綿五十兩。團練使，百五十千。……皇族春、冬加絹各十五匹，綾十匹，春羅一匹，綿五十兩。[31]

---

30 《宋史》卷171〈職官志〉，頁4103。

31 《宋史》卷171〈職官志〉，頁4104。

祿粟：

> 節度使，一百五十石。管軍同。如皇族節度使同中書門下平章事已上，并散節度使及帶王爵者，並一百石。團練使，七十石。管軍并皇族及軍班除充者同。其餘正任并五十石。若皇族并兩省都知押班、諸衛大將軍、將軍、橫行遙領者同。刺史，五十石。皇族并軍班除充者同。其餘正任并管軍三十石。[32]

宋代官員的俸祿本就優渥，除剛才提到的本俸、衣賜、祿粟以外，尚有職田及發給公用錢：「節度使兼使相，有給百萬貫者，其次，萬貫至七千貫，凡四等。節度使，萬貫至三千貫，凡四等。節度觀察留後，五千貫至二千貫，凡四等。觀察使，三千貫至二千五百貫，凡二等。防御使，三千貫至千五百貫，凡四等。團練使，二千貫至千貫，凡三等。刺史，千五百貫至五百貫，凡三等。」[33]四者相加，經濟上的待遇是很不錯的。

外戚有疾病或是受傷，也會獲得禮遇或賞賜。若是地位高的長輩外戚有疾，皇帝會「幸其第，或賜勞加禮焉」，「凡臨幸問疾者賜銀、絹，宰臣及樞密使帶使相者二千五百兩匹，樞密使、使相二千兩匹，知樞密院事、參知政事、樞密副使、同知樞密院事一千五百兩匹，簽書樞密院事、同簽書樞密院事、宣徽使七百五十兩匹，殿前都指揮使一千五百兩匹，駙馬都尉任使相以下者二千五百兩匹，任節度使觀察留後以下者一千五百兩匹，并入內侍省取賜」，[34]給予他們許多賞賜。

若是不幸過世，地位隆重者，皇帝會臨奠：「宰相、樞密、宣徽

32 《宋史》卷171〈職官志〉，頁4120。

33 《宋史》卷171〈職官志〉，頁4144。

34 《宋史》卷124〈禮志〉，頁2906。

使、參知政事、樞密副使、駙馬都尉薨，皆臨幸奠酹，及發引，乘輿或再往」，[35]此處提到的「駙馬都尉」即為外戚，且地位與朝廷重臣如宰相、樞密及參知政事等人是相同的，所以待遇比一般的外戚高。宋代駙馬在公主下降時便會授予駙馬都尉一職，因此在制度上駙馬是可以得到君主臨奠的榮寵。外戚當中，以駙馬都尉有疾或過世最受禮遇，后妃的外戚因為極少能得到以上官職，所以自然也沒有獲得這些待遇的可能。

外戚在后妃受冊時，除了轉官外，也會得到賞賜。孝宗冊封謝皇后，其弟謝澄乞賜田三十頃，且由平江府諸縣上等的官田來提撥。[36]光宗冊封李皇后，其親姪閤門宣贊舍人李孝友也是依例乞賜田三十頃。[37]咸淳三年（1267）度宗冊封謝太后為壽和太后，「族兄弟謝奕實等十五人、族姪謝在達等四十七人、族姪孫謝鏞等十四人，各賜銀十兩、帛十疋。」[38]以示恩賞。李皇后受冊是在紹熙元年（1190），但直到紹熙三年（1193）李孝友才要求依例賜田，可見這類賞賜並非后妃受冊寶的定制。

除了基本的俸祿及賞賜外，宋代制度中尚有祠祿之官，以佚老優賢：「在京宮觀，舊制以宰相、執政充使，或丞、郎、學士以上充副使，兩省或五品以上為判官，內侍官或諸司使、副為都監，又有提舉、提點、主管」。祠祿之官是沒有實職的，但卻有俸祿，因此也算是變相的加薪。宋初祠祿官的名額不多，在神宗時才有增置。除了重臣外，外戚也可任祠祿官：

---

35 《宋史》卷124〈禮志〉，頁2902。

36 《宋會要輯稿》后妃2之23，淳熙四年九月六日，頁230下。

37 《宋會要輯稿》后妃2之25，紹熙三年八月三日，頁231下。

38 《宋史》卷46〈度宗本紀〉，頁897。

戚里、近屬及前宰執留京師者，多除宮觀，以示優禮。[39]

如哲宗時，高遵固、高遵禮兄弟因宣仁太后之故，又因年高，特再任宮觀。此種宮觀職有如養老金的職能，但在外戚則多半視為一種俸給加給。南宋時曾為了照顧流離失所的士大夫，許以承務郎以上權差宮觀一次，但太過浮濫，因此對任宮觀職也較嚴格。下面的表一為南宋外戚曾任宮觀職的情形，由此表可以看到，任職宮觀職的外戚共有十六人，且多為后族至親，尤其是以后族中的父、兄為多。

表一　南宋外戚任宮觀職表

外戚姓名	祠祿官名	出處
孟忠厚	充萬壽觀使，提舉祕書省	《宋史》卷四六五〈外戚傳〉
孟子禮	右宣教郎，主管台州崇道觀	《宋會要輯稿》后妃二之二
孟子夏	朝奉郎，主管台州崇道觀	《宋會要輯稿》后妃二之二
韋　淵	德慶軍節度使充萬壽觀使	《宋會要輯稿》后妃二之四
韋　誼	昭化軍承宣使、提舉佑神觀	《宋會要輯稿》后妃二之十五
邢　煥	光州觀察使、提舉亳州明道宮	《宋會要輯稿》后妃二之一
吳　蓋	寧武軍節度使、提舉佑神觀	《宋會要輯稿》后妃二之十二
郭　瑊	鄂州觀察使、提舉萬壽觀	《宋會要輯稿》后妃二之十三
郭師元	忠州團練使、主管佑神觀	《宋會要輯稿》后妃二之二一
郭師禹	福州觀察使、主管佑神觀	《宋會要輯稿》后妃二之二一
夏執中	奉國軍節度使、提舉萬壽觀 其後主管佑神觀	《宋史》卷二四三〈后妃傳〉 《宋會要輯稿》后妃二之十三
鄭　藻	太尉兼保信軍節度使兼充萬壽觀使	《宋會要輯稿》后妃二之十四至十五

39 《宋史》卷170〈職官志〉，「宮觀」，頁4080。

外戚姓名	祠祿官名	出處
韓同卿	揚州觀察使、提舉佑神觀	《宋會要輯稿》后妃二之二十六
楊次山	少傅充萬壽觀使	《宋史》卷四六五〈外戚傳〉
楊　谷	太傅、保寧軍節度使充萬壽觀使	《宋史》卷四六五〈外戚傳〉
楊　石	保寧軍節度使，提舉萬壽觀 理宗立，授開府儀同三司，充萬壽觀使	《宋史》卷四六五〈外戚傳〉

第三節　約束與限制

宋代對外戚的基本原則是「崇爵厚祿，不畀事權」。[40]由前文外戚的待遇可知，宋代外戚獲得恩蔭補官的機會多，升遷也快，但只表現在俸祿及品級上，實際上多為沒有實權的職位，而且以武資為主，其升遷、添差都有所限制。孝宗淳熙六年（1179）張聞禮時任登仕郎，他是憲聖吳太后姪女的丈夫，欲添差浙東安撫司幹辦公事，登仕郎原是沒有實權的官職，朝臣等奏：

> 在法，雖戚里，文臣未經銓試，武臣未經呈試，並不許陳乞添差。

孝宗則說「豈可以戚里而廢公法。」[41]張聞禮因沒有經過考試，自然是不合乎規定的。

40　《宋史》卷464〈外戚傳〉序，頁13535。

41　《宋史全文》卷26，淳熙六年正月甲申，頁2225。

下面我們針對外戚的約束來作討論，特別是臺諫、輿論對某些外戚任官的反應，明顯可以看出宋代對外戚的限制。

一　不任文資，不掌兵權

外戚初任官，除非有特殊的情形，以恩蔭補官多半為武官。武官可以蔭補官職的規定如下：

> 樞密使、開府儀同三司：子，秉義郎；孫及期親，忠翊郎；大功以下親，承節郎；異姓親，承信郎。
>
> 知樞密院事、同知樞密院事、樞密副使、太尉、節度使：子，忠訓郎；孫及期親，成忠郎；大功，承節郎；小功以下及異姓親，承信郎。
>
> 樞密都承旨、正侍大夫至右武大夫、防御使、團練使、延福宮使至昭宣使任入內內侍省都知以上：子，保義郎，大功以下親，內各奏異姓親者同，承信郎。
>
> 刺史：子，承節郎；孫及期親，承信郎；大功以下，進武校尉。諸衛大將軍、武功至武翼大夫、樞密承旨至諸房副承旨：子，承節郎；孫及期親，承信郎；大功以下，進武校尉。
>
> 諸衛將軍、正侍至右武郎、武功至武翼郎：子，承信郎，孫，進武校尉；期親、進義校尉。[42]

例如高宗時的吳皇后，吳皇后的兩個弟弟分別為吳益、吳蓋，吳益以恩蔭補官為右武翼郎，累遷幹辦御輦院、帶御器械，吳皇后被冊封後，吳益則推官為宣贊舍人，加成州團練使。吳蓋則恩補武翼郎兼

42 《宋史》卷170〈職官志〉，「武官蔭補」，頁4097-8。

閤門宣贊舍人，吳后被冊封後，推恩加文州刺史。而吳益、吳蓋的兒子則恩蔭補官為秉義郎、從義郎。[43]

又如孝宗謝皇后謝皇后受封時，父已卒獲追贈，弟謝淵、謝澄，以后故分別蔭補為武翼郎、承信郎，後歷任閤門宣贊舍人、閤門祇候，謝淵三遷至保信軍節度使，加太尉、開封儀同三司。謝澄授言州刺史帶御器械，後授成州團練使。[44]

光宗的李皇后之父李道，早年為宗澤的部下，任榮州團練使，進武義大夫。其後跟隨岳飛收復襄陽等郡，頗有軍功，累官至復州防禦使、果州觀察使。戍鄂州，加中侍大夫、武勝軍承宣使，又升御前諸軍統制。在隆興初年，時李皇后妃為恭王妃，有人劾李道之過，孝宗將之降官，卒後拜慶遠軍節度使，贈太尉。光宗登基後，因李后之故，李道進封楚王。因此李道的孫子兩人李孝純、李孝友先補官忠訓郎，其後官至節度使。[45]

度宗全皇后家族，全后之父為全昭孫，曾任岳州知州，在全后冊封皇太子妃時已卒，故只獲追贈。全昭孫子永堅等也因父故而補官。[46]度宗即位後，弟清夫、庭輝等十五人各轉一官。

駙馬尚公主授予尉馬都尉，其中尚公主、長公主，并除小將軍，下降日，除刺史；選尚大長公主，即除大將軍，下降日，除團練使。[47]南宋唯一的公主是理宗的女兒：周、漢國公主，母親是理宗寵妃賈貴妃，舅舅是權臣賈似道。身為理宗唯一的女兒，可說是掌上明珠，帝

---

43 《宋會要輯稿》后妃2之9，頁223下。又見曹勛：《松隱集》（《四庫全書珍本》，臺北市：臺灣印書館，據1935年重印）卷35〈吳益墓誌銘〉、〈吳蓋墓誌銘〉，頁3右、5左。

44 《宋史》卷243〈后妃傳〉，頁8652-3。《宋會要輯稿》后妃2之23，頁230下。

45 《宋史》卷465〈李道傳〉，頁13595。又見《宋會要輯稿》后妃2之26，紹熙四年五月九日，頁231下。

46 《宋史》卷243〈后妃傳〉，頁8659。

47 《宋會要輯稿》帝系8之53頁175上。哲宗元祐元年二月十六日，以三省言。

極鍾愛。開慶初，宰臣們討論欲以進士第一名尚主，當年狀元為周震炎，廷謝當日，公主在隔屏內偷看，因不喜周震炎外貌，故改為楊太后的姪兒楊鎮尚主。楊鎮尚主日，擢為右領軍衛將軍、駙馬都統，公主進封後，楊鎮也升為慶遠軍承宣使，寵遇甚渥。[48]

任文資的外戚，通常是在較為特殊的情境下：第一，該名外戚的父、祖是文資，因此以父祖蔭補為文官。第二，該名外戚曾參加科舉考試且通過，被授予文資。第三，外戚曾補試入太學。[49]英宗時高皇后的堂叔高遵惠、神宗時向皇后的從兄向宗旦，都是文官，因其曾登進士第之故。若該外戚初任官時為文官，後來才有外戚身分，但若有言官論諫，外戚就會轉授武資。

高宗的第一位皇后邢皇后因靖康之禍為金人所擄，高宗虛中宮之位十六年以待，對邢父邢煥也頗多禮遇。邢煥初任即為文官，歷任開封府士、工、儀曹。女兒嫁給康王後，主管亳州明道宮。高宗即位，升任右文殿修撰，又擢升為徽猷閣待制，遭遇諫官的強烈反對，認為邢煥不合祖制：

> 后族戚里，不得任文資。恐擾法而干政。[50]

邢煥改任光州觀察使，除樞密都承旨。高宗邢皇后之弟孝揚，初為文官，除直祕閣。邢孝肅、孝寬，也都是承務郎遷直祕閣，[51]後也因此改秩。

---

48 《宋史》卷248〈公主傳〉，頁8790。

49 《宋大詔令集》卷195，〈傳宣內降特旨許三省密院契勘詔〉，頁719。

50 李心傳：《建炎以來朝野雜記》，甲集卷1〈憲節邢皇后〉，頁35。又見《宋史》卷465〈邢煥傳〉，當時諫議大夫衛膚敏言：后父不當班從臣，遂改光州觀察使，除樞密都承旨。頁13589。

51 《宋史》卷465〈外戚傳〉，頁8646。《宋會要輯稿》后妃2之3，紹興十三年四月十四日，邢孝肅、孝寬並除直祕閣。

哲宗孟皇后的姪兒孟忠厚原來也是文官。孟忠厚在徽宗宣和年間，官至將作少監。靖康元年（1126），知海州，召權衛尉卿。南宋初年，他跟著隆祐太后勤王，在杭州先被授徽猷閣待制，兼幹辦奉迎太廟神主事等職。康王即位為高宗後，除顯謨閣直學士，當時臺諫交章論列，才改武秩，改授常德軍承宣使、幹辦皇城司。[52]孟忠厚的兒子有孟嵩，歷任通判楚州、台州及知臨安府，他也曾任直祕閣修撰，一直擔任文官，或許是因為孟太后已卒，孟嵩行事低調，他的學問也不錯，並沒有受到注意。[53]

孟忠厚孫孟猷、孟導，因曾隨葉適學，故被視為水心門人。據葉適為他們撰寫的墓誌銘載，孟猷初官為承奉郎兼秀州糴納倉，後通判婺州，知南安郡，都官郎中。入為軍器監，右司郎中，直寶謨閣，太府卿兼刑部侍郎，知婺州，直龍圖閣等職，孟導累官大理正，知嚴州，再知臨江軍，[54]皆為文官職，且孟猷還任職侍從官。

又如高宗吳皇后的兄弟吳蓋，初任官為文資，授直祕閣，又任祕閣修撰，直徽猷閣等官，不僅是文官，還是侍從官。被御史湯鵬舉論其為「庸瑣之才」，自是不復遷，後改寧武軍節度使。其子吳琚，亦為文官始，授臨安府通判，歷尚書郎等職，換資任鎮安府節度使。[55]

再如孝宗時韋璞，他初任官就是文官，而且當時他是韋淵的孫子，屬外戚，可能因為譜系較遠，因此沒有受到注意，也可能是他科舉入仕，而非恩蔭補官，因此才由文官始，史籍對他的入仕途徑沒有記載的很清楚。淳熙末，官至太府少卿。紹熙初，除煥章閣，論者以

52 《宋史》卷465〈外戚傳〉，頁13585。

53 樓鑰：《攻媿集》卷108〈直祕閣孟君墓誌銘〉，頁1533。

54 見葉適：《水心集》卷22〈孟猷墓誌銘〉，頁399上至下。卷25〈孟達甫墓誌銘〉，頁442下-444上。

55 《宋史》卷465〈外戚傳〉，頁13591。

為非祖宗舊制，當時有人提出韋璞為外戚，不合祖制，遂換授明州觀察使，才改為武官。[56]

寧宗韓皇后父韓同卿，原來也是文官，他原任朝奉大夫、權知泰州，因皇后受冊，換授為揚州觀察使、提舉佑神觀。[57]

再如錢端禮，他是出身吳越錢氏，他的父親錢忱是駙馬錢景臻與仁宗魯國大長公主之子，初任莊宅副使，騎都尉。靖康之亂後，錢忱家族南下，拜檢校少保，瀘州節度使，中太一宮使，又進開府儀同三司，封榮國公，卒贈太師。[58]照理來說，錢忱是武官，兒子錢端禮以父蔭入仕，也應該是以武資入仕，但不知道是什麼原因，錢端禮一直是文官。高宗時通判明州，加直秘閣，累遷右文殿修撰，在孝宗時升任參知政事。而因為他的女兒嫁給孝宗長子鄧王，因而擁有了「準外戚」的身分，為了避嫌，他才辭去執政之職。

又如度宗全皇后的兄弟全永堅等，初官恩補承信郎、直秘閣，皆為文資，並不符合制度。[59]這可能是因為其父全昭孫原官職為岳州知州，本來就是文官，因此全永堅也因父蔭補官為文資，全氏家族低調而很少參預政事，這應該是他們沒有受到朝臣論議的原因。

以上提到幾個比較特別非武資的例子，因為史料不明，無法判別他們入仕的途徑，（或者初官以蔭補，其後參加科舉以換授文資）但多數的情況下來看，外戚的譜系越遠，他們受到的注意也越少，只要低調或者未受君主的重用或超遷，也較不會為士人詬病其身分，因此外戚為文資這個限制，並非絕對之事。

---

56 《宋史》卷465〈外戚傳〉，頁13588。

57 《宋會要輯稿》后妃2之26，紹熙五年閏十月十六日，頁232上。慶元元年任清遠軍承宣使，二年十一月授太尉。

58 《宋史》卷465〈外戚傳〉，頁13588-13589。

59 《宋史》卷243〈后妃傳〉，頁8659。

二　不任二府　不任侍從官

宋代的外戚，是不可以任二府之職的。二府指掌管民政的中書門下，及掌管軍事的樞密院，此兩府形同宋代宰相，位高權重，故外戚受到限制：

如仁宗時，詔：

> 后妃之家，毋行除二府職位。[60]

仁宗時雖有此詔，但仍有外戚在當時受到重用，而擔任執政。如王貽永（生卒不詳）為王溥之孫，王溥在後周時任相，宋太祖對他推重有加。王貽永是王溥次子貽正的兒子，原名克明的他，因娶太宗的公主，被改名為貽永，按照規定他必須提高與父親同輩分，因此為貽字輩。王貽永在皇祐二年（1049）八月拜樞密使，雖以他完整任官資歷，足以任之，但還是破除外戚不任二府的例子。他為人低調謙靜，在政事上沒有太大作為，相對來說，這也可能是他能保持權位的原因。

另一位在仁宗朝執政的外戚張堯佐，則沒有王貽永那麼幸運。王貽永因為公主早卒，世人幾乎淡忘他是駙馬的身分，但張堯佐卻是仁宗寵妃張貴妃的伯父。仁宗想拜張堯佐為相，此舉引發輿論與臺諫的爭議。[61]

外戚雖可因為皇帝的看重或個人條件，有可能進入二府任職，但也有可能會遭到臺諫反對。徽宗即位初，韓忠彥與曾布拜相，韓罷相時，徽宗詔曰：

---

60 《長編》卷169，皇祐二年閏十一月己未，頁4067。

61 見葛紹歐：〈從北宋仁宗朝宮廷外戚事件看監察權的行使〉，《師大歷史學報》（臺北市：臺灣師範大學，1977年第5期），頁258。

朕觀前世外戚擅事，終至禍亂。天下唯我祖考，創業垂統，承平百有餘年。外戚之家未嘗與政，厥有典則，以貽子孫。即政之初，以駙馬都尉韓嘉彥兄忠彥為門下侍郎，繼除宰相，方朕恭默，弗敢有言。給事中劉拯抗疏論駁，亦不果聽，上違祖宗成憲，下襲前世禍亂之失。其自今令勿援忠彥例，以戚里宗屬為三省執政官，世世守之，著為甲令。[62]

徽宗先解釋韓忠彥任相時，並非不知祖制，乃因他「恭默，弗敢有言」，然此違背典則之事，易遭禍亂，因此此後「勿援忠彥例」。當時忠彥任相，徽宗恐怕不是一無所知，而此詔撇清責任的意圖濃厚，由此可知祖宗成憲的力量在皇權下是可以被利用的。

南渡後，高宗也重申此令：「歷考祖宗朝，后父無文臣侍從官者，朕欲遵依舊制。」[63]此種規範在其後也被提出，孝宗時錢端禮任參知政事，他也是孝宗長子的岳父，因個人才能佳，想要擔任執政，但因私下與朝臣聯繫頻繁，被諫官上言不得任執政，因而不行。[64]

在南宋的特殊情境之下，寧宗時的權臣韓侂胄，韓皇后是其堂曾孫女，因對寧宗的即位有從龍之功，雖名未列二府，卻以太師兼軍國重事的要職，有如執政一般。而理宗時的權臣賈似道，以父之蔭補嘉興司倉的官職，待其姐入宮為貴妃，才擢為太常丞、軍器監，嘉熙二年（1238）登進士第，淳祐元年（1241），賈似道任湖廣總領，三年（1243）加戶部侍郎，五年（1245）以寶章閣直學士為沿江制置副

62 《宋會要輯稿》職官1之30，崇寧二年七月二十日詔，頁2330下。同書帝系8之55，亦有此詔所載，頁176上。

63 《宋會要輯稿》后妃2之11，頁224下。

64 《宋史》卷385〈錢端禮傳〉，錢端禮並非后父，而是皇長子鄧王的岳父。頁11831。本書第六章會討論錢端禮。

使、知江州兼江西路安撫使，一年後，再遷京湖制置使兼知江陵府，調度賞罰，得以便宜行事。九年（1249）加寶文閣學士，京湖安撫制置大使。十年（1250），以端明殿學士移鎮兩淮。寶祐四年（1257），賈似道加參知政事，隔年加知樞密院事。賈似道以進士出身，一路升任皆為文官，而且位列二府中的丞相，在理宗、度宗兩朝皆成為重要的權臣。此二人均有外戚身分，卻能擔任執政重臣，可說南宋對外戚任官的限制並沒有那麼嚴格。這點在下面幾章會再討論。

外戚除了不能任執政的二府外，也不能擔任侍從官。侍從官指帶有殿閣待制以上職名者，用來「以待文學之選」，對學問、文采皆有所要求，是用來做為皇帝侍從以備顧問的，故而有清望，與皇帝常有親近機會，屬儲備人才，日後能進入二府執政的機會也相對較高：「入則議論朝廷政事，出則鎮撫一路」[65]。外戚如前述，以武官為主，當然沒有資格任任侍從官，或是成為皇帝的幕僚以備顧問。

高宗邢皇后的父親邢煥、孟太后的姪兒孟忠厚，原為文官，且都擔任過侍從官。邢煥曾任右文殿修撰、徽猷閣待制，孟忠厚先後任徽猷閣待制、顯謨閣直學士，其實都違背外戚不得任侍從官的規定。高宗自己在建炎元年，就下過詔：

> 歷考祖宗朝，后父無文臣待從官者。[66]

其後邢煥、孟忠厚也都改武資，分別授光州觀察使及常德軍承宣使。只是任職侍從官的外戚相當常見。孟忠厚的兒子孟嵩曾任直祕閣，孫子孟猷曾任直寶謨閣、直龍圖閣，皆為侍從官。邢皇后的兩位弟弟孝

---

65 李燾：《長編》，卷221熙寧四年三月辛丑，當時王安石與神宗討論用人問題，頁5384。

66 《宋會要輯稿》后妃2之1，高宗建炎元年十二月九日，頁233。

肅、孝寬、孝揚仍然由承務郎遷為直祕閣。[67]吳皇后姪吳琰以宣義郎除直祕閣，吳珽以承事郎除直祕閣，再特除直敷文閣，吳瑊以宣義郎除直祕閣，吳璹任宣義郎除直祕閣，也都是侍從官。[68]

韋太后的姪孫韋璞、韋璹一開始蔭補為文官，其後因太后駕崩獲推恩轉兩官。孝宗時重用兩人任侍從官，除直祕閣，韋璞又添差權判平江府，又除韋璞直敷文閣、煥章閣，其後引發朝臣議論，以為非祖宗舊制，韋璞才換授武資，為明州觀察使。[69]

寧宗韓皇后的兄長韓竢，皇后冊封後任宣教郎，因后故，特除直寶文閣，賜紫章服，直到慶元六年（1200）才改武資，換授觀察使。[70]

一般我們對侍從官的理解都是科舉出身，有學問、有清望的文士，但從南宋外戚的情形來看，南宋外戚若為文資，任直祕閣相當常見，皇帝若有倚重，尚有除直敷文閣、煥章閣的機會。除了上述這些外戚任侍從官的例子外，在南宋尚有韓侂胄、賈似道以外戚為執政，顯示南宋對外戚之防沒有北宋嚴，只要朝臣無人注意與置喙，皇帝以之為親信，這些祖制在皇權下都是形同虛設的。

三　不得與執政大臣與內廷往來

宋代對外戚有不得與朝中大臣與內廷往來的規定。此舉是擔心外戚與大臣們結黨，或經由內廷得知消息，在政治上過多參與。如仁宗時詔駙馬都尉等，不得與時任清要權勢的官員私第往還，若有公事，

67 《宋會要輯稿》后妃2之2-4，頁221下。

68 《宋會要輯稿》后妃2之16，淳熙七年三月四日，頁227上。吳珽任直敷文閣見淳熙八年正月八日，頁227上。吳璹見后妃2之17，淳熙十年正月二十六日，頁227下。

69 韋璞、韋璹兩人官職歷程可見《宋會要輯稿》，后妃2之14，隆興二年七月二日，五年二月，頁226上。朝臣議論及結果見《宋史》卷465〈外戚傳〉，頁13588。

70 《宋會要輯稿》后妃2之27，慶元二年十一月十六日，頁232下。

即赴中書、樞密院「啟白」，同時令御史臺「常切覺察，如有違犯，糾舉以聞」，此詔後來以法律形式出現：

> 駙馬都尉之家，有賓客之禁，無由與士人相親。[71]

徽宗時也重申「應官員不得與宗室、戚里之家往還」，[72]高宗罷大宗正事，以「申嚴戚里宗室謁禁」，[73]，這些都是避免外戚涉入朋黨及機密政事的禁令。

彭龜年也曾提到外戚的限制：

> 臣伏見祖宗待外戚之法，遠監前轍，最為周密，不令預政，不令管軍，不許通宮禁，不許接賓客，不惟防禁之，使不害吾治，亦所以保全之，使全吾之恩也。[74]

彭龜年的待外戚之法，是宋代士人的老生常談：不令預政，不令管軍，不許通宮禁，這些都不難做到，在政治不給太高的權力，沒有兵權在手，加上宋代后妃並非出身世家大族，有效遏止宋代外戚的干政。只是「不許接賓客」一項，似乎就有些不通人情了，人畢竟是社會的動物，有正常的社交生活也是人情之常，這應該如何去做限制或者界定呢？

由這點來看，理論與實踐常有不小的距離。外戚與大臣間的交游，若僅為詩文愛好的往還，通常不會受到懲處。如仁宗時駙馬王詵

71 《宋會要輯稿》帝系8之49，頁173上。

72 《宋會要輯稿》刑法2之43，徽宗崇寧二年六月十八日，頁6517。

73 《宋史》卷29〈高宗本紀〉，紹興十一年十一月丁未，頁551。

74 彭龜年：《止堂集》（《叢書集成初編》本，北京市：中華書局，1985年）卷5〈論韓侂胄干預政事疏〉，頁72。

與蘇軾等人因有共同的藝術愛好，來往密切，從未因此而受劾。但到了元豐二年（1079）蘇軾發生以詩文致禍的「烏臺詩案」，也牽連蘇軾好友張方平、司馬光、王鞏、范鎮等二十多人。王詵因曾向蘇軾通風報信，洩漏朝廷密查蘇軾的情報給蘇轍，加上王詵曾幫忙蘇軾詩文的印製而涉入案中。絳州團練使駙馬都尉王詵追兩官，勒停。[75]

由朋九萬之記載來看王詵被懲處，不在於他與蘇軾的社交往還，而是由於「漏洩禁中語」，且知軾有不當之言，但「不以上報」的緣故。

大臣與外戚的往來，若有懲處，也都是以罰金處置居多。如：

> 近聞省、寺官多是私謁后族之家，或以邂逅為名，諸處宴聚，當與薄責，庶几少誡。

這條內容記載，吏部郎中方澤、戶部侍郎劉宗杰、戶部員外郎鄭僅各罰金三十金，衛尉卿陳紘、水部員外郎趙竦各罰金二十金。另，眾人均降職：方澤知虔州，鄭僅知建州，趙竦知饒州，陳紘提舉崇福宮，劉宗杰管勾太平觀，並任便居住。[76]這裡的懲處只有朝官，沒有提到「后族之家」是誰或是他們的懲處結果。

高宗潘賢妃的叔叔潘永思，因得到高宗的信任，任職閤門宣贊舍人，負責元祐太后迎歸事，其後權三省樞密事。由於潘永思和簽書樞密院事、尚書左丞盧益交好，兩人關係受到諫官吳表臣彈劾，潘永思因而去職，只復帶御器械。其後又因大理寺推治偽告被牽連，高宗說：

---

75 朋九萬：《東坡烏臺詩案》（《叢書集成初編》本，北京市：中華書局，1985年），頁6-7。

76 《長編》卷496，哲宗元符元年三月戊辰，頁11801。

思永（永思）雖戚里，即有過，安可廢法？于是令罷閤門職事。[77]

可見高宗時對后族外戚與朝臣的交謁往來是有限制的。但是在孝宗以後，這種禁令似乎已形同虛文。孝宗時錢端禮任參知政事，想要宰執之位，因此遣客「密告俊卿，已即相，當引共政」，時任吏部尚書的陳俊卿拒之。[78]

外戚權臣韓侂冑、賈似道能掌握大權，也都是能「引薦奔競之士，交通賄賂，置諸通顯」，若不能與大臣往還，那又如何掌握臺諫，以權術駕馭、牢籠一時名士呢？

除了與朝臣相交受限外，外戚也不得隨意進宮謁見后妃。神宗時曹佾已年事已高，特許他進宮謁見曹太后，但曹太后看到自己的弟弟，卻說：「外戚自來未有輒入禁掖者，安可以我開其端？」神宗回曰：「聊以慰骨肉之情，他人固不可也。」[79]宋代對內廷的規定就是：

家法最為嚴備，群臣雖肺腑，無得覲見宮禁者。[80]

高宗吳皇后家族，因與皇室關係好，常參加皇室的活動，「憲聖殿洛花盛開，必召諸子姪入侍」。[81]孝宗於閒暇時也常命宦官召見吳琚，論詩作字。正因為吳琚能「出入通宮禁廟堂」，因此光宗內禪時，執政趙汝愚才想要透過吳琚居中連絡，說服吳太后垂簾主持大局。等到憲聖太后垂簾，為避嫌，戒吳琚曰：

77 《宋會要輯稿》帝系11之1，紹興元年十月，頁199下。

78 《宋史》卷383〈陳俊卿傳〉，頁11785-6。

79 岳珂：《愧郯錄》，卷12〈宮禁覲見〉，頁104。

80 岳珂：《愧郯錄》，卷12〈宮禁覲見〉，頁104。

81 葉紹翁：《四朝聞見錄》，乙集〈吳雲壑〉，頁49。

垂簾非我志也，不比大哥（指孝宗）在時。汝輩自此少出入，庶免干預內廷之謗。[82]

吳太后此語，也說明了孝宗時，吳氏兄弟出入內廷是沒有任何阻礙的，也沒有什麼外戚干預內廷的說法。

寧宗時，史彌遠結合外廷大臣與楊皇后合作，在玉津園設伏槌殺韓侂胄。其後又在寧宗大漸時，欲矯詔立皇子趙貴誠為帝，史彌遠透過楊皇后的兩個姪兒：楊谷、楊石遊說楊皇后，楊皇后反對，當夜楊氏兄弟往返七次才成功讓楊皇后答應。[83]最後趙竑被廢為濟王，理宗繼立，而楊皇后同垂簾聽政。如果外戚不與內廷往來，那麼楊谷兄弟要如何一夜往返七次呢？

此外，內廷中的閤門官，是負責百官覲見皇帝的事務性安排的工作，由於贊引及文書傳遞都帶有信息流通的職能，它能掌握官僚與皇帝接觸的管道，因此地位至為重要。南宋時期的閤門官多為皇帝的親信，其中以外戚勛貴任職閤門的情形十分常見，如第一位由外戚任閤門官者為高宗潘賢妃的叔叔潘永思，潘賢妃是高宗唯一親子元懿太子趙旉之母，後雖因太子三歲而殤，但潘永思尚能受到重用。[84]

其後以外戚身分任職閤門官的還有高宗時的韋淵、劉允升、劉伉、張萃，孝宗時李道、夏執中、謝淵、張說，光宗時李純，寧宗時韓侂胄、楊次山、楊石等人，閤門官除了是皇帝的親信外，且尚可入西府（樞密），出入內廷更有職務上的便利，故而韓侂胄、楊石、楊谷兄弟才能參預君主的擁立。由此知，外戚禁止出入內廷這個規定在南宋早成虛設。

---

82 葉紹翁：《四朝聞見錄》，乙集〈吳雲壑〉，頁52。

83 《宋史》卷243〈后妃傳〉，頁8658。

84 《宋史》卷465〈外戚傳〉，頁13590。潘賢妃生父為潘永壽，為翰林院醫官。見《宋史》卷243〈后妃傳〉，頁8648。

第四節　小結

南宋以後，外戚建節與封王的人數，都較北宋增加。李心傳云：

> 國初外戚罕有建節者。太祖時，杜審進以元舅之尊，窮老才得節度使。仁宗用張堯佐，一時名臣力爭之。其後，除拜寖多。中興後，外戚節度使二十有二人：孟后姪忠厚、鄭后姪孫藻、韋后弟淵、姪謙、讜、邢后父煥、弟孝揚、吳后弟益、蓋，姪琚、瓌、璹、郭后弟師禹、夏后弟執中、謝后弟淵、李后姪孝友、孝純、韓后曾季祖侂冑、父同卿、從祖邈、徽宗王貴妃父舜民、高宗劉貴妃父懋。[85]

上述李心傳統計，南宋外戚封王者，有孟忠厚、韋淵、吳益、吳蓋、郭師禹、韓侂冑等六人，前五人皆為后妃之元舅，唯韓侂冑是皇后的從曾祖父而封平原郡王，算是特殊的例子。[86]

岳珂在〈外戚贈王爵〉一文也曾對兩宋皇帝贈封外戚王爵的情形加以討論。北宋時外戚封王者不少，有曹彬、高瓊、高繼勳、高遵甫等。高宗曾對輔臣說：「朕於外戚，不敢也所私也。況待遇后家，又不敢與宣和皇后家等。故邢氏待遇比韋氏要減，封后父慶福軍節使，為少師，追封嘉國公。」[87]高宗所言說明南宋時為了區分母族與后族外戚的待遇，因此對於后族外戚的封王，較為謹慎。然而，高宗後來的皇后吳氏的兄弟吳益、吳蓋，皆以元舅身分封王，可見高宗所說的話，自己也很難完全做到。

---

85 李心傳：《建炎以來朝野雜記》，甲集卷12〈外戚節度使〉，頁239。

86 李心傳：《建炎以來朝野雜記》，甲集卷9〈中興外戚封王數〉，頁174。

87 岳珂：《愧郯錄》卷15〈外戚贈王爵〉，頁132。

就外戚任官的約束與限制來看，南宋雖仍大致遵循外戚不干政的祖制，但在做法上則比北宋更具彈性。外戚出入內廷和大臣們幾乎沒有往來的限制，以致於南宋外戚在皇位繼承的過程中可以扮演較重要的角色，這點在下一章中我們會有更多的討論。

第三章
帝位繼承與外戚

中國從秦始皇統一中國（西元前221年）開始到清朝最後一任皇帝溥儀（1911）為止，行使皇帝制度。透過歷任朝代的實行及演變、儒家思想的影響，皇帝的權力逐漸擴大，它是絕對的（absolute）、最後的（ultimate），是法律和政治權力的最後來源，卻受到天命、祖法及傳統官僚制度的限制。官僚制度是皇帝執行政策的工具，因此當以宰相為首的官僚和皇帝的意志相左時，皇帝無法一意孤行，必須適當的參考百官的意見，官僚制度可以削弱或調整，但無法徹底消失，否則皇權也就難以發揮。[1]

如上所述，能約束皇權的力量雖有天命、祖法與傳統官僚制度，但暴虐無道或昏庸不堪的皇帝出現時，這些力量幾乎很難發揮功能，畢竟這些約束力量都來自於道德型的勸說，並非法律的規範，因此在絕對的皇權下，效用有限。皇權的絕對性也讓接近皇帝的人容易得到權力，[2]因此儒家傳統一向都會以經筵、教育、著述等方式，來勸諫

1　有關皇帝稱號的建立，見雷海宗：〈皇帝制度的成立〉，《清華學報》第9卷第4期（1934年），頁853-871。有關皇權，見余英時：〈君尊臣卑下的君權與相權〉收入《歷史與思想》（臺北市：聯經出版社，1976年），頁47-74。徐復觀：〈封建政治社會的崩潰及典型專制政治的成立〉，收入《兩漢思想史》（臺北市：學生書局，1980年），頁135-145。（日）西嶋定生：〈中國古代統一國家的性質——皇帝統治之出現〉，收入杜正勝編：《中國上古史論文選集》（臺北市：華世出版社，1979年），頁732-734。

2　學者常以「側近政治」說明這種現象。通常官僚的實權常受到皇權的破壞，反而是皇帝的寵臣或信臣，能取代官僚的功能。像漢代的尚書，原本職權低微，因皇帝的信任反而得到宰相的權力，東漢尚書成為了丞相。得寵的后妃、宦官、外戚也常被

皇帝要接近賢能君子，遠離奸佞小人。

因為皇權的特殊性質，也讓我們觀察到南宋的一些政治現象。南宋皇帝中，高宗、寧宗、理宗無子，因此他們在宗室當中選擇幾位適齡子弟入宮接受教育，再從中選任適合的繼承人，在此期間皇帝仍希望能生出自己的親生子，故將這些養子們置於一種尷尬的地位。養子們接受皇子般的教育，在不安的政治情境下也力圖表現自己，與朝臣私下來往，以培養自己的人馬。另外，南宋也有幾位無法視事的皇帝：寧宗、光宗健康不佳、度宗寡智，由於健康問題，或因缺乏政治經驗，又或者是欠缺對政事處理的興趣與自信，在他們即位後容易受到權臣的操縱，如寧、度宗都有外戚權臣的問題。本章的內容想藉由南宋的太子的選擇與教育的養成來討論，由於南宋皇位繼承上的不穩定，較易形成權臣與近習的產生。

第一節　皇子的教養

在皇帝還沒有即位成為天子時，他通常可能有三種不同的身分。第一種也是最沒有繼承爭議的，就是他是前任皇帝選任的太子，像光宗。第二種，前任皇帝由於自身原因沒有後代，選任宗室的皇子成為自己的養子，像孝宗、理宗。第三種，是很多皇子其中的一位，由於太子遲遲未立，在皇位繼承的不可確定性之下，皇子們必然產生競爭。[3]這種情形宋代比較少，在其他朝代較為常見。

視為側近政治的得利者。學者的相關研究很多。如（日）小林晃：〈南宋孝宗朝における太上皇帝の影響と皇帝側近政治〉，《東洋史研究》第71卷第1號（2012年），頁69-97。（日）三田村泰助：《宦官——側近政治の構造》，中央公論新社，1983年。

3 這裡所提到的「競爭」指的是不同主體因為資源相同或相近時，所產生的「競爭」效應。透過削弱他人、提高自己，來展開對資源的爭奪現象。為了爭奪至高無上的皇位，皇子們之間就是一種競爭關係。

歷代朝廷對皇太子教育都十分重視。由於皇子教育的資料分散且缺乏。目前史料所見，宋代皇子教育的場所主要在資善堂。[4]據《宋史》記載，宋仁宗為皇子時，以資善堂為肆業之所，每皇子出就外傅，選官兼領。[5]資善堂的設置，據史載是真宗在大中祥符元年二月所置：

> 朕利建元子，肇開懿藩，將崇樂善之規，式務從師之教，眷惟丹禁，夙敞清都。就茲曲密之遷，以為弦誦之地。其元符觀皇子就學新堂，宜以資善為名。命如京副使、入內押班周懷政為資善堂都監，入內楊懷寶為壽春王伴讀。仍面戒不得於堂中戲笑，及陳玩具之具，庶事由禮，使王親近僚友。[6]

此處的壽春王即為後來的仁宗，但仁宗是在大中祥符三年（1010）出生，而當時真宗的悼獻太子趙玄祐早在景德初年（1003）病亡，且據《長編》，真宗設資善堂是在大中祥符九年（1016），[7]由此可知資善堂應為大中祥符九年所設，此時仁宗六歲，需要啟蒙，資善堂由周懷政任都監，負責照顧皇子，楊懷寶為仁宗伴讀。

元豐八年（1085）哲宗詔講讀官每日赴資善堂，雙日講讀。政和元年（1111），定王、嘉王就資善堂聽讀。政和五年（1115）建安郡王趙樞、文安郡王趙杞也到資善堂聽讀。[8]北宋宣和元年（1129）資

4　所謂資善堂之名，據王林載：「元良就學之所皆曰：資善。」見王林：《燕翼詒謀錄》卷3，頁29。

5　《宋史》卷162〈職官志〉，頁3824-3825。

6　《宋大詔令集》卷35〈建資善堂詔〉，頁183。

7　李燾：《長編》卷86，大中祥符九年二月甲午，頁1973。

8　《宋會要輯稿》帝系2之18-19，頁53下-54上。

善堂才增設翊善、贊讀、直講等學官。[9]

由此可知，北宋時的資善堂雖是皇子教育的場所，但卻不是所有皇子都可以進入聽讀。真宗時太子監國時，五日一開資善堂，與大臣們商討國事，[10]因此資善堂除教育外，在北宋時尚具有皇子處理政事的職能。

南宋的皇子教育大致延續北宋仁宗以來的制度。孝宗在紹興五年（1135）封建國公後，開始建置書院，於資善堂聽講：

> 先是，宰臣趙鼎得旨於宮門內造書院，至是始成，以為資善堂。命儒臣為直講、翊善，悉如資善故事。尋用趙鼎言，以左史范沖充翊善，右史朱震充贊讀，時稱極選。[11]

南宋的資善堂是趙鼎在宮門內建書院，落成後以資善堂命名，總共建屋十六間。但因資善堂狹小位置又偏，趙鼎建議此地夏天很熱多所不便，但高宗不願花大錢整修，命「粗令整葺可也」，[12]主要是因為此時與金尚在戰爭期間，經費缺乏之故。

資善堂是屬於宮中的書院機構，有翊善、贊讀、直講、說書、伴讀等職擔任皇子的教育工作。高宗的另一位養子：崇國公趙璩也在紹興九年三月十四日進入資善堂聽講。[13]等到皇子出宮就外第，皇子教師就以王府教授、王府翊善、王府直講等名之。[14]

9 王應麟：《玉海》卷161〈祥符資善堂〉，頁3066上。

10 《長編》卷96，天禧四年閏十二月乙亥，頁2232-2233。

11 《宋史》卷162〈職官志〉，頁3825。

12 李心傳：《建炎以來繫年要錄》，卷90，頁1497。

13 王應麟：《玉海》卷161〈祥符資善堂〉，頁3067下。

14 見《宋史》卷162〈職官志〉，頁3824：「翊善、贊讀、直講皆舊制。說書而下，中興以後增設。」另皇子就外第後的教育，見李心傳《建炎以來朝野雜記》乙集，卷13另《宋史》卷396〈史浩傳〉，頁12065。史浩於紹興三十年任建王府教授。

孝宗以後的皇子大多都就學於資善堂。淳熙七年（1180）皇孫英國公就傅於資善堂。慶元六年（1200）寧宗封趙曮為福州觀察使，就學於資善堂，並置資善堂小學教授兩名。[15]資善堂在寧宗時並置有伴讀，嘉泰二年（1202）以太子右內率府副率趙與談為趙曮的伴讀。此時趙曮已被封為皇太子，進封榮王，當時資善堂的規模也擴增，除原有的翊善、直講，又有說書等講官。[16]

理宗無子，令弟趙與芮之子孟啟六歲時入內小學，八歲應入資善堂就讀，但趙與芮卻提出「以私家未便，乞寬開講」，後又言「孟啟尚幼，乞就臣家訓習」，後令就王邸教導。[17]趙孟啟後以皇姪名，授慶遠軍節度使，進封益國公、建安郡王，賜名禥，立為皇子，也就是後來的度宗。趙與芮的理由是孟啟年幼，不宜入資善堂，但其實皇子六歲就可入資善堂，年幼不應是阻礙入學的理由，實為孟啟先天不足，據說七歲才能開口說話，[18]當時孟啟尚不能言，故有與芮之請。

一　皇子學官

高宗無子，因而選宗子伯琮、伯玖入宮撫育教養。伯琮較早入宮，先由高宗自教，有一天高宗和大臣說晚上常睡不著，大臣問何故？云：

15 見《宋史》卷162〈職官志〉，頁3825。

16 李心傳：《建炎以來朝野雜記》乙集，卷13〈資善堂說書〉，頁722，李伯珍等人建議下增置講官。另見趙英華：〈略論宋代皇儲的教育與培養〉，《蘭州學刊》2007年第7期，頁182-185。

17 見《宋史全文》卷34，淳祐八年正月甲戌條，三月己未條，頁2791-2972。

18 周密：《癸辛雜識》續集下〈紹陵初誕〉（北京市：中華書局，1988年）：「紹陵之在孕也，以其母賤，遂服墮胎之藥，既而生子手足皆軟弱，至七歲始能言。」，頁190。

> 看小兒子讀書，凡二、三百遍，更念不得，甚以為憂。某人進云：帝王之學，只要知興亡治亂，初不在記誦。上意方解。後來卻恁聰明。[19]

孝宗幼時似乎並非強於記誦，因此讓高宗非常擔心。是否因為他的表現不夠好，才讓伯玖也有入宮的機會，此點因史料限制不得而知。但經過多年教育，孝宗卻益發優秀沉穩，得到高宗的誇獎：

> 上育宮中已三十年，天資英明，豁達大度，左右未嘗見喜慍之色，趨朝就列，進止皆有常度，騎乘未嘗妄視，平居服御儉約，每以經史自適。嘗語府寮曰：聲色之事，未嘗略以經意，至於珠寶瑰異之物，心所不好，亦未畜之。騎射、翰墨皆絕人。高宗嘗謂近臣曰：卿亦見普安乎？近來骨相一變，非常人比也。[20]

高宗相當關心兩位皇子的教育。在資善堂就讀之外，高宗也常親自考問：

> 宰執進呈普安、恩平二王得旨令溫習舊書。上曰：春秋乃舊所習讀，嘗問以經中數事，欲其通解，蓋其義淵奧，須能識聖人之用心，方有自得處。若泥諸儒之說，拘而不通，失經旨矣。[21]

資善堂及王府教授的師資，也多從名德碩儒中尋找，為一時之選。如

19 朱熹：《朱子語類》，卷127，頁14。

20 李心傳：《建炎以來朝野雜記》乙集卷1〈壬午內禪志〉，頁506。

21 《宋史全文》卷21，頁54。

紹興五年（1125）命范沖、朱震任翊善和贊讀，高宗說范沖「博觀在廷，無以易汝沖，德行文學，為時正人」，能充任童蒙之職。[22]此外，「經學淹通，議論醇正」的王十朋、曾經對策擢為第一且「不附權貴，天子門生」的趙逵，[23]也都曾任職二王的教授工作。

有如孝宗為皇太子選學官時曾說，「多置僚屬，博選忠良，使左右前後罔匪正人」，可以看出學官的重要性。最後為光宗選出敷文閣直學士王十朋、敷文閣待制陳良翰為太子詹事，劉焞為太子侍讀，李彥穎為太子左諭德。並評價王十朋、陳良翰忠誠正直，有學問，但王十朋遇事堅執不太變通，虞允文則回說：「賓僚無他事，惟以文學議論為職，不嫌於堅執也」，[24]孝宗從之。

然而皇子的學官也常成為權力關係之間的角力，范沖和朱震與當時的副相趙鼎有姻親關係，因此引發宰相秦檜的疑忌，趙鼎有所顧忌，因而上書：「沖之文學行誼，陛下所知，前後除擢，雖出聖意，然四方萬里，安能戶曉，必謂臣以天下公器輒私親黨」，因而請求請求收回范沖的任命。[25]高宗當時並未答應，范沖去職是在趙鼎罷相之後（紹興六年，1136年），改以蘇符任之。[26]

在紹興五年至三十年之間，擔任資善堂及王府教授的學官共有三十一位，雖有不少為名德碩儒，或由高宗親點，但也有十一人與宰相秦檜關係良好，被視為秦黨。[27]如秦檜的兄長秦梓、兒子秦熺都在其

22 《宋史》卷435〈范沖傳〉，頁12906。

23 《宋史》卷387〈王十朋傳〉，頁11882。卷381〈趙逵傳〉，頁11751。或見〈中書趙舍人墓誌銘〉，收入周麟之：《海陵集》卷23：「二王方學詩，冀有以切磋之」，趙逵時任館閣學士兼普安郡王、恩平郡王府教授之職，頁25。

24 《宋史全文》卷25，乾道七年二月，頁2112。

25 李心傳：《建炎以來繫年要錄》卷89，頁1493-1494。

26 李心傳：《建炎以來繫年要錄》卷107，頁1740-1741。

27 據《宋中興百官題名》〈中興東宮官僚題名〉及《建炎以來繫年要錄》等史載，紹興年間任資善堂與王府教授之學官如下：范沖、朱震、蘇符、吳表臣、王次翁、程

中。又如曾被秦檜拔擢的王次翁、程瑀、段拂。或被高宗指為「文飾取悅」「佞諛尤甚」的林機，都曾任職學官。這些秦黨有學養俱佳的文士，也有像林機這種獻媚秦檜的投機者，由范沖去職的例子來看，權臣希望與下任皇帝的候選人早點建立良好互動，或藉由教育達到影響皇子的目的，是很明顯的。

紹興年間的學官人數眾多，任職時間以數月至三年左右不等，因此對皇子教育能有多大的影響力，其實很難估算。

當皇子成為皇太子之後，就學機構也從資善堂變為東宮，東宮中的學官有太子賓客、太子左右庶子、太子左右諭德、太子侍讀、太子侍講等官。這些官職和資善堂的學官相同，多為兼任，也多為忠良有學問之士任之，但還是有不同之處。東宮的學官輔佐對象是未來的皇帝，因此除學問之外，還需要讓皇太子能略涉朝政。北宋時太子賓客主要由執政來兼任，天禧四年（1018）參知政事任中正、樞密副使錢惟演等人兼太子賓客。南宋則一度罷之，但在寧宗立景獻太子、理宗立忠王為皇太子時，又恢復以執政兼太子學官。[28]

克俊、秦梓、程瑀、秦熺、高閌、段拂、陳鵬飛、李若容（以上為資善堂）、錢周材、趙衛、王墨卿、魏元若、劉章、林機、丁婁明、鄭時中、趙逵、黃中、王剛中、楊邦弼、陳俊卿、史浩、魏志、張闡、王十朋、劉藻（以上為王府教授）。其中王次翁、程克俊、秦梓、程瑀、秦熺、段拂、陳鵬飛、王墨卿、林機、丁婁明、鄭時中等十一人被視為秦黨。

28 據《宋史》卷39〈寧宗本紀〉載，嘉定元年右丞相兼樞密使錢象祖兼太子少傅，參知政事衛涇、雷孝友、吏部尚書林大中並兼太子賓客。頁750。又同書卷45〈理宗本紀〉載：「景定元年秋七月丁卯，皇太子入東宮，行冊禮。庚寅，賈似道兼太子少師。景定三年十月甲子，以楊棟簽書樞密院事兼權參知政事兼太子賓客，葉夢鼎端明殿學士、同簽書樞密院事兼太子賓客。」，頁874、882。《宋史全文》卷36，景定五年五月辛卯，以姚希得為端明殿學士、同簽書樞密院事兼太子賓客，頁2924。

二　皇子教育內容

皇子教育的課程包括四書五經、詩賦、書法、射藝等。閱讀經、史等儒家經典是皇子教育的主體，包括：《論語》、《孟子》、《詩經》、《左傳》及漢、唐史書等。有如太祖曾說：「帝王家兒不必要會文章，但令通曉經義，知古今治亂，他日免為侮文弄法吏欺罔耳。」[29]說明了對皇子教育的要求。宋代開國皇帝是武將出身，其後推行文治政策，皇子通曉經史，其目的就是為了知古代興亂，以學習治國之道。

五歲時孝宗在資善堂就曾得李公麟所畫的《孝經圖》，在其後表達己見：「孝者，自然之理，學然後知之，行之以不息，守之以至誠，習與性成，是謂純孝，不然無以立身矣。」[30]當時的老師范沖也在這幅《孝經圖》上留言，說明孝的真義，及其為立身之道：

> 國公以幼學之年，享寵祿之厚，蓋思所以保富貴之道乎？故沖以諸侯之事為獻。曰：戰戰兢兢，如臨深淵，如履薄冰。周之諸侯，其入而居於王所，則皆謂之卿士，故沖又欲以卿大夫之事為獻。曰：夙夜匪懈，以事一人。國公其勉之。[31]

范沖常以箋疏，導以經術仁義之言，這段對孝的闡釋，輔以孝宗後來的行事，應該對他的影響是很大的。

六歲時孝宗讀完《孟子》，七歲讀完《尚書》，十九歲讀完《左傳》《公羊》、《穀梁傳》終篇。[32]前面曾經提到，孝宗入宮不久，未能

29 孔平仲：《孔氏談苑》（收入《叢書集成初編》，北京市：中華書局，1985年）卷4〈帝王兒不必會文章〉，頁52。

30 王應麟：《玉海》卷161〈紹興資善堂〉，頁3067下。

31 《建炎以來繫年要錄》卷196，頁1725。

32 王應麟：《玉海》卷161〈紹興資善堂〉，頁3067下。

強於記誦，讓高宗非常擔心他的教育，但由孝宗之後在學習上的表現，可知他是個勤奮的皇子，而且能在適當的時候表現孝心。

此外，孝宗也很重視史書的研讀。淳熙六年二月（1179），孝宗到他潛邸時所居住的祐聖觀，看到棟宇無改如新，當年親筆題壁的杜甫詩，心生感慨。又想起太子的學問，問「近日《資治通鑑》已熟，別讀何書？」光宗對曰：「經、史並讀」，孝宗告之「先以經為主，史亦不可廢。」[33]光宗為太子時，也曾因讀范祖禹的《唐鑑》，認為其學問醇正，議論正確，要求添讀此書，孝宗從之。[34]

奏議、前代皇帝的訓義、品德陶冶也是皇子教育的課程內容。孝宗就要求太子光宗讀《陸贄奏議》、《三朝寶訓》。[35]而品德教育中，忠孝節義、君臣之道是最重要的，忠於皇帝、孝敬長輩，進退有據，尊敬師長。

乾道八年（1172）執政梁克家提出皇子入學，應知「父子君臣長幼之道」，陳模也說，太子應多和臣下接觸，以消除驕奢之氣。[36]理宗因皇子孟啟資質不足，教學內容選擇理宗的訓言，要求能「謹藏習誦」。[37]因此儒家當中的君臣父子之道，是皇子教育的主要內容。

皇子的才藝主要以書畫為主。徽宗的書畫才能是歷代皇帝中的佼佼者，太宗皇子當中有不少也以詩畫、書法知名。如趙元傑、趙元

33 《宋史全文》卷26，淳熙六年二月己丑朔，頁2225-2226。

34 《宋史全文》卷26，淳熙四年六月，頁2191。

35 《宋會要輯稿》職官7之32，頁2550下。三朝寶訓是宋初三帝太祖、太宗、真宗的言行錄，今已不存。.

36 陳模：《東宮備覽》（《四庫全書珍本》，臺北市：臺灣商務印書館，據1935年重印）卷1〈入學〉，頁3-5。

37 《宋史全文》卷35寶祐四年三月壬寅，當時著作佐郎兼資善堂直講鄭雄飛輪對，奏畢，理宗問皇子讀書如何，雄飛奏「皇子天資聰明，嘗輯錄聖訓，一日以示臣，陛下貽訓正大明切，皇子又能謹藏習誦之。」頁2848。

偓、趙元儼等。[38]宋高宗自己擅長書法，孝宗也曾苦練，像高宗書〈蘭亭序〉二本，讓二王依此進之，雖是一則試驗，但也可以看出高宗重視書藝。孝宗更是自稱：

> 朕無他嗜好，或得暇惟書字為娛耳。[39]

虞允文等人則稱讚孝宗草書「筆力天縱，有飛動之狀」，孝宗還拿出近日寫的〈郭熙秋山平遠〉詩來贈允文，並說太上皇（高宗）寫的草書才是「極古今之妙」，由此知兩帝皆有書藝。

此外，雖然皇子文章寫的如何並不重要，但因個人對學問的愛好，孝宗文章也頗有可讀處。孝宗的〈原道辨〉（後更名〈三教論〉）就是他對儒釋道的個人見解。

光宗則是對作詩文有相當愛好，在潛邸的十七年當中，曾經多次舉辦燕集邀請東宮僚屬。如淳熙十三年（1186）三月，太子請太子詹事葛邲、余端禮、諭德沈揆、侍講尤袤、侍讀楊萬里等人於榮觀堂燕集。席間，太子不僅題字送給楊萬里，還作了不少詩。在即位後，光宗也保持作詩的習慣。

射藝是君子六藝之一，也是皇子教育的內容。太宗長子元佐曾跟隨太宗從征太原，「從獵近郊，兔走乘輿前」「元佐射，一發而中」，[40]當時元佐才十三歲，可見他應從小就習武事。太宗創射堂，讓皇子們能作習射訓諫。[41]真宗曾對大臣說，他希望宗室在讀書、作詩、習筆

---

38 太宗有九個兒子，其中有三子有才藝。趙元傑善詞，工草書、隸書、飛白。趙元偓通曉音律。趙元儼好文詞，善二王書，工飛白。嘗自朽十六羅漢，令蜀人尹質描染，棱棱風骨。見宋史卷245〈趙元傑傳〉、〈趙元偓傳〉、〈趙元儼傳〉，頁8701-8706。

39 《宋史全文》卷25，乾道七年春正月癸未，頁2108。

40 《宋史》卷244〈趙元佐傳〉，頁8639。

41 王應麟：《玉海》卷161〈祥符繼照堂〉，頁3064下至3065上。

札之外，也能重視射藝。[42]高宗挽弓至一石五斗，臂力很強。據史科記載，靖康之禍發生後，當時康王原為金人的人質，但因他精於騎射，金人認為他並非親王，將他釋放。[43]

孝宗以恢復北伐為志，他也很重視射藝。自已多次至玉津園習射外，也曾在玉津園中舉行燕射禮，率皇子、大臣們一起進行。[44]由他先行燕射，再由皇太子和臣僚輪射，藉此提倡尚武精神。某次宴射畢，皇帝賦詩玉津園燕射詩一首，光宗和：

> 秋深欲曉斂輕烟，翠木森圍萬里川。閶闔啟關傳法駕，玉津按武會英賢。皇皇聖父明如日，挺挺良臣直似弦。蹈舞歡呼稱萬壽，未饒天保報恩篇。

由此知孝宗也很重視皇子的武藝，在東宮旁射置東宮射堂，讓太子有空可以多加練習。理宗時將東宮射堂取名為「凝華」。[45]

第二節　帝位繼承下的競爭

皇子就算早早被立為太子，因為皇帝個人的好惡、太過長壽或其他側近權力的干預等因素，太子的地位也並非必然穩固。為了鞏固權力，太子在潛邸期間，任用自己的親信，以這個潛邸集團為基礎，在登基以後，這些親信黨羽自然能得到新帝的信任。而就算太子已立，

42 李燾：《長編》卷78，大中祥符五年九月庚寅，頁1788。

43 李燾：《長編拾補》卷53，靖康元年二月乙巳，頁1658。

44 周密：《武林舊事》卷2〈燕射〉載：淳熙元年九月，孝宗幸玉津園，講燕射禮，皇太子、宰執、使相侍從。頁34-35。

45 王應麟：《玉海》卷161〈淳熙東宮射堂〉，頁3068上。

其他的皇子仍然有一爭的機會，因此培植自己的黨羽、籠絡朝臣也十分常見。

高宗獨子元懿太子趙旉因年幼，又遭遇「苗劉軍變」的驚嚇，[46]三歲早夭。其後高宗一面尋醫覓藥，想生下自己的後代，一面效仿仁宗收養皇子。高宗認為「太祖以神武定天下，子孫不得享之，遭時多艱，零落可憫」[47]，為了自己的好名聲，便命南外宗正事趙令廮，從太祖的後裔選擇十人以供挑選，最後選出兩位宗子：趙伯琮、趙伯浩：

> 時集英殿修撰、知南外宗正事趙令廮，奉詔選宗子伯琮、伯浩入禁中。伯浩豐而澤，伯琮清而癯，上初愛伯浩，忽曰：更子細觀。乃令二人并立，有貓過，伯浩以足蹴之，伯琮拱立如故。上曰：此兒輕易乃爾，安能任重耶？乃賜伯浩白金三百，罷之。[48]

伯琮留下後，交由婕妤張氏撫養。後高宗又選出伯玖，賜名璩，命吳才人（後來的憲聖吳皇后）撫養伯玖。

趙伯琮在紹興五年（1135）被送入宮中資善堂接受教養，十二年（1142）封普安郡王，出宮就第。直至紹興三十二年（1162）五月立

46 苗劉軍變又稱明受軍變。建炎三年，高宗至杭州後，王淵與宦官勾結而升任同簽書樞密院事，引發御營使統制苗傅、威州刺史劉正彥的不滿，故密謀發動兵變，斬王淵與勾結的宦官康履等人，率兵包圍行宮，脅迫高宗傳於給三歲的皇子趙慎，改元明受。此事傳出後，駐守平江的禮部侍郎、節制軍馬張浚與知江寧府、同簽書樞密院事呂頤浩決議起兵討伐，並得到張俊、韓世忠與劉光世的軍力支持，最後高宗復位，而苗、劉出逃後被捕，押解至建康處以磔刑。見《宋史》卷475〈叛臣傳〉，頁13802-13803。

47 《宋史》卷33〈孝宗本紀〉，頁616。

48 李心傳：《建炎以來繫年要錄》卷54，紹興二年五月辛未，頁953。亦見李心傳：《建炎以來朝野雜記》乙集卷一〈壬午內禪志〉，頁497。

皇太子，改名昚。伯玖則是在紹興十五年（1145）封恩平郡王，出就外第。時伯琮已封王，故兩第分別稱之為東、西府。[49]

趙伯琮經過多年才確立名分，主要是因為高宗仍希望生育自己的親子，而伯琮又一向與秦檜不合，[50]秦檜並不希望由伯琮出線，又深知高宗想生親子的心意。高宗生母顯仁韋太后和吳皇后也傾向支持伯玖，高宗在兩人之間猶豫。[51]其後，高宗決定進一步考察。喜歡書法的高宗，抄寫蘭亭序兩篇賜給兩人，要求他們抄寫五百本，伯琮交了七百本，伯玖則無所進。[52]後又各賜十位宮女，賜給伯琮的十位皆完璧，伯玖則相反。[53]由此觀之，孝宗性格謹慎而且對高宗交辦的事非常上心，因此才確立由孝宗出線。

宋孝宗五歲育於宮中，直到紹興三十年（1160）二月立為皇子，三十二年（1162）五月立為皇太子，他的皇儲身分很晚才得到確認，其潛邸時間很長。在孝宗於紹興十二年（1142）封王出宮建第後，王府依法便可以有自己的屬官。宋代王府官屬有傅、長史、司馬、諮議

49 《宋史》卷246〈信王璩傳〉，頁8731。

50 據宋史載，紹興二十四年在衢州有盜賊案件，秦檜遣將官辛立捕賊千人，但未告知高宗。孝宗告之，故秦檜對孝宗頗有忌意。見卷33〈孝宗本紀〉，頁616。周密：《齊東野語》（收入《唐宋小說筆記叢刊》，上海市：華東師範大學出版社，1987年）卷11〈高宗立儲〉亦載：「孝宗英睿夙成，秦檜憚之。」，頁218。

51 高宗儲君未立，曾數次引發大臣議論，請早立儲貳。據李心傳：《建炎以來朝野雜記》乙集卷一〈壬午內禪志〉載，高宗心意早定，但因顯仁后不喜伯琮，才遲遲未立。頁497。韋太后卒於紹興二十九年，二年後，伯琮立為皇太子。另見柳立言：〈南宋政治初探——高宗陰影下的孝宗〉，《中央研究院歷史語言研究所集刊》第57期3分（1986年），頁553-584。

52 見張端義：《貴耳集》（收入《宋元筆記小說大觀》，上海市：上海古籍出版社），卷上，頁4365。

53 周密：《齊東野語》卷11〈高宗立儲〉載：「高宗一嘗各賜宮女十人。史丞相浩時為普安府教授，即為王言：上以試王，當謹奉之。王亦以為然。閱數日，果皆召入。恩平十人皆犯之矣，普安者，完璧也。已而皆竟賜焉。上意遂定。」，頁218。此事亦見張端義：《貴耳集》卷上，頁4365。

參軍事、友、記室參軍事、翊善、侍讀、教授、小學教授等，大多無定員，因時設置。[54]翊善、侍讀、侍講、直講、贊讀、教授及小學教授等都是負責皇子的教育，傅、長史、司馬、諮議參軍事則是負責王府事務。

孝宗被立為皇太子後，入主東宮。東宮職官沒有固定人員，和王府相同，常以近臣兼充。東宮官有少師、少傅、少保、太子賓客、太子詹事、太子左右庶子、太子左右諭德、太子侍講、太子侍讀等。三少和太子賓客非常置，有時以執政充任。寧宗時立景獻太子，以丞相錢象祖兼太子少師，史彌遠以右相兼少傅。景定元年（1260）度宗被立為皇太子，以賈似道為少師，以朱熠、皮龍榮、沈炎為太子賓客。[55]

太子詹事置二人，職能「遇東宮講讀日，並往陪侍」，乾道七年（1171）光宗立為皇太子，以敷文閣直學士王十朋、敷文閣待制陳良翰為太子詹事，劉焞為國子司業兼太子侍讀。[56]景定元年，度宗升儲，以楊棟兼詹事。太子左右庶子、左右諭德等職，南宋孝宗時各設一人，除右虛左。寧宗開禧三年（1207）始左右並置。[57]

孝宗即位後，重用潛邸時代的僚屬有兩類：一類是擔任建王府的學官，像史浩、陳俊卿，一類是建王府的知客，像龍大淵、曾覿等。[58]史浩任建王府直講時，龍大淵、曾覿置酒會與孝宗飲宴，史浩知之，

---

54 《宋史》卷162〈職官志〉，頁3826-3827。紹興十二年，孝宗被封為普安郡王，為親王府規格，原講書改王府教授。

55 《宋史》卷162〈職官志〉，頁3823-3824。

56 《宋史全文》卷25，乾道七年二月，頁2111。

57 《宋史》卷162〈職官志〉，頁3824。

58 關於孝宗時代的近習問題，可以參見余英時：《朱熹的歷史世界——宋代士大夫政治文化的研究》（臺北市：聯經出版社，2003年8月）。張維玲：《從南宋中期近習政爭看道學型士大夫對「恢復」態度的轉變1163-1207》（臺北市：臺灣大學歷史系碩士論文，2009年）。王曾瑜：〈宋孝宗時期的佞幸政治〉，收入《絲毫編》（保定市：河北大學出版社，2009年6月）。

便勸誡「酒之所以為禮，亦所以為禍。世子奉君，則當忠，奉親，則當孝」自當節制，孝宗因此節飲，龍大淵等人則對史浩頗有怨懟。[59]而陳俊卿也曾上言所見「左右近習稍有名聞於外者，士大夫奔走趨附，將帥納賂買官，遠近相傳，道路以目」的情形。[60]龍大淵、曾覿等人在孝宗即位後任閤門官，成為皇帝的親信，也是道學型士大夫不斷針砭的對象，下章我們會有更多的討論。

孝宗有三子，即位後分別封為鄧王、慶王、恭王。長子趙愭（1144-1165）及冠時，宰相張浚曾建議早建太子，未行。乾道元年（1165）五月，鄧王府申文鄧王妃生下皇嫡孫趙挺，此時恭王妃李氏早已生下皇孫趙挺，但卻遲遲未報，直到鄧王府申文後，恭王府才補申此事，稱李氏於四月二十日已生下皇嫡孫。當時代行執政的錢端禮，就是鄧王的岳父，自不能放任此事，故稟孝宗，恭王府直講王淮免職。[61]在嫡長孫事落幕後，趙愭被立為皇太子。但隔年，趙愭就因病弱又因暑疾而薨。[62]

趙愭逝後，儲位空虛，慶王趙愷和恭王趙惇成為可能的儲君。光宗為第三子，孝宗以其「英武類己」，早有立太子意，但因光宗之上還有兄長慶王趙愷，加上擔心太子早立會驕奢縱逸，曾說：

> 恐儲位既正，人性易驕，便自縱逸，不勤於學，浸有失德，不

---

59 胡榘等修：《寶慶四明志》（收入《宋元方志叢刊》，北京市：中華書局，1990年）卷9〈史浩傳〉，頁5095上。

60 朱熹：《朱熹集》卷96〈少師觀文殿大學士致仕魏國公贈太師謚正獻陳公行狀〉，頁4913。

61 李心傳：《建炎以來朝野雜記》乙集卷二〈己酉傳位錄〉，頁515-516。

62 《宋史》卷246〈莊文太子趙愭傳〉：「太子病暍，醫誤投藥，病劇。」頁8732。又見葉紹翁：《四朝聞見錄》乙集〈莊文致疾〉所載，當時莊文太子至太廟上香，回宮時經過貢院，當日舉行補試，應試者眾多而堵住道路，影響太子車駕，考生圍住執金吾的梃杖大聲喧嘩，致太子驚愕得疾。頁63-64。

可不慮。朕更欲令經歷世務，通知古今，庶幾無後悔耳。

故遲至乾道七年（1171）才決定立趙惇為皇太子，此時光宗已二十四歲。[63]

光宗被立的前夕，孝宗曾召魏王趙愷留宿宮中。隔日趙愷回宮，才知光宗被立為太子之事，趙愷入見高宗，尚且有所怨言：

魏邸復入見高廟，有緒言曰：「翁翁留愷，卻使三哥越次做太子。」帝語塞，漫戲撫之曰：「兒謂官家好做，做時煩惱去！」[64]

趙愷雖沒有其他動作，但由他的抱怨來看，應該也是認為自己是有任太子的機會的。

孝宗除了為光宗選任學養操守俱佳的東宮僚屬外，在隔年領臨安府尹，「欲試以民事」，讓光宗能熟悉政務。此制在北宋就有前例可循，太宗、真宗都曾在即位前領開封府尹。但有些臣僚並不贊成，像太子詹事王十朋：

大抵太子之職，在問安視膳而已，至於撫軍監國，皆非得已事也。[65]

三代之王教育嗣君，不過教以禮樂，使之知父子君臣之義。今由皇太子處事，倘有差池，恐不善。也有太子詹事李彥穎提出，臨安府尹事

63 《宋史》卷35〈光宗本紀〉，頁693。

64 田汝成：《西湖遊覽志餘》，卷2〈帝王都會〉，頁23-24。

65 楊士奇：《歷代名臣奏議》卷73，頁25上-下。

繁，無法讓太子專意向學，後罷之。光宗領尹兩年間，曾留下不少案牘文件，《光宗皇帝尹臨安判押案牘》七十卷就是當時留下的資料。

光宗從冊封皇太子開始，又經過十七年才即帝位。東宮每日都有學官的講授及研讀課程，而孝宗也非常關心。由於孝宗一向覺得光宗學問有所不足，期待英武類己的太子能勤勉向學，嘗謂趙雄云：

> 太子資質極美，但尚少學問耳。每遣人來問安，朕必戒之云：且語太子切須留意學問。[66]

也常向東宮僚屬詢問學習情形。如淳熙八年（1181）孝宗提到近日春雪，感到很喜悅，太子左諭德木待問曰：

> 皇太子曰：大率芝草珍異之物皆不足為瑞，惟年穀豐、民間安業，乃國之上瑞。上曰：東宮見識高遠。待問奏：近者因講周禮太府一節，論國家用度當與百姓同其豐歉。皇太子曰：人君但當以節儉為本。此乃言外之意，非人思慮所及者。又嘗對官僚稱王佐天府之政曰：惟不畏強禦，則可以立事。不侮鰥寡，則可以愛民。為政要不出此兩事耳。上曰：學問過人如此，誠社稷之福。[67]

孝宗不僅時時留意太子的學問，也會干涉太子的聽講內容。如孝宗曾令太子庶子、太子諭德講授禮記。孝宗也很重視史書的研讀。淳熙三年（1176），將袁樞所編的《通鑑記事本末》賜給東宮，還告誡他

---

66 《宋史》卷36〈光宗本紀〉，頁694。又見《兩朝綱目備要》，卷之1，淳熙七年二月，頁7。

67 《宋史全文》卷27，淳熙八年正月戊辰，頁2259-60。

「治道盡於此矣！」

孝宗真正的放手是高宗駕崩後，孝宗哀痛不已，深感處理政事力不從心。淳熙十四年（1187）十一月，孝宗令皇太子參決庶務。謂宰臣曰：

> 皇太子年長，若自在東宮，亦恐怠惰，所以令決庶務，可擇日開堂，與卿等議事。[68]

隔年（1188）正月開議事堂，命皇太子隔日與宰執們議事。而太子參決未久，還算能讓孝宗滿意，說他已「自諳外方物情」。[69]

孝宗在內禪之前和光宗的感情還算不錯。兩人常有詩作相和，如前節所記的燕射詩就是。孝宗對光宗期許很高，希望他做個有為的君主，因此督促和要求都很嚴格，光宗在侍奉君父過程裡難免小心翼翼。時日久了，皇太子年屆不惑，卻遲遲無法登基，造成光宗的心結。孝宗不欲禪位，主要是對權位有所戀棧，而對光宗又無法完全放心，因此屢次拒絕禪位。某次憲聖吳太后勸孝宗禪位之事，孝宗則說：

> 「臣久欲爾，但孩兒尚小，未經歷，故不能即與之。不爾，則自快活多時矣。」後來，儲邸度長樂必已及之矣，備具狀為壽者再。后不能已，語之曰：「吾亦嘗論乃翁，渠所見又爾。」光宗岸幘稟后曰：「臣已白髮，尚以為童，則罪過翁翁。」后無語。[70]

---

68 《宋史全文》卷27，淳熙十四年十一月甲寅，頁2339。

69 《宋史全文》卷27，淳熙十五年春正月戊戌條、乙巳條，頁2340。此亦見李心傳：《建炎以來朝野雜記》乙集卷二〈己酉傳位錄〉，頁522-3。

70 《朝野遺記》（收入《全宋筆記》，鄭州市：大象出版社，2006年），〈光宗欲速得正位〉，頁273。此事亦見田汝成：《西湖遊覽志餘》，卷二〈帝王都會〉，頁24。

皇太子又請人預卜即位日期，孝宗以天下不可奉三宮，及節省經費為辭，而遲緩此事。[71]有一則史料記載，某日光宗對孝宗說，我的鬍鬚已經開始白了，有人送我染黑的藥，我卻不敢用。孝宗回說：

> 正欲示老成於天下，何以此為？[72]

孝宗的意思是：老成不是很好嗎，根本不需要這個染藥啊。

在屢次以年幼的理由被拒絕的光宗，自言：「臣髮已白，尚以為童」，可知他是憤怒又無奈的。

光宗即位前的潛邸時間長達十七年，除了潛心讀書、專意學問外，他對作詩很有興趣，曾經舉辦燕集邀請東宮僚屬，一方面以詩作交流，一方面亦有籠絡交好之意。

淳熙十三年（1186）三月，太子請太子詹事葛邲、余端禮、諭德沈揆、侍講尤袤、侍讀楊萬里等人於榮觀堂燕集，席間，楊萬里剛入職東宮，請太子為其誠齋題額。太子乘興揮毫「誠齋」兩字，意猶未盡，又作賞梅詩，分寫五紙，各賜官僚。「小吟春著梅梢句，一曰東風四海傳」，光宗喜愛作詩，常將自己的詩作或手跡贈送給東官僚屬們，像周必大就有不少。即位以後，他仍有這種習慣。楊萬里曾說光宗的作品「銀鉤已有淳熙腳，玉句仍傳德壽衣」，並沒有太多個人特色。

淳熙十四年（1187）十一月，詔皇太子於議事堂參決庶務。光宗終於可以涉及政事的處理。十五年（1188）九月，又詔每御朝令皇太

71 《兩朝綱目備要》，卷之1，淳熙十四年十月載：太上皇崩。先是，孝宗已有禪意，嘗命有司葺都亭驛，其制侔德壽宮。既而以天下不可奉三宮，乃緩其事。頁7。另見葉紹翁：《四朝聞見錄》乙集〈烏髭藥〉：重華方奉德壽，重惜兩宮之費，故至德壽登遐而後即授光皇以大位，頁55。

72 葉紹翁：《四朝聞見錄》乙集〈烏髭藥〉，頁54。

子侍立。[73]

淳熙十六年（1189）上元節太皇太后遷入慈福宮當日，光宗派近臣姜特立問周必大，上元節後不是要舉行典禮嗎？怎麼這時都還靜悄悄的，周必大說「此非外廷所敢與聞」。[74]姜特立為趙汝愚推薦，因其詩作著稱，被光宗任為太子春坊，光宗即位後任知閤門事，姜特立、譙熙載，是光宗時被重用的潛邸僚屬。

其實孝宗在準備內禪前，無論是皇太子的教育（像是參決庶務等）與學習及朝臣的任官上都作了很多處置，周必大留任左丞，留正升任右丞，另以王藺、葛邲為執政。光宗因為太過心急，才衍生出即位後與孝宗的心結。

孝宗即位前與另一位養子趙璩之間的競爭，他因能適時表現出孝道與符合高宗心意而成為最終的勝利者。光宗則在兄長趙愭卒後，以英武近似孝宗，而擊敗二兄趙愷成為皇太子，兩者之間的相同處，就是在潛邸期間，孝宗與光宗都有潛邸時期的近臣，在他們即位之後，受到重用。如孝宗時的龍大淵、曾覿，光宗時的姜特立、譙熙載等。孝宗在競爭之下，培養出君主堅毅的性格與處事的能力，而光宗卻在沒什麼競爭之下，順當的成為皇太子，盡管孝宗對他期許甚高，想藉由長期的皇太子教育訓練，讓他成為合適的繼承人，但光宗卻因潛邸時間太久，不能體會孝宗的好意，反倒造成兩宮之間後來的嫌隙。

第三節　紹熙內禪與寧宗的即位

孝宗是位勤於政事，以北伐為志的君主。前節所述，他對皇太子教育也十分重視，然而皇太子遲未登基，造成兩人的心結。其後又因

73 王應麟：《玉海》卷161〈淳熙議事堂〉，頁3068下。

74 李心傳：《建炎以來朝野雜記》乙集卷2〈己酉傳位錄〉，頁522-524。

為光宗身體狀況欠佳，李皇后悍妬干政，引起孝宗的不滿。光宗即位後常以身體為由，少與孝宗問安見面。當時臺諫交章劾內侍陳源、楊舜卿、林億年等人離間兩宮，請罷逐之。[75]陳源等人只是內侍，若非光宗交待，應無能力從中作梗，離間兩宮父子親情，因此光宗的心結才是兩宮避不見面的主因。

光宗李皇后在乾道七年（1171）聘為恭王妃，由於悍妬之故，孝宗屢訓誡之。曾說：「汝只管與太子爭，吾寧廢汝」，李后驚憤，也因此與孝宗不和。[76]光宗與李后感情不好，常以酗酒排遣，寵愛黃貴妃。某日李后趁光宗郊宿別宮時，殺害黃氏，光宗得知後，痛哭不已。隔日夜祭，又遇風雨交加，黃壇燭火盡滅，不能成禮，光宗驚懼成疾，無法視朝。愛子心切的孝宗聞光宗得疾，求得良藥，但又怕李皇后阻撓，因此欲在光宗至重華宮問安時，再交付良藥。李皇后及內侍都擔心此舉對光宗不利，甚至李皇后謂孝宗有廢立之意，光宗勿至重華宮為好。[77]

孝宗屢次請光宗過重華宮而不得，只好自己出馬，光宗已病篤「噤不知人，但張口囈言耳」，孝宗怒責李皇后，又召執政留正，讓留正勸導光宗。孝宗離開後，李皇后向光宗哭訴：「嘗勸哥哥少飲，不相聽，近者不豫，壽皇幾欲族妾家」，光宗稍愈後，更覺得如果過

75 《宋史》卷36〈光宗本紀〉，紹熙五年夏四月丁巳，頁708。孝宗在位時，陳源就以得罪孝宗，貶建寧府居住，又移至郴州，直到光宗即位後才將他召還。據《宋史全文》載，紹熙四年六月，光宗己病，無法過宮探望壽皇，陳源「數離間焉」。卷28紹熙四年六月，頁2397。

76 李皇后父為慶遠軍節度使李道，高宗當時有一信任的道士皇甫坦，在皇甫坦建議之下，為光宗聘李鳳娘為妃。見葉紹翁：《四朝聞見錄》乙集〈皇甫真人〉，頁56。又見《朝野遺記》，〈重華責李后〉，頁272。

77 《宋史》卷243〈慈懿李皇后傳〉，頁8655。又見《朝野遺記》，載光宗郊宿青城感疾事，〈光宗初郊〉，頁271-272。

重華宮，可能會引起皇位的動蕩，更排斥與孝宗的見面。[78]

紹熙五年（1194）孝宗病篤。起居舍人彭龜年以起居注久書不詣重華宮，光宗回云：

> 須著去，早來丞相亦說來，已盡說與丞相了。須去，須去。[79]

看出光宗對此事的不耐。朝臣的勸諫無法解開兩宮之間的僵局，反而造成光宗的逆反心理，光宗懷疑孝宗是否真為病重。六月孝宗大漸，丞相留正、知樞密院事趙汝愚、參知政事陳騤、同知樞密院事余端禮等力請光宗過宮，其餘從臣、臺諫繼入，閤門吏以故事阻之，不退。光宗更為疑懼，嘉王亦泣以請，皆不聽。[80]

紹熙五年六月，孝宗崩於重華殿。壬寅，壽皇大斂，而光宗自孝宗駕崩後則規避不出，也不願祭奠及主持喪事，只稱俟疾癒後，就過宮行禮成服。執政留正、趙汝愚商議後，想透過外戚吳琚（憲聖吳太后的姪兒）請吳太后垂簾主持喪事，以攝行祭禮，但因吳琚素慎，此議不行。[81]

---

78 孝宗屢次傳旨召光宗過重華宮，見《宋史》卷36〈光宗本紀〉，頁708。當時有多位朝臣上言請光宗過宮，略記如下：《宋史》卷397〈項安世傳〉，時任秘書省正字項安世論父子之情不可斷。《宋史》卷389〈尤袤傳〉，時任給事中尤袤上封事。樓鑰：《攻媿集》（收入《叢書集成初編》，北京市：中華書局，1985年），卷23〈請車駕過重華宮第一劄〉〈第二劄〉，頁337-339。兩劄均言光宗遲展過宮請安，不知何故，人心震驚不安，過宮後則天下晏然無事矣。陳傅良：《止齋先生文集》（《四部叢刊初編》本，臺北市：臺灣商務印書館，1967年），卷21〈直前劄子〉，認為光宗有誤會，請過宮以釋疑，頁123-124。

79 彭龜年：《止堂集》，卷3〈乞申飭奏事臣僚錄所得聖報記注官疏〉，時為紹熙五年二月，頁40。

80 《兩朝綱目備要》卷之3，紹熙五年七月，頁37-38。

81 《宋史》卷392〈趙汝愚傳〉，謂吳琚畏慎，且以「后戚不欲與聞大計」，此議遂格。頁11985。又見葉紹翁：《四朝聞見錄》，乙集〈吳雲壑〉，頁48。

群臣又議，以太子代行喪事，故奏請光宗請立嘉王為儲，光宗御批兩字：「甚好。」卻不見立太子之舉。執政再奏請，卻得到「歷事歲久，念欲退閑」的八字回答。[82]留正以建儲未決，事難不易，故而上表請求告老致仕，而由趙汝愚策劃內禪之事，以解決當前的僵局。

趙汝愚以工部尚書趙彥逾說服殿師郭杲領兵策應，再透過知閤門事韓侂冑及內侍張宗尹、關禮等人入奏吳太后，決定在這段時間垂簾，以主持大局。七月禫祭，郭杲與王仲先分兵衛內廷，以防宮變。關禮又使人密製黃袍。禫祭當日，吳太后對嘉國公言：

> 外議皆曰立爾，我思量萬事，當從長。嘉王長也，且教他做，他做了你卻做，自有祖宗例。

在吳太后話畢，嘉國公「色變，拜而出」。[83]

嘉國公趙抦，為孝宗子魏惠憲王趙愷的次子，素來聰慧，頗得孝宗喜愛，後封嘉國公。孝宗曾主張立趙抦為太子，光宗亦表同意，但薛公主則認為此為以庶亂嫡加以反對。[84]由此知嘉王趙擴雖然得到多數朝臣和吳太后的支持，但他的繼位卻不是沒有競爭對手。

嘉王知內禪之事後，覺得有如逼宮的舉動，違背孝道，心中驚惶不安，並不情願。在韓侂冑和吳太后的勸解下，最後著黃袍即位。而嘉國公在慶元間被封為吳興郡王，開禧三年（1207）病逝。光宗事後得知，被迫退位，自然無法接受事實，史載他「時自瞋罵、慟哭。李

---

82 《宋史全文》卷28，紹熙五年秋七月甲子，頁2403。

83 葉紹翁：《四朝聞見錄》，甲集〈憲聖擁立〉，頁12-13。丁集〈寧皇即位〉，頁133-134。

84 《宋史》卷246〈魏王趙愷傳〉，頁8734。葉紹翁：《四朝聞見錄》，丙集〈寧皇登位〉，頁104-105。

后輒奉觴以解陶之，以是為常」，且不讓其知外事。[85]光宗也常拒絕寧宗的請安視膳，可知他心有不甘，但時勢如此。退位後常精神恍惚，內中多所畏避，目之為「瘋皇」。[86]

誰是在內禪過程裡為定策擁立的主要角色？史家對此問題也有不少看法。黃俊彥認為趙汝愚為首所領導的官僚群，原有擁立嘉國公的想法，但在以吳太后為首的宮廷派則主張嘉王，在情勢轉變之下，趙汝愚改變態度，順從吳后等人的安排，順勢擁立嘉王。然而其後在與韓侂胄的權力鬥爭中，韓侂胄卻以當時的情境，來打擊趙汝愚等人。因此擁立之功最後的得勝者應為憲聖吳太后為首的宮廷派。[87]

擁立之功是為了增強對皇權的依附，紹熙內禪與寧宗的即位，則造就韓侂胄的崛起。

第四節　理宗即位前的養子風波

宋代為了避免皇位繼承的爭議，在皇帝無嗣的情形下，通常會選任宗室子弟入宮接受教育，成為可能的皇位繼承人。如真宗景德三年（1103），悼獻太子病亡，真宗迎宗室趙元份之子趙允讓入宮，但在大中祥符三年（1010）真宗又有兒子出生，趙允讓被真宗以簫韶部樂

85 不著撰人：《朝野遺記》〈光宗追恨壽仁〉，頁273。此事亦載於田汝成：《西湖遊覽志餘》，卷2〈帝王都會〉，頁26。據田汝成載，光宗知李后多所隱瞞，曾「揮之以肱，后仆於闌」，李后因而得疾。

86 據《兩朝綱目備要》卷之5，慶元五年八月寧宗才以上壽之名，得見太上皇，成禮而還。之前二聖都沒有見面。頁93。關於光宗為瘋皇的記載，見《朝野遺記》〈壽仁終於精室〉：當時李太后在大內築精室靜居，聽說風（瘋）王至，侍從皆走。因王常恍惚，內宮多畏避故也，頁274。田汝成：《西湖遊覽志餘》，卷2〈帝王都會〉：「時光宗見祟恍忽，內中以風皇目之」，頁26。

87 黃俊彥：《韓侂胄與南宋中期的政局變動》，臺灣師範大學歷史研究所碩士論文，1976年，頁26-27。

送還宅邸。[88]

其後仁宗也因無子，在景祐三年（1036）選任宗子趙宗實養於宮中，在宮中生活三年後，仁宗又有親子豫王出生，宗實歸濮邸。仁宗親子因早夭，嘉祐七年（1062）仁宗才命宗實為泰州防御使、知宗正寺。八月封宗實為皇子，才確立他的繼承地位。

高宗無子，但有兩位養子：伯琮和伯玖，分別交由張貴妃和吳皇后撫養，廿八年後並經過多次考量、測試，被封為建王的伯琮終於被封為太子，此時他已三十三歲。[89]

由於孝宗並非高宗的兒子，他所以得到帝位，完全是由於得到高宗的支持，他入宮之後，經過廿八年才被宣布為太子，其原因是在這段時間，高宗一直希望生育親子來繼嗣和延續太宗一系。故他對孝宗一直有相當矛盾的態度，一是希望有維持父子般的良好關係，教育他為忠心的可能繼承人，另一方面又不能讓他們培養影響力，尤要避免與朝臣相交結而形成勢力，以免威脅到可能誕生的親子地位。結果，孝宗被選立為太子後，的確也能盡孝，但也受到高宗的影響和控制，產生依存心理。[90]

雖然高宗與養子間關係微妙，但南宋的皇嗣養子的制度，是由高宗開始建立的。寧宗時期也有皇嗣養子的記載，寧宗曾有九子，但都短命未能長大成人。慶元二年（1196）寧宗次子趙埈八個月夭折，寧宗就從趙氏皇親子弟選取宗子加以培養。趙與愿（六歲時寧宗賜名趙曮，後又賜名詢，1192-1220）因而入宮，他是太祖子趙德昭的後裔，六歲入宮後，在資善堂學習。開禧元年（1205）立為皇子，進封

88 《宋史》卷245〈濮王允讓傳〉，頁8709。

89 《宋史》卷33〈孝宗本紀〉，頁617。

90 柳立言：〈南宋政治初探──高宗陰影下的孝宗〉，《中央研究院歷史語言研究所集刊》第57期3分（1986年），頁553-584。

榮王。[91]開禧三年（1207）寧宗又有二子：趙圻、趙墌先後出生，但都沒有活過週歲。[92]因此，在趙墌卒後半年，開禧三年（1207）十一月趙曮被立為皇太子，並賜名詢。[93]嘉定元年（1208）寧宗雖又有一子：趙垍出生，但也在四個月後病卒。[94]

趙詢與史彌遠交好，在韓侂冑欲向金人用兵時，曾奏侂冑輕起兵端，上危宗社，宜賜黜罷，以安邊境。[95]開禧二年（1206）又與史和楊皇后合作玉津園之變，殺韓侂冑，此時趙詢不過十四歲之齡，就涉及不少朝政。嘉定元年閏四月（1208），寧宗八子趙垍薨後，趙詢十六歲，寧宗決定讓他接受更多的政事訓練，詔曰：

> 皇太子溫文粹美，學問夙成，欲使與聞國論，通練事機，以增茂儲德。二三大臣各兼師傅，賓僚用申羽翼之助。其相與協心輔導，成朕愛子之義，以綿我家無疆之慶。是惟休哉。自今再遇視事，可令皇太子侍立，宰執赴資善堂會議。[96]

---

91 《宋史全文》卷29，開禧元年正月乙亥，頁2504。立趙曮詔書曰：「衛國公曮，藝祖皇帝十世孫也，自幼鞠於宮中，端重聰哲，凜如成人。日者從游資善，博親義理之訓，益茂溫文之德，望實之美，中外聳聞。朕承先帝洪業，夙夜祗畏，懼弗克任，歷日彌重，而國本未立，謂天下何。」

92 趙圻生於開禧三年正月丁亥，卒於同年二月癸亥，追封順王，謚曰沖懷。見《宋史全文》卷29下，頁2514。趙墌生於開禧三年二月戊子，卒於同年夏四月戊申，追封申王，謚曰沖懿。見《宋史全文》卷29下，頁2516。

93 同上書，卷29，開禧三年十一月丁亥，頁2523。趙圻、趙墌、趙垍分別是寧宗的六、七、八子，寧宗的第九子趙坻在嘉定十六年出生，亦在不滿週歲時卒，寧宗兒子從未有兩子同時在世的情形。

94 見《宋史全文》卷30，嘉定元年三月乙未，皇子垍生，頁2537。趙垍薨於閏四月癸未，追封肅王，謚曰沖靖。頁2538。

95 《宋史》卷246〈景獻太子趙詢傳〉，頁8735。

96 《宋史全文》卷30，嘉定元年閏四月甲申，頁2538。

由於親子的接連過世，寧宗不得不看重未來繼承人的教育，讓趙詢能在朝中侍立、視事，宰執日赴資善堂會議，讓趙詢在政治上有所歷練。當時為趙詢選任的老師，皆為執政官。如右丞相兼樞密使錢象祖兼太子少傅，參知政事衛涇、雷孝友、簽書樞密院事林大中並兼太子賓客。

前面提到，趙詢和史彌遠關係不錯，嘉定元年（1208）右丞相史彌遠因母喪去位，趙詢「請賜史彌遠第於行在，今就第持服」，從之。[97]不過，之後直到趙詢於嘉定十三年（1220）病薨，皆未見他在政事上有什麼特別的表現。

趙詢薨後，嘉定十四年（1221）六月寧宗立皇姪趙貴和為皇子，賜名竑。[98]趙竑為太祖子趙德芳九世孫，趙竑原為沂王趙抦的嗣子，但因趙詢病卒，寧宗授趙竑寧武軍節度使，封為祁國公。隔年（1222）加檢校少保，封為濟國公。

封趙竑為皇子，據史載是寧宗自己的決斷：

> 凡侂胄造御批，逐正人，禁偽學，開邊隙，寧宗不察也。彌遠與楊后、景獻誅侂胄，函首送北，寧宗亦不知也。獨有立濟邸為皇子，出自寧宗獨斷。[99]

史彌遠與景獻太子趙詢關係良好，但趙詢薨後，新立的皇子趙竑對史彌遠一手遮天和為所欲為，早有不滿，致史彌遠擔心趙竑上位後，對

97 《宋史全文》卷30，十一月戊午及癸亥條，頁2542。

98 趙竑生年不詳，他原為寧宗兄弟沂王的後嗣，在趙詢薨後，寧宗以貴和為皇子，賜名竑，授寧武軍節度使，封祁國公。據史載，趙竑在嘉定十七年六月生子趙銓，由此知趙竑立為皇子時，年紀應非童稚小兒。見《宋史》卷246〈濟王趙竑傳〉，頁8735-6。

99 方回：《桐江集》（宛委別藏本，上海市：江蘇古籍出版社，1988年），卷7〈鄭清之所進聖語考三〉，頁464。

他不利，[100]力圖謀求替代的人選。由於趙竑封為皇子，而沂王嗣子又空缺出來，故於嘉定十四年（1221）九月，將宗室趙貴誠立為沂王嗣子。[101]

關於趙貴誠入宮的過程，目前可知有兩種不同的說法。《宋史》、《延祐四明志》都提到史彌遠派親信余天錫（？-1241）去查訪物色可能的皇子人選，某日大雨，余天錫至全保長家避雨，在全家看到趙與莒、與芮兄弟，得知為全之外孫且為宗室，將兩位兄弟帶入京城後，善於相面的史彌遠認為趙與莒日後必大貴，又怕事機洩漏，故而拖延一年後才將兩兄弟帶入京城。[102]

另一說法，是當時在選立皇子時，以宗室子中名字中以「與」十數位十歲以下者，各自課算五行，就中選出十人。當時侍郎王宗與擅長相命，指出十人中有兩人皆有帝王之命也，此兩人即為趙與莒、與芮兄弟。[103]

余天錫原為史彌遠府中的家庭教師，當時他離府回鄉，據稱是參加慶元府（寧波）鄉試，但背後則另有他因，即為史彌遠尋覓宗室為可能的繼承人，余天錫和史彌遠家中為世交，余天錫祖父余滌教授史浩子孫，居於鄞，後也曾為史家教授，因此余天錫也被彌遠聘為童子師，有三代交情，因而史彌遠將尋找宗室的工作委託給他。

100 據史載，趙竑曾於宮壁之輿地圖，指瓊崖處曰：「吾他日得志，置史彌遠於此。」又嘗呼彌遠為新恩，意思是史彌遠的歸處，非新州則恩州也。《宋史》卷248〈趙竑傳〉，頁8735。

101 嘉定十四年六月，趙貴誠授秉義郎，八月升為右監門衛大將軍，賜名貴誠。（原名與莒）再升為果州團練使，九月立為沂王後嗣。見《續編兩朝綱目備要》卷之16嘉定十四年六月乙亥，八月甲子，頁296。

102 見《宋史》卷419〈余天錫傳〉，頁12551。（元）袁桷：《延祐四明志》（收入宋元方志叢刊，北京市：中華書局，1990年5月），卷5〈余天錫傳〉，頁6214上至下。

103 周密：《癸辛雜識》後集〈理宗初潛〉，頁57。

另一則史料則提到余天錫看到理宗出生時有火光的異象，認為理宗必為天命之人：

> 理宗初在潛邸，與余天錫同里。初生之夕，天賜見外間失火，紅光燭天，奔到火所，實無有也。惟榮王府開關明燭，天錫入問，王答曰：適生小天錫知其為異，即求一觀。及入室，異香馥郁，若有二童子張青蓋護之。後太子竑忤史相彌遠，史遂密謀於余，余遂告以理宗降誕之異，史遂命余薦之，權處以小職。[104]

但根據地理位置來判斷，余天錫家鄉在慶元府昌國縣，理宗出生在紹興府山陰縣虹橋里，本不在一地，所以余天錫不可能會看到理宗出生的異象。故余天錫後來推薦理宗給史彌遠，絕非上面所言如此。歷史上常有英雄或帝王出生時異象的說法，其中不乏赤色照室（火光）或母孕時的夢兆等，來象徵他不凡的出身。理宗出生的火光異象，應也是這樣的背景下所創造出來的。

趙與莒是在嘉定十四年（1221）六月任秉義郎，推測他被接入臨安的時間應該是在此之前。寧宗的景獻太子趙詢是薨於嘉定十三年（1220）七月，趙詢薨後，寧宗有意立皇姪趙貴和為皇太子，但又因趙貴和與彌遠不和，才讓史有危機感，開始物色取而代之的人選。因此趙與莒被尋訪後又「逾年」經帶入余天錫家中教養，推測應在嘉定十三年（1220）時便以入宮。不過，在這個問題上，史家有不同的看法。張金嶺認為余天錫奉史彌遠之命尋找宗室子之事，與趙與莒入嗣沂王的時間不相符，推斷史彌遠可能在趙詢死後「立刻」進行探

104 不著撰人：《東南紀聞》（《叢書集成初編》本，北京市：中華書局，1985年），卷2，頁11。

訪。[105]而方震華則認為，如果趙竑長期與史彌遠不和，以他的作風，不會讓趙竑在嘉定十四年成為皇子，然後才開始尋找適合替代的宗室。因此，在趙竑立為皇子之前，史彌遠就應該與趙與莒結識。[106]

余天錫參加嘉定十二年（1119）秋季鄉試，不中，又參加三年後鄉試（余為嘉定十六年進士）。故推知余天錫有可能是在十二年就知有趙與莒的存在，回府告知史彌遠後，兩人商議後約定處理的方法。其後嘉定十三年（1220）景獻太子崩，才將趙與莒接到臨安，在寧宗尚未選擇皇子之時，再擇選十數位皇枝帝冑，從中挑選，而趙與莒、與芮也在其中。（如周密言）

嘉定十四年（1221），趙與莒任右監門衛大將軍，賜名貴誠。九月，立為沂靖惠王後嗣。[107]可見這個時候，寧宗根本沒有考慮他當皇太子，而是屬意皇子趙竑。

嘉定十七年（1224）寧宗病篤，多日未能上朝，給予與趙竑不合的史彌遠一個機會，史彌遠與楊皇后合作，矯詔立趙貴誠為皇太子，封成國公：

> 皇姪，邵州防禦使貴誠，亦沂靖惠王之子，猶朕之子也。聰明天賦，學問日新，既親且賢，朕意所屬，俾並立焉。深長之思，蓋欲為異日無窮之計也。其以為皇子改賜名昀。[108]

五天後，寧宗駕崩，趙貴誠即位為理宗，原皇子趙竑被廢為濟王，出

105 張金嶺：《宋理宗研究》（北京市：人民出版社，2018年10月），頁2-4。

106 方震華：〈轉機的錯失——南宋理宗即位與政局的紛擾〉，《臺大歷史學報》第53期，2014年6月，頁5。

107 《宋史全文》卷30，嘉定十四年九月癸未，頁2587。

108 《宋史全文》卷30，嘉定十七年閏八月丙申，頁2591-2592。時寧宗己病篤，且趙貴誠入宮時日甚短，所受皇子教育想必有限，寧宗自然也無從知他如何聰明親賢。

居湖州。寧宗病篤時，楊皇后自然是宮廷的主事者，有她的背書，讓理宗即位的合法性很難被質疑，因為趙竑在寧宗時只是被立為「皇子」而非「皇太子」。理宗的即位，也讓權臣史彌遠的權力和地位更為穩固。

理宗寶慶元年（1225），湖州潘壬、潘丙謀擁立趙竑，這個事件在史籍的記載較為簡略，只知潘壬兄弟是以李全的名義號召，以史彌遠擅自擁立為名，將躲在水裡的趙竑擁至州治，以皇袍加身，趙竑「號泣不從」，潘氏等人隨從皆太湖漁人及巡尉兵卒，都是一些缺乏組織和軍事訓練的市井之徒，且不滿百人，因此也很快平定。[109]

理宗前期政事皆由史彌遠主政，紹定五年（1233）史彌遠死後，宋理宗終於開始親政。

理宗後代之事也成為朝臣關注的對象。他即位前原有二子皆早夭。嘉熙二年（1238）皇子趙維出生，但不到兩個月即夭折，追封祁王。另外賈貴妃曾為理宗生下一女，即周、漢國公主，為南宋唯一的一位公主。時吏部侍郎兼給事中洪咨夔建議仿前例，選任宗室子弟養育宮中，擇其優為皇子，理宗當時並未採納。

淳祐六年（1246）理宗已屆中年，眼看親子誕生的機會不大，只好開始物色皇子人選。由於理宗十六歲以前居住於民間，與弟弟趙與芮一起長大，感情深厚，[110]故屬意與芮的兒子為繼承人。趙與芮獨子孟啟因生母為陪嫁婢女，身分低微，在懷孕時曾服墮胎藥，導致生下

109 《宋史》卷248〈趙竑傳〉，頁8737。又見《宋季三朝政要》，卷1，理宗寶慶元年正月，頁1-2。周密：《齊東野語》，卷14〈巴陵本末〉，頁279-280。趙竑最後被逼自縊，並追奪其王爵，貶為巴陵郡公。時魏了翁、真德秀、洪咨夔、潘枋皆相繼上疏言其冤。直到端平元年（1234）理宗追復其王爵。

110 田汝成：《西湖游覽志餘》，卷2〈帝王都會〉：理宗微時，鞠於母黨全氏。一日秋暑，偕弟與芮浴於河。頁29。

的胎兒先天不足，至七歲才能說話，[111]並不是儲備皇子的合適人選，在當時也引起朝臣的議論。[112]

賈似道支持理宗，又趁這個機會，打擊已被理宗厭棄的吳潛，吳潛被罷相。理宗接趙孟啟入宮，於資善堂就學。在寶祐元年（1253）立為皇子，十月封為忠王。景定元年（1260）立忠王為太子。

度宗雖然先天不足，但理宗仍然對他細心教導，也為他尋求學養俱佳的學官。也常常垂詢趙禥的學習狀況。寶祐四年（1256）著作佐郎兼資善堂直講鄭雄飛輪對，奏畢，理宗問他：「皇子讀書如何？」雄飛回答：「皇子天姿聰明，嘗輯錄聖訓，一日以示臣，陛下貽訓正大明切，皇子又能謹藏習誦之。」[113]理宗表示欣慰。

從理宗的立場來看，趙禥資質有所欠缺已是事實，而這個姪兒又是他所認定的繼承人，那麼能做的事情，就是為趙禥選好輔佐的大臣，使政府機構仍然照常能運作，不會有太大的影響。時任丞相的賈似道，兼皇太子的老師，就是理宗選定為度宗的主要的輔政大臣，因而賈似道在度宗時能繼續維持其權勢於不墜。

第五節　小結

據本章的討論，可以歸納為幾個重點：

第一，養子入宮的時間通常很早。像英宗四歲入宮；孝宗約五歲入宮；景獻太子趙詢入宮時六歲；宋度宗六歲時賜名「孟啟」，以皇

---

111 此事在宋史不載。見周密：《癸辛雜識》續集下〈紹陵初誕〉（北京市：中華書局，1988年），頁190。

112 王夫之：《宋論》（點校本，北京市：中華書局，2009年）卷15〈度宗〉，左相吳潛反對忠王任太子，曾說「臣無彌遠之才，忠王無陛下之福」，頁256。

113 《宋史全文》卷35，寶祐四年三月庚子，頁2848。

姪名義入內小學。[114]早入宮的好處是可以與皇帝培養感情，也能提早接受皇儲教育。

第二，雖然入宮時間早，但養子的名分卻通常很晚才決定。一旦皇帝親子誕生，養子就會退居藩服。像英宗做了二十六年的養子才在嘉祐七年（1062）定下名分，孝宗直到三十三歲被封太子，度宗隔了十四年立為太子。隔了這麼久定下名分的原因，也是因為皇帝還沒有放棄生下自己的親子。

第三，除非有特殊的情況，為了保險起見，養子通常不只一位。像宋仁宗除了英宗外，還收養允成之子宗保，但因宗保不夠聰明，最後選擇英宗。另外一個好處就是擇優而選之。因此如果不只一位養子，養子之間也會有所競爭，在潛邸過程裡培養自己的親信，與朝臣交好甚至進一步合作。

皇子教育內容也是一個可以觀察的方向。有如孝宗時任太子詹事王十朋所言：

> 臣聞三王之教世子也，不過教之以禮樂。……未聞其尹京也。國朝雖有真宗故事，萬一少有過差，十手所指，小人易得浮議，傳聞四方，所損非細，非所以愛太子也。大抵太子之職，在問安視膳而已，至於撫軍監國，皆非得已事也。[115]

當時孝宗有意讓皇太子歷練政事，欲讓光宗任臨安府尹，但卻遭王師愈等人反對，曰：「皇太子當居春宮，日親師傅，講論治道，尋繹經義」，連東宮學官王十朋都持類似的看法。由上可知，皇子教育的內

114 《宋史》卷33〈孝宗本紀〉，頁616。卷246〈景獻太子傳〉，頁8734。卷46〈度宗本紀〉，頁891。

115 （明）楊士奇：《歷代名臣奏議》卷73，頁25上～下。

容，最多只是問安視膳，知其君臣之道，以及德性的養成等，而不是實際政事的處理，因此缺乏政治經驗的歷練，往往讓即位後的皇帝，無法處理龐大且繁雜的政事，不得不將朝政交由能幹的朝臣，而產生側近政治的現象。

以理宗傳位給姪兒度宗的過程來看，趙禥在景定元年（1260）被立為皇太子，雖然趙禥寡智，但理宗還是盡力教養，也常詢問學官皇太子的學習狀況。陳世崇在《隨隱漫錄》一書中記載不少理宗教育度宗的內容，可以看到理宗的用心。[116]只是度宗不具帝王的資質，只能倚賴他的老師也是理宗時的宰相賈似道來處理政事。

在南宋的皇位繼承過程當中，無論是繼承時的政治變數（光宗至寧宗），或是因皇帝無子而產生的養子制度（高宗、寧宗、理宗），都衍生出在皇位繼承時權臣支持的重要性，皇帝即位後常重用該位權臣，作為政治上的回報。這也說明了南宋有別於北宋的「權臣現象」。此外，由於南宋皇位繼承的變化，也造成皇子或皇太子在潛邸期的時間較長，他們有自己的親信侍從，這些侍從在皇帝即位擔任閤門官職，由於備受重視，往往為朝臣指為佞幸。

---

116 陳世崇：《隨隱漫錄》，卷4（收入《宋元筆記小說大觀》，上海市：上海古籍出版社，2001年），頁5415-5416。陳世崇的父親陳郁為宋度宗東宮的掌書，故此史料應為可信。在《宋史全文》也有數條記載。如卷35，景定元年七月丁亥，御筆：「皇太子當俾習知政事，每遇聽朝，可令侍立，仍令宰執並兼東宮官，三省討論典故以聞。」頁2695-2696。

第四章
皇權、外戚與近習

南宋政治結構中，皇權的上升是一個值得觀察的現象，而皇權通常會利用近習來加強對外廷的控制。所謂「近習」，是宋代的常用名稱，意即天子的寵臣，在不同的朝代常以「佞幸」名之，這群人在皇帝左右，處於內朝，得皇帝寵信。如司馬遷為作〈佞幸列傳〉所言：

> 夫事人君能說主耳目，和主顏色，而獲親近，非獨色愛，能亦各有所長。[1]

故而近習能否投君主所好，是為重點，可憑口才取悅皇帝，也可憑個人特殊能力讓皇帝倚重，並非全無是處。其中不乏精明幹練的人，又知皇帝心意與之配合，因而得到賞識與重用，近習不完全等於佞幸，好的近習，也是皇帝手上的一把好刀，所謂「剛明之主亦有佞幸焉，剛好專任，明好偏察，彼佞幸者一投其機，為患深矣」，[2]因此筆者以為，以近習取代佞幸的說法，較為中道。

近習的存在並非絕對必要，主要還是與皇帝的個人風格有關。[3]

1　司馬遷：《史記》卷130〈太史公自序〉，頁3318。
2　《宋史》卷470〈佞幸傳〉前言，頁13677。
3　可參見柳立言：〈南宋政治初探——高宗陰影下的孝宗〉，《中央研究院歷史語言研究所集刊》第57期3分（1986）。上文對宋高宗與孝宗的父子關係，孝宗的心理狀態頗多分析，高宗和孝宗都不是容易信任外廷大臣的類型，高宗在秦檜死後無法找到適合的宰相，因此孝宗成為高宗政策的執行者，故而高宗的政治作風就是任命能幹、執行力強的行政官僚來執行其命令。但孝宗則是乾綱獨斷的類型。

南宋時期的孝宗任內，頻繁更換宰執，孝宗傾向以任用親近者的方式，來掌握外廷的政治情勢：

> 孝宗朝幸臣雖多，其讀書作文不減儒生，應制燕閒未可輕視，當倉卒汗墨之奉，豈容宿撰。曾覿、龍大淵、張掄、徐本中、王抃、趙弗、劉弼；中貴則有甘昪、張去非、弟去為；外戚則有張說、吳琚；北人則有辛棄疾、王佐。伶人則有王喜；棋國手則有趙鄂。當時士大夫少有不游曾、龍、張、徐之門者。[4]

光宗、寧宗、理宗、度宗都有近似孝宗的施政風格，即位後重用自己的親信，但孝宗事必躬親，對政事頗有自己的想法，因此孝宗時代的近習是被皇帝約制且掌控的，其餘諸帝則不然。光宗、度宗或因身體狀況欠佳，或因資質有限，無法勤於朝政。寧宗清默無為，對政事較缺乏熱情，權臣韓侂胄雖因擁立有功，但還是因為他的近習、外戚身分能比趙汝愚更加接近皇帝。理宗雖較為勤政，但遇事只有理論，政治才幹不足，拿不出實際的章程，故凡事亦多委權臣，前有史彌遠父子，後有丁大全、賈似道得到權力。皇帝有「側近」權力之人，無可厚非，近習受到的信任，是因為皇權的特殊性。本章觀察的重點，在於這些近習們與皇權的關係，及他們和其他士大夫的互動。[5]

第一節　近習的入門之階：閤門官與樞密都承旨

上一章我們觀察了皇太子到皇帝之路的過程，發現南宋皇太子們

4 張端義：《貴耳集》卷下，頁4304。

5 另可參見（日）安倍直之：〈南宋孝宗朝の皇帝側近官〉，收入《集刊東洋學》第88卷，2002年，頁83-103。

的潛邸時間較長，多半藉此培養出自己的親信。太子的僚屬中有許多學官，這些學官都是由皇父所挑選、指定，不能算是皇太子自己的人馬，這些學官學識德行均佳，因此皇帝即位後雖然頗為倚重他們，卻不會將之當成親信。因此皇帝親信的來源多是潛邸期為皇太子的門客、侍從，他們有不少是外戚，也有侍從因武官的身分侍從，而受到重用的。這些皇帝的近習，有一個共同點，就是皇帝即位後任命他們擔任閤門官，或進而任樞密都承旨的官職。（見表二，頁91）

這兩個官職在北宋時都沒有引起太多的討論，但因這兩個職務幾乎是所有近習的入門之階，因此有必要對這兩個官職有所認識。

閤門官的前身是晚唐宦官內諸司使之一的閤門使。唐代後期，皇帝的辦公地點常改為紫宸殿，百官要覲見皇帝，就只好由原來的辦公地點正衙宣政殿，再進入紫宸殿，路經上閤門。[6]故可知閤門乃扼守大臣朝會出入之地，也是信息流通的必經之地，因而在此處設使，掌「贊導官員朝見和通達奏狀」。[7]

宋代的閤門司，位紫宸殿前南廊，屬禁中內諸司之一，有東上閤門、西上閤門使各三人，正六品，副使各二人，通事舍人（後改為宣贊舍人）十人，從七品，祗候十二人。[8]元豐七年（1084）又設官最高一員領閤門事。徽宗時因閤門官員人數暴增，通事舍人就有一百零八人，祗候七十六人，據史載，當時不少富商以財物賄賂閤門官朱勔父子等人，以求仕進，故而安插子弟進入閤門官職，可見閤門官員人

6　徐松：《唐兩京城坊考》（北京市：中華書局，1985年），卷1〈西京大明宮〉，頁21-22。

7　關於唐代閤門及宋代閤門的相關研究，可見唐長孺：〈唐代的內諸司使及其演變〉，收入《山居存稿》（北京市：中華書局，1989年）。趙冬梅：〈試論宋代的閤門官員〉，《中國史研究》2004年第4期，頁107-121。趙冬梅文以閤門官與武選官的關係為主，梳理了兩宋閤門官在政治制度的變遷。

8　《宋史》卷166〈職官志〉「東、西上閤門」，頁3936。

數多而質量也下降，引起注意。其後在胡舜陟上奏後裁省，靖康元年（1126）明定閤門員額。[9]

南宋以後，引進司、四方館併歸閤門，紹興中葉，閤門官中的宣贊舍人裁定為四十員為限。孝宗乾道六年（1170），將閤門官又做調整：

> 除宣贊舍人、閤門祇候仍舊通掌贊引之職外，置閤門舍人十員，以待武舉之入官者。掌諸殿覺察失儀兼侍立，駕出行幸亦如之。
>
> 淳熙間，閤門又置看班祇候，令忠訓郎以下，秉義郎以上充任。可以以薦舉方式來擔任，凡廉幹有方略，善弓馬，兩任親民官及曾歷邊任者可充任。[10]經過孝宗的調整，南宋的閤門官無論是員額及職掌都較北宋時期更為擴大。

閤門官的職掌範圍：

> 掌朝會供奉贊相之事。……應見謝辭官，視其秩序，各以此為之相導而糾其失，乘輿行幸則從。凡百官赴閤門，慶禮奉表則詣東，尉禮進名則詣西。[11]

由以上可知閤門職掌是禮賓贊引的性質，文武百官及外國使節朝見謝辭，均由閤門負責引領及安排位次，慶禮奉表為東上閤門負責，尉禮進名則由西上閤門負責。「視朝退，殿坐與不坐，取旨。前殿坐日，

9 《宋史》卷166〈職官志〉「東、西上閤門」，頁3937。

10 《宋史》卷166〈職官志〉「東、西上閤門」，頁3938。

11 《宋會要輯稿》職官35之3，頁3047下。

公與一兩件人數不多，取旨坐與不坐。崇政殿引雜公事，遇臣僚奏事退，日高，取旨再引。」[12]皇帝視朝的時間是有限的，排在前面的班次理應獲得優先的接見，後面的很有可能連皇帝的面都碰不到。像光宗時左丞相出國門，諫官章穎以劄子留之，起居郎陳傅良請直前奏事，「上諭閤門止勿進」[13]，因此閤門應該是有一定的權力的。

如果不是一般的視朝，官員想要覲見皇帝，職位較高者，可以直前奏事者，須憑閤門司排立班次。（像宰相以及諫官、御史臺都可以不須經宰執陳乞）其他官員，程序上須經由中書牒報閤門再請求批准，准後，向閤門司呈報鄉貫、年紀、出身、歷任、過犯、轉官、章服年月文狀，再具奏候旨。[14]有時公文往復，再等皇帝同意，已然七天過去，故而閤門司若想藉此刁難，合法拖延或加以阻礙官員面見皇帝的時間，都是有可能的事。例如以下的這條史料：

> 翰林學士承旨蔡京等言，臣等每緣職事請對，待次或踰旬日，方得瞻望清光，而文字遇有急速，深恐失事，伏望指揮下閤門，今後許翰林學士依六曹、開封府例，先次挑班上殿，仍不隔班，從之。[15]

此條是由蔡京等人上言，因為請對的程序常會導致朝事的延誤，因而請求上閤門能依六曹及開封府例，排入班次的優先順序。

書面也是皇帝與官員接觸的另一個管道。日本學者宮崎市定曾經論述宋代君主獨裁政治的本質，就是透過全面的和官僚直接的接觸，

---

12 《宋會要輯稿》職官35之8，3050上。

13 《宋史全文》，卷28宋光宗，紹熙四年九月丁卯，頁2399。

14 《宋會要輯稿》禮制6之9，景祐元年閏六月十三日，頁468上。

15 李燾：《長編》卷511，元符二年六月戊子條，頁12164。

君主的獨裁權也得以產生和完成。[16]君主和百官透過面對面的見面和書面文件的往來，就是全面接觸，透過這樣的方式，來聽取官僚的意見，決定朝事的安排。

位階最高的宰執，可以獨自面見皇帝（稱之「獨對」），其後陳述意見，也可透過閤門司向皇帝陳送「密啟」：

> 本朝宰執日同進呈公事，遇欲有所密啟，必所語閤門，使奏知進呈罷，乃獨留，謂之「留身」，此與唐制頗異。[17]

其他的官員向皇帝進呈奏摺時，則有兩種管道，一是透過中書門下或樞密院，提交給皇帝，另一個是透過閤門司將「劄子」直接進呈給皇帝。依據文書的性質來區分，又可分成謝辭官所上奏狀、轉對臣僚章疏等。上殿奏事得旨，均須「尋牒閤門，須索申狀，仍要出身文狀兩本，比至引對，已經七日。竊緣臺諫之官，俱職言事，臺官則具奏候旨，諫官則直牒閤門，事體有殊。」[18]宋代規定，每五天起居日，許翰林學士、文班常參官轉對，也就是能面見皇帝討論時政，由於面談時間有限，若有未盡之處，與宰執的密啟一樣，可以將所奏內容封章上奏，供皇帝詳閱。[19]不管是謝辭表狀或是封章上奏，都須經由閤門，[20]閤門司對上奏人的資格有初步審核的權力。

---

16 （日）宮崎市定：〈宋代官制序說——解讀宋代職官志〉，《宋史職官志索引》京都市：同朋舍，1963年。

17 徐度：《卻掃編》（《宋元筆記小說大觀》，上海市：上海古籍出版社，2001年），卷中，頁4505。

18 《長編》卷152，慶曆四年九月庚午，頁3700。

19 《長編》卷463，元祐六年八月戊子，頁11048。另可參見范百祿：〈上哲宗乞審議轉對之制〉，收於《諸臣奏議》卷77，頁2700-1。

20 《宋史》卷118〈禮志〉，「百官轉對」，頁2785-2787。

由上可知，閤門官主要工作在贊引和文書傳遞，也有通達信息流通的潛在職能，而又因閤門掌握官僚與皇帝接觸的兩種主要管道，極易掌握部分權力，因此真宗曾在諸王夫人要求自己的親屬補閤門官，被真宗拒絕「此職非可以恩澤授」。神宗即位之初，以潛邸舊臣郭昭選為閤門祇候，司馬光反對，說「此祖宗以蓄養賢才，在文臣為館職」，其重如此。[21]

閤門官既然如此重要，雖不需要高超的學識或行政能力，但必然是皇帝可以信任的人，即「腹心羽翼」也。閤門司的任職必須由橫行武選官及閤職來擔任，其來源有下列幾類：

（一）外戚勛貴：有如《宋史》所云：「舊制有東、西上閤門，多以處外戚勳貴。」[22]南宋不少外戚皆擔任過閤門官，如高宗時韋淵、潘永思、劉允升、劉侁、張萃等人。孝宗時有夏執中、謝淵、張說，光宗時的李純、韓侂冑，寧宗時的楊次山、楊石。（詳見表二，頁91）

（二）潛邸舊人：北宋時以潛邸舊人任職閤門官為多。這些潛邸舊人多為君主在即位前的親信。如太宗、真宗即是。[23]南宋用自己的潛邸舊人任職更為常見。如孝宗時龍大淵、曾覿，光宗時的姜特立、譙熙載等。

（三）以軍事才幹見長，任職邊防，以此表示寵遇。[24]如光宗時的

21　《宋史》卷119〈職官志〉，「東西上閤門」，頁3937。

22　《宋史》卷166〈職官志〉「東、西上閤門」，頁3937。

23　見《長編》卷18，太平興國二年正月癸酉，太宗以商鳳為東上閤門使，陳從信為西上閤門使，樞密承旨，兩人皆為潛邸舊人。頁395。《宋史》卷268〈王繼英傳〉，王繼英在真宗咸平初任恩州刺史兼掌閤門使，遷樞密都承旨。王繼英在真宗藩邸時任導吏兼內知客事。頁9229。

24　據史載，閤門舍人為孝宗時增置，以待武舉之人入官者，先召試而後命。供職滿三

李道，孝宗時的蔣介。姜特立在孝宗時任福建兵馬副都監，當時福建沿海有海盜姜大獠肆虐，姜以一戰舟入賊陣，擒賊首姜大獠，得將領趙汝愚賞識，因而向孝宗舉薦他。淳熙十一年（1184）孝宗授其閤門舍人，命充任太子左右春坊。[25]

前兩類均為皇帝親信。而第一類及第三類是武臣出身。如司馬光言：

國初草創，天步尚艱，故祖宗即位之始，必拔擢左右之人以為腹心羽翼，豈以為永世之法哉！乃遭時不得已而然也。自後嗣君守承平之業，繼聖考之位，亮陰未言之間，有司因循，踵為故事，凡東宮僚吏，一概超遷，謂之「隨龍」。[26]

司馬光將之歸因於「故事」，但實際上皇權的性質，才是閤門官與皇帝關係密切的主要原因。

南宋時期的外戚任閤門官者，第一位為高宗潘賢妃的叔叔潘永思，潘賢妃是高宗唯一親子元懿太子趙旉之母，後雖因太子三歲而殤，但潘永思尚能受到重用。建炎初，潘永思任閤門宣贊舍人，因元祐太后回歸事，高宗信任他，由他負責迎歸，並出任權三省樞密事。其後因被大理寺推治偽告，潘永思被牽連罷職，但不久後任恢復閤門的職位。[27]

閤門官除了是皇帝的親信外，且尚可入西府（樞密），甚至參與

年，可以外放到地方任職成為戎帥、刺史等職。如蔣介為武舉第一人，即免試除閤門舍人。見《宋史全文》卷28，紹熙元年九月丁卯，頁2389。

25 《宋史全文》卷28，紹熙四年五月，頁2397。

26 司馬光：《司馬文正公傳家集》（臺北市：臺灣商務印書館，1965年）卷38〈言郭昭選札子〉，治平四年上，頁502。

27 《宋史》卷465〈外戚傳〉，頁13590。潘賢妃生父為潘永壽，為翰林院醫官。見《宋史》卷243〈后妃傳〉，頁8648。

皇位擁立。（如寧宗時韓侂冑）在南宋常由外戚出任，也讓外戚有參預政事的機會，這點是值得注意的。

另一個重要職位是樞密都承旨，隸屬於樞密院。職掌如下：

> 掌承宣密命，通領院務。若便殿侍立，閱試禁衛兵校，則隨事敷奏，承所得旨以授有司；蕃國入見亦如之。檢察主事以下功過及遷補之事。都承旨，舊用院吏遞遷。[28]

宋代的樞密院是承五代的軍政機構，樞密使的職掌亦為「承宣密命」，但因樞密使軍務繁多，便設承旨、副承旨來負責事務性工作，北宋初期因樞密院的外廷化，因此都承旨的任命也更加重要：

> 樞密都承旨與副承旨，祖宗皆用士人，比僚屬事，參謀議。真宗後，天下無事，稍稍遂用吏人。熙寧初，用李評為都承旨，至今行之。[29]

由以上可知，真宗以後樞密都承旨參用吏人，直到神宗時以東上閤門使李評任樞密都承旨，讓武選官取代吏人進入樞密院。當時樞密使是老臣文彥博，文彥博不願「禮之」，而史院亦找不到樞密使和都承旨之間的禮節規範，因此神宗下詔規定使用閤門使見樞密副使的禮儀，並為都承旨「置治所，添給直兵，以壯聲色」[30]，才算解除了當時的尷尬。李評是駙馬李遵勗之孫，有外戚身分，在神宗支持下，改革樞

---

28 見《宋史》卷162〈職官〉，頁3801。

29 見葉夢得：《石林燕語》，卷9，頁129。葉夢得為哲宗時進士，徽宗時任起居郎，高宗時任江東節度使，故此處的「至今行之」應指的是高宗紹興時期。李評（生卒不詳）是李遵勗（太宗女婿，尚荊國大長公主）的孫子，在任樞密都承旨前也出任過閤門官十二年之久。見《宋史》卷464〈李評傳〉，頁13574。

30 《長編》卷215，神宗熙寧三年九月己酉條，頁5243。

密院院吏收補校試賞罰之法，頗有建樹，但也引來越職干預樞密院政務的批評，[31]最後遭到王安石等人的反對而去職。

熙寧五年（1072），以同修起居注曾孝寬兼都承旨，這是都承旨參用儒臣的開始，但元豐四年（1081）又以客省使張誠一為都承旨，復用武臣。元符三年（1100），駙馬王師約任樞密都承旨，諫官陳瓘力諫：「神考以文臣為都承旨，其副則參求外戚武臣之可用者。今師約未歷邊任，擢置樞屬掾文臣之位，甚非神考設官之意。」可知王師約因為駙馬都尉，有外戚身分，而又未歷外放邊任，資歷不足而被反對。其後至北宋末年止，樞密都承旨都以武臣擔任。[32]

北宋時任職閤門官加兼樞密都承旨者有四位：楊守一、馬知節、李評、曹誘。[33]南宋高宗、光宗、寧宗、理宗時都未見兼兩職者。

高宗初年，因邢皇后之父邢煥任職徽猷閣待制，違背外戚不得任文資的祖制，因而受朝臣反對。（見第二章第三節）邢煥因而改任光州觀察使，除樞密都承旨。[34]建炎四年（1130）邢煥求去，改江州太平觀，徙居忠州。高宗以辛道宗為樞密都承旨。當時都承旨一職出闕，上曰：「邢煥戚里，朕不欲令戚里任朝廷差遣。」因而命辛道宗擔任，高宗認為道宗雖然不錯，但「不甚知兵爾」。[35]

---

31 見黃純怡：《北宋的外戚與政治》（臺北市：萬卷樓圖書股份有限公司，2016年3月），頁58。

32 《宋史》卷162〈職官〉，頁3801。

33 《宋會要輯稿》職官6之1，「樞密院承旨司」：太宗太平興國七年四月記楊守一部分，頁2483。職官6之4，熙寧二年八月二十二日，記李評部分，頁2484下。職官6之9，崇寧四年九月十七日，記曹誘部分，頁2487上。另馬知節部分，見周必大：《周益公文集》卷67，〈正惠馬公神道碑〉，頁333下。可知馬知節於真宗時任東上閤門使兼樞密都承旨，後升任簽書樞密院事。

34 《宋史》卷465〈邢煥傳〉，頁13589。又見李心傳：《建炎以來朝野雜記》，甲集卷1〈憲節邢皇后〉，頁35。

35 《宋會要輯稿》職官6之10，建炎四年十二月十六日，頁2487下。

紹興元年（1131）將樞密都承旨又擇以文官，詔曰：

> 祖宗時，樞密都承旨一員，并差兩員。蓋以本兵宥密之地，不可不擇人，付以承旨之事。……可依祖宗朝故事，置都承旨一員，其雜壓檢會元祐職制令施行，內未曾任侍從官之人，即依權侍郎法。[36]

雖然上言高宗將樞密都承旨之職又歸於文官，但紹興二年（1132）邢煥入對，將川、陝形勢利害上陳，並提出分兵恢復的構想，甚得高宗之意，有意再度任命邢煥為都承旨，邢煥引疾不拜，改擢慶遠軍節度使。[37]此次邢煥雖未復職，但高宗之前已出此職不得由武資的規定，自己又差點違背，顯見這個職位同時需要知兵及君主的認可。

將閤門官加兼樞密都承旨的職位的實施，是在孝宗時期。孝宗即位後，意欲北伐，有恢復之志，而先恢復由武官擔任樞密都承旨的工作，一面重用武官，一面也重用近習，以自己的兩位潛邸舊臣龍大淵升任樞密副都承旨，曾覿為帶御器械兼管皇城司，均遭到反對。然孝宗心意已決，諫議大夫劉度彈劾此事，遭到外任；諫官胡沂論其市權招之，請求屏遠，也遭到孝宗擱置。[38]直至時任中書舍人的周必大，拒絕為兩人草擬除狀而待罪，[39]最後兩人均改任閤門官後，[40]公議遂息。但孝宗卻認為宰輔和臺諫一併反對，似乎有朋黨之嫌，對時任丞

36 《宋會要輯稿》職官6之10，紹興元年十二月三日，頁2487下。

37 《宋史》卷465〈邢煥傳〉，頁13590。

38 《宋史》卷88〈胡沂傳〉，頁11910。

39 當時周必大除了拒擬之外，尚與給事中金安節同奏「大淵罷副都承旨，覿罷帶御器械」。見樓鑰：《攻媿集》卷93〈忠文耆德之碑〉，頁1290。

40 見《宋史》卷33〈孝宗本紀〉，頁622、624。同書卷470〈佞幸傳〉所記曾覿、龍大淵，頁13688-13692。

相的史浩頗有微辭。史載：

> 史丞相適以與張魏公和戰之議不同，力請免相，然當時之論，以為避大淵權勢而去也。故王元龜既為諫長，為上言：史浩以龍大淵避權引去，大淵之勢遂昂。蓋史公為相才百餘日耳。[41]

上言內容，顯見史浩去職一方面是因為他和孝宗、張浚的積極主戰立場不同，一方面則是因為龍大淵等人的問題。

史浩（1106-1194），紹興十五年（1145）進士，歷任國子博士、參知政事。他曾是孝宗在東宮的學官，與孝宗有師生之誼。[42]他升任迅速，有如樓鑰曾說：「自此六年以正相位，近世未有也。」[43]由此知孝宗對他昔日老師的倚重。史浩在和戰問題上雖然傾向主張和談，但戴仁柱認為不能將他劃為主和的「投降派」，因為史浩終極目標仍是主戰，他認為要有足夠的軍事準備和經濟資源之下，才能有效的對北方敵人發動攻擊。在孝宗即位之初，兵力未壯，財力未足的情形下，史浩認為出戰不但無法達到目的，反而有可能承受魯莽的攻擊之下產生的後果，但這種謹慎的態度，與孝宗明顯不同。[44]

---

41 李心傳：《建炎以來朝野雜記》，乙集卷7〈史文惠以直諫去位〉，頁615。

42 史浩在紹興二十九年（1159）任祕書省校書郎兼二王府教授。紹興三十二年（1162），孝宗成為儲君後，史浩任太子右庶子。孝宗即位不到四天，史浩被任命中書舍人兼翰林侍讀。兩個月後，他成為參知政事、同知樞密院事。見《宋史》卷396〈史浩傳〉，頁12065-12066。李心傳：《建炎以來繫年要錄》，卷200，紹興三十二年六月己巳條，頁3380。

43 樓鑰：《攻媿集》卷93〈純誠厚德元老之碑〉，頁1278。亦可見李心傳：《建炎以來朝野雜記》，乙集卷8〈史文惠以論儲副受知〉云：「阜陵受禪，文惠自宗正少卿不半年而拜相，蓋本朝所未有也。」，頁626。

44 戴仁柱：《丞相世家：南宋四明史氏家族研究》（北京市：中華書局，2014年11月2版），頁65-66。亦可參見蔣義斌：〈史浩與南宋孝宗朝政局——兼論孝宗之不久相〉，《宋史研究集》第19輯（臺北市：國立編譯館，1988年），頁29-77。

史浩以進「寢兵」之言，力主和議，與主戰的張浚持不同意見，他對孝宗的影響力也因此消退。御史王十朋因而彈劾他，提出八項大罪：懷奸、誤國、結黨營私、濫用權力、忌言、蔽賢及欺君、訕上等。[45]最後史浩與祠，改知紹興府，又轉任福州通判，直到淳熙五年（1178）孝宗又任他為右丞相。

史浩復相後，樞密院都承旨王抃請求徵用六千人來補都城軍隊的缺額，但六千人的缺額實在很難用招募的方式來補足，因此以武力強迫百姓加入，而引發百姓的抗議。許多反抗者被拘禁入獄，甚至有人被判死刑，此事最後的處置引發朝野的討論。史浩認為百姓的行為應以同情的理解，並反對軍隊以強制的手段去壓制抗議活動。孝宗對史浩雖然表示尊重，但明顯他不贊成老師的看法。同年十一月，史浩自請辭官。[46]

史浩去職後，執政張闡數次對近習上奏，最後以「老疾力辭不拜」。[47]給舍黃中在孝宗潛邸時和龍大淵等人有交情，原被留任，後他上奏言其奸，被誣以張浚同黨而遭外任。[48]侍御周操，在黃中外任後，「章十五上，不報」。[49]乾道六年（1170）恭王府直講龔茂良就近日雨災之事上言「上之陰，其占為女寵，為嬖佞，為小人，蓋專指左右近習也」，孝宗回：

> 二人皆潛邸舊人，非近習比，且俱有文學，敢諫諍，杜門不出，不預外事，宜退而訪問。[50]

---

45 王十朋：《梅溪王先生全集》（《四部叢刊初編》本，臺北市：商務印書館，1967年），卷3〈論史浩劄子〉，頁2-6。

46 《宋史》卷396〈史浩傳〉，頁12068。

47 《宋史》卷433〈林光朝傳〉，頁12862。

48 《宋史》卷382〈黃中傳〉，頁11763。

49 《宋史》卷470〈曾覿傳〉，頁13689。

50 《宋史》卷470〈曾覿傳〉，頁13689。

龔茂良其後外任建寧府。當時上諫的大臣幾乎都被問罪，「無敢於言龍、曾之事者」，可見兩人受到孝宗的信任程度。

曾覿、龍大淵都是孝宗在建王時府內知客。兩人均有其能力，文采也不錯。孝宗即位後，龍大淵自左武大夫除樞密副都承旨，曾覿自武翼郎除帶御器械，幹辦皇城司，都是皇帝親信的職位，屢次遭到反對，論議的言官也都一一被罷職或與郡。自是兩人勢張，也有不少士大夫與之附和。如葉衡自小官至宰相，徐本中由小使臣積階至刺史、知閤門事，還換文資任右文殿修撰、樞密都承旨，此兩人皆為曾覿引薦之臣。[51]

在龍大淵除樞密副都承旨失敗後，孝宗先以徐本中任之，其後又以張說除樞密都承旨，張說身兼外戚身分，因此他的除任過程並不順利，下節再論述之。

朝臣陳俊卿言曾覿、王抃招權納賂，薦進附和自己的人，皆由中批行之，並說：「向來士大夫奔覿、抃之門，十才一二，尚畏人知；今則公然趨附，十已八九，大非朝廷美事也」，自此孝宗才開始稍疏曾覿，並謂左右曰：「曾覿誤我不少。」直至曾覿病卒後，孝宗也只是將曾覿得罪者皆錄贈或起復，並未對他有所貶抑。而王抃更是在龍大淵死後，積官為知閤門事，曾在金使至，議國書禮時，表現出不卑不亢的態度，頗得孝宗信任，遣他任荊襄點閱軍馬。淳熙中，王抃兼樞密都承旨，他建議殿、步二司軍多虛籍，應募兵三千人，結果募兵人數不足，為交差殿司竟然四處亂抓市井之人充軍，弄得怨聲載道。孝宗為了保護王抃，將殿前指揮使王友直問罪，又以王抃為權殿前司事。[52]

王抃與曾覿、宦官甘昪相結，恃恩專恣，不少人如校書郎鄭鑑、宗正丞袁樞為帝言之不法，吏部侍郎趙汝愚力疏其罪，也都未能動搖

51 《宋史》卷470〈曾覿傳〉，頁13691。

52 《宋史》卷470〈王抃傳〉，頁13694。

王抃。直到淳熙八年（1181），金人賀正旦使至，竟然要孝宗起立有如舊儀，而王抃擅許之，讓孝宗深感不懌，其後王抃出外祠，不復召。

孝宗一向是南宋在歷史評價上最高的皇帝之一，他直到三十六歲才即位，在此之前，對養父高宗十分恭順，高宗對他進行的幾次考核，都可以看到他的個性堅毅、隱忍，即位後厲行節儉，北伐一向是他主要的政策。他的性格也相當果斷，並不是容易被別人唬弄或影響的君主，因此曾覿、龍大淵、王抃等人的行徑，孝宗不見得完全不知情，只是性格如此，他不容易接受別人的勸告，也絕對不允許其他人脫離他的統治意志，利用近習來達到控制朝政的目的，才是他重用曾、龍、王等人的原因。

以王抃為例，眾臣屢次論近習怙權，孝宗「未之覺也」，無論朝臣說什麼，他都堅持自己的看法，但是只要他有所覺察，他也會立刻修正，拔除原來重用的近習之臣，這就是孝宗的領導風格。

光宗即位後，以潛邸僚屬姜特立、譙熙載為知閤門事。姜特立（1125？-1204）以父姜綬死事得官，補為承信郎。前節曾提過姜特立善於詩詞，在士人間頗有文名。姜特立在孝宗時任福建兵馬副都監，當時福建沿海有海盜姜大獠肆虐，他以一戰舟入賊陣，擒賊首姜大獠，得將領趙汝愚賞識，因而向孝宗舉薦他。淳熙十一年（1184）孝宗授其閤門舍人，命充任太子左右春坊。[53]姜特立雖以軍功受重用，但也善詩詞，與光宗有相同愛好，頗得光宗信任，可說是文武雙全的人才。

譙熙載（？-1192？）則曾為光宗潛邸時的伴讀，《宋史》對譙的記載不多，只說他比姜特立更為「廉勤」。

姜特立、譙熙載都是光宗潛邸時的舊人，光宗即位後，即任兩人

---

53 《宋史全文》卷28，紹熙四年五月，頁2397。

為知閤門事。因恃恩弄權，侍御史劉光祖意欲聯合諫議大夫何澹彈劾之，認為「曾、龍之事不可再」，澹回曰「得非姜、譙之謂乎？」[54]劉光祖後來發現，何澹早已和姜、譙二人有誼，彈劾他結黨營私，未成。

紹熙四年（1193），右丞相留正又論姜特立招權納賄，留正與外祠。留正外放後，仍上奏稱「臣與特立理難並立於朝」，仍難動搖其位。[55]寧宗即位後，姜特立遷和州防禦使，又拜慶遠軍節度使。譙熙載則累官為忠州防禦使，而譙熙載之子譙令雍，因為曾任寧宗潛邸時的知客，寧宗即位後，也擔任知閤門事的職位。[56]由此可知潛邸時的舊臣，通常也是君主即位後的心腹，並擔任知閤門事的職位。

接著彈劾近習的是時任經筵的尤袤：

> 天下之事失去之於除，則後不可救。書曰：慎厥終，惟其始。又例舉唐太宗不私秦府舊人為戒。又五日講延，復論官制，謂：武臣諸司使八階為常調，橫行十三階為要官，遙郡五階為美職，正六階為貴品，祖宗待邊境立功者。近年舊法頓壞，使被堅執銳者積功累勞，僅得一階，權要貴近之臣，從游而歷華要，舉行舊法。[57]

尤袤雖未直指姜、譙二人，但卻指出不宜私舊人，破壞升遷的舊法。尤袤（1127-1194），紹興十八年進士，歷任地方官，因政績不錯，奉調入京，任太子侍讀。淳熙九年（1182）他任太子侍講，後升為樞密檢正兼左論德。他性格耿直，常上書直言。光宗即位後，他對君主即

54 《宋史》卷394〈何澹傳〉，頁12025。又見《宋史全文》卷28，紹熙元年五月，頁2381。

55 《宋史全文》卷28，紹熙四年六月乙巳，頁2397。

56 《宋史》卷470〈佞幸譙熙載傳〉，頁13695-13696。

57 《宋史》卷389〈尤袤傳〉，頁11927。

位後任用親信姜特立及濫施爵賞之事感到憂心，故而上書，但光宗卻未能採用。

事實上劉光祖、尤袤都是光宗潛邸時的舊臣，他們與姜、譙等應都為舊識。尤袤外任後，其後彭龜年、孫逢吉也都先後對姜特立、譙熙載提出彈劾，才終讓二人「奪職於外祠」。

紹熙內禪後，寧宗即位，同樣重用潛邸出身的官員。其中韓侂胄原為光宗時閤門官，在內禪時發揮關鍵的角色，寧宗頗倚重之，任幹辦皇城司，「寖入謀預政，數詣朝堂」，並以內批、諫官排除異己。（詳見第五章第一、二節，此處不多贅述）。與韓侂胄親近的朝臣皆因之而晉升。如蘇師旦是韓氏任平江府兵馬鈐轄時的書吏，因聰敏機慧得到韓氏的提拔。嘉泰二年（1202）蘇師旦除知閤門事兼樞密院都承旨，三年（1203）除為定江軍節度使。開禧元年（1205）除安遠軍節度使領閤門事，後來雖因北伐失利，被韓侂胄與李壁劾罷之。[58]但可知蘇師旦是韓的心腹，在韓控制外廷的同時，需要一個自己的親信在皇帝身邊，因此命蘇師旦擔任此職。由此可知閤門官及樞密都承旨職位的重要性。

表二　南宋曾任閤門官或樞密都承旨的近習

姓名	時間	閤門官	樞密都承旨／副	備註
邢　煥	徽宗、高宗	X	V	外戚
韋　淵	高宗	V	X	外戚
潘永思	高宗	V	X	外戚
劉允升	高宗	V	X	外戚
劉　伉	高宗	V	X	外戚

58 葉紹翁：《四朝聞見錄》戊集〈侂冑師旦周筠等本末〉，頁181-183。《宋史》卷474〈韓侂冑傳〉，頁13775。

姓名	時間	閤門官	樞密都承旨／副	備註
張　萃	高宗	V	X	外戚
李　道	孝宗	V	X	軍功任閤門時非外戚
夏執中	孝宗	V	X	外戚
謝　淵	孝宗	V	X	外戚
龍大淵	孝宗	V	X（未成功）任副都承旨	潛邸
曾　覿	孝宗	V	X	潛邸
張　說	孝宗	V	V	外戚
王　抃	孝宗	V	V	
姜特立	光宗	V	X	軍功潛邸
譙熙載	光宗、寧宗	V	X	潛邸
蔡必勝	光宗	V	X	武舉
李　純	光宗	V	X	外戚
韓侂胄	光宗、寧宗	V	V	外戚
蘇師旦	寧宗	V	V	
楊次山	寧宗	V	X	外戚
楊　石	寧宗	V	X	外戚

史料來源：《宋史》卷四七〇〈佞幸傳〉、卷四六五〈外戚傳〉、《宋會要輯稿》后妃、《宋史全文》

第二節　孝宗朝的反張說事件

前節所言孝宗善用近習來加強對外廷的控制，而近習的職務，除傳統的閤門官外，樞密都承旨掌承宣密命，職位尤其重要，孝宗便企圖讓近習由閤門司入樞密院，先前龍大淵任樞密副都承旨，便遭到反對，其後孝宗欲任命張說，因而引發了「反張說事件。」

張說（？-1180）開封人，父張公裕，為和州防禦使，建炎初有軍功，受父任為右職，張說娶高宗吳皇后（壽聖皇后）的妹妹，因有外戚身分，為人幹練，因而受重任。累官知閤門事，兼樞密副都承旨，乾道初升任樞密都承旨加明州觀察使。

在乾道七年（1171），任簽書樞密院事，聲勢赫然，但當時朝論譁然，劉珙與之同知樞密院，因與張說並列為恥，故辭官不拜。時任尚書左司郎中兼侍講張栻加言反對，「夜草手疏，極言其不可」復奏：

> 文武誠不可偏，然今欲右武，以均二柄，而所用乃得如此之人，非惟不足以服文吏之心，正恐反激武臣之怒。[59]

時任中書舍人的范成大不願起草制書，故改任安遠軍節度使。八年（1172）又復任簽書樞密院事，再度受到侍御史李衡、右正言王希呂交章論之，起居郎莫濟不書錄黃（中書起草的文件），直院周必大也不起草答詔，孝宗只好改命權給事中姚憲、翰林學士王曮代任，這兩位也因為解除當時的僵局，被孝宗升官。至於反對的人像李衡、王希呂都被罷言職。國子司業劉焞言張說不當用，馬上被言官彈劾，出任江西轉運判官。

張說在孝宗的強力支持下「勢赫然，無敢攖之者」，但他在樞密院事的職位也不長。淳熙初，孝宗以張說欺罔數事，罷為太尉，尋責居撫州，淳熙七年卒於湖州。[60]

---

59 《宋史全文》卷25，乾道七年二月，頁2113。史載張栻上奏後，「上感悟，命得中寢。然宰相實陰主說」，隔年張栻知袁州。此處宰相應為虞允文，但張說的任命應為孝宗一力主之，而張栻隔年也放外官。

60 《宋史》卷470〈張說傳〉，頁13693。

《宋史》被列為〈佞幸傳〉的張說，具外戚與近習的雙重身分，在孝宗時被任為執政，但卻受到道學型士大夫的反對。樞密院事這個職位，不僅是執政要職，而且是掌握軍權的職位，非常重要。復職的劉珙（1122-1178）之前任樞密院事時，便主張緩進穩健的恢復政策，與孝宗主張並不相同，加之他不恥與張說同官，因而不願任職。與劉珙私交甚篤的理學家張栻，連夜草疏極諫其不可，並說，樞密任武官雖可接受，但「所用乃得如此之人」意即張栻不贊同張說此人，[61] 張栻也因此被調到袁州（今江西宜春市），其中除了皇帝默許，也有宰相虞允文與近習的推動。[62]

另一個在張說事件中反對的人，是當時任職中書舍人的范成大。范成大（1126-1193），紹興二十四年進士，初授司戶參軍，歷官任禮部員外郎、崇政殿說書等職。他於乾道三年（1167）知處州，乾道六年（1170）出使金國，向女真人索取北宋諸帝陵寢之帝，並爭求改定受書的禮儀事，結果讓孝宗滿意。[63]七年（1171）他任中書舍人，負責在張說一事中寫制書的工作，但因當時反對者頗多，又因孝宗之故不敢公開表態，反倒是關注范成大的態度：

> 上用知閤門事、樞密都承旨張說為僉書，滿朝譁然起爭。上皆弗聽。范既當制，朝士或過問當視草與否，笑不應。獨微聲曰：「是不可以空言較。」問者不愜，又譁然謂范黨近習取顯位，范亦不顧。既而廷臣不得其言，有去者，范詞猶未下。忽請

61 《宋史》卷429〈張栻傳〉，頁12773。

62 朱熹：《朱熹集》卷89〈右文殿修撰張公神道碑〉，頁4550。據張栻的神道碑記載，張栻補外是「宰相益憚公，而近倖尤不悅，合中外之力以排之。」至於時任宰相的虞允文，曾因虞與近習有所合作，張栻將虞允文類比如蔡京、王黼等近習執政，讓虞允文又羞又氣。此處見《宋史》卷429〈張栻傳〉，頁12773。

63 《宋史》卷386〈范成大傳〉，頁11868。

對，上意其弗繳，知其非以說事，接納甚溫。范對久將退，乃出詞頭納榻前，玉色遽厲。范徐奏曰：「……但聖意以謂有一州郡，一旦驟拔客將吏為通判職曹官，顧謂何耶！官屬縱俛首，吏民觀聽，又謂何耶！」上霽咸沉吟曰：「朕將思之。」明日，說罷。[64]

范成大與張栻不同，他與張說算是交好，曾經送建亭子的木材給張說，然而張說任命之事，朝野譁然，亦有不少人關注范成大的態度，在他留置七日的態度看來，他似乎受到不少同儕壓力，也因此孝宗對范成大「封還詞頭」的舉動相當驚訝，甚至不悅，但最後張說此議亦寢，可見范成大的封還對孝宗是有影響的。

其餘出言反對書諫者，還有尤袤（1127-1194）、袁樞（1131-1205）等，且人數不少，尤袤率三館包括國史院、實錄院上書，且不往見，尤最後也與陳騤被逐出京師。[65]袁樞則與學省同僚共同論之不可，孝宗可能因為這些學官的身分予以容忍，但面色不豫。[66]

乾道八年（1172）二月，孝宗再度任張說為簽書樞密院事。此次反對者更多，反對者包括侍御史李衡、右正言王希呂、起居郎莫濟、直院周必大。這四人中李衡與張說私交還不錯，其餘三人尤其王希呂被認為「合黨邀名，持論反覆」，皆被貶外地。[67]張維玲曾針對反張說的四位官員深入研究他們與道學型士大夫的關係，其中僅周必大確屬道學集團外，其餘三人並沒有史料能說明其身分，像李衡與兩邊均有

64 岳珂：《桯史》卷4〈一言悟主〉，頁49。

65 《宋史》卷389〈尤袤傳〉，頁11924。此時梁克家也罷相，尤袤和陳騤則是貶官。

66 《宋史》卷389〈袁樞傳〉，頁11934。

67 張說任命案，因起居郎莫濟不書錄黃，直學士院周必大拒絕草詔，二人皆與外祠。《宋史全文》卷25，乾道八年二月乙巳，頁2123。

交好。[68]筆者以為，以因其職位的關係，面對強大的「公議」壓力，必須在贊成張說與反對張說之間做選擇，而選擇反對的，儘管可能導致皇帝的不喜，或可能降官，但卻能在士大夫之間獲得「美名」。

在討論反張說事件時，「道學集團」與反對近習的聯結，是最主要的論點。但其實從乾道七年到八年的反張說事件裡，張說的近習身分，僅是其一，不能忽略他還有外戚的身分。他身為憲聖吳皇后的妹夫，當時孝宗在位，憲聖已貴為太后，但仍健在，也有一定的影響力。侍御史李衡，在乾道八年力疏其事，說：「不當以母后肺腑為人擇官」[69]，周必大在張說再除簽書樞密院事，奏曰：

> 昨舉朝以為不可，陛下亦自知其誤而止之矣。曾未周歲，此命復出，貴戚預政，公私兩失，臣不敢具草。[70]

李衡與周必大都隱約指出了張說的任命，有以私害公之嫌，也都說明了對張說的忌憚與反對原因。

如果只是反對「近習」，小吏出身的王抃（生卒不詳），也是孝宗親信，積官為知閤門事，他在張說之後約淳熙中期任職樞密都承旨，且在軍權上頗多建置，且毀多於譽。他的出任，卻並未如張說一樣，受到如此激烈的反對。對王抃的論責，是因他處事不當，又和其他近習如曾覿、甘昪相結，才因此受到朝臣交相指責，時任吏部侍郎趙汝愚說他「今將帥之權盡歸王抃矣」，[71]而不是王抃在出任要職前就先受到反對。張說連出任樞密都承旨，都困難重重，甚至連擬人事詔書的

68 張維玲：《從南宋中期反近習政爭看道學型士大夫對「恢復」態度的轉變（1163-1207）》，頁72-73。

69 《宋史》卷390〈李衡傳〉，頁11948。

70 《宋史》卷391〈周必大傳〉，頁11967。

71 《宋史》卷470〈王抃傳〉，頁13694。

中書舍人都不願為他擬詔，由此可見張說的身分比王抃還要來得敏感。

就孝宗而言，隆興北伐（1163）的失敗，並沒有動搖他意欲恢復的決心。他以主戰派大臣虞允文為宰相，又先後任龍大淵、曾覿、張說、王抃為樞密都承旨，先不論這些人引發多少朝廷對立，或最後成功任職與否，僅就孝宗的出發點而言，在力求恢復的朝野共識下，孝宗想絕對的掌握主導權，因此將自己的親信安插在負責軍政的樞密部門，自可保證這些近習們能夠遂行皇帝的意志，不受任何人干涉左右。

道學型士大夫集團，在恢復志業的共同期望下，多數人或可默許皇帝的安排，如宰相虞允文在張說事件中從未表態，這或許是虞允文在恢復之志上，對孝宗有所期待，而默許孝宗重用近習的行為，這也讓虞允文成為孝宗時期任期較長的執政。但如果近習本身品行或能力太差，或者如張說一樣，身分過於敏感，那麼皇帝在努力過後，不見得會堅持和道學士大夫對抗到底。以張說而言，他雖在孝宗的一意孤行之下出任樞密，但他似乎在軍事上建樹毀多於譽，像市馬案，就被莫延甚指稱應就近在宜州，而不是更遠的橫山，與右相梁克家議事不合，克家因此罷去，也影響張說在朝中的聲譽。張說其後也在孝宗以他欺罔數事被罷。

在孝宗時期尚還有爭議的曾覿、王抃等近習，受到朝臣的嚴厲批評。如在淳熙七年（1170）任知南康軍的朱熹，他認為這些奸佞身為皇帝近臣，操縱官員的任職，且侵害皇權：

> 勢成威立，中外靡然向之。使陛下之號令黜陟不復出於朝廷，而出於此一二人之門，名為陛下之獨斷，而實此一二人者陰執其柄。[72]

72 朱熹：《朱熹集》卷11〈庚子應詔封事〉，頁456-457。

孝宗見到朱熹的奏摺，非常憤怒，後詢問宰相趙雄對朱熹論奏的意見，趙雄幫朱熹緩頰，說他只是一名狂生而已，「置而不問可也」，周必大也幫朱熹講話，這才讓朱熹未被問罪。[73]

這些士人的批評，反映了士人的想法，宋代天下是士大夫與皇帝共治，而非近習，但皇帝對近習的信任程度，卻超過了士大夫。在文官的眼中，「此曹奴隸耳，厚賜之可也，若引以自 近，使與聞機事，進退人才，非所以光德業、振紀綱」。[74]

在皇權之下，近習們是「遂行皇帝意志」的代行工具角色，隨時都有替換的可能性，在文官的眼中，「此曹奴隸耳，厚賜之可也，若引以自近，使與聞機事，進退人才，非所以光德業、振紀綱」。[75]一旦君主認為階段性任務結束，他們的功能也就消失，我們從孝宗朝近習們的最後下場，就可以得到印證。[76]

第三節　內批、御筆與南宋的皇權

宋代由皇帝發出的詔令形式很多，像是制、詔、敕、國書等等，用途不同。但還有一種由皇帝發出但不依循正規的行政程序的，有御筆、內降、手詔等，在北宋晚期大量出現。這些皇帝帶頭違法的政令

73 《宋史》卷396〈趙雄傳〉，頁12074。

74 見《宋史》卷386〈劉珙傳〉，頁11851。

75 見《宋史》卷386〈劉珙傳〉，頁11851。

76 以孝宗朝的近習們來看，乾道三年因陳俊卿參劾，曾覿、龍大淵被逐，龍大淵卒於任上。曾覿後又被召回用事二十年，孝宗其後「寖覺其姦」，還說曾覿誤我不少。（《宋史》卷470〈曾覿傳〉，頁13691）張說後被孝宗認為欺罔，罷為太尉，諫官湯邦彥又劾其姦贓，乃降明州觀察使，責居撫州，後卒於湖州。王抃被孝宗出於外祠，「不復召」，以福州觀察使卒。《宋史》卷470〈王抃傳〉，頁13694。由此可知近習的下場就是被皇帝召之即來，揮之即去，隨時都有可能喪失作用。

格式，沒有經過中書門下來討論，也沒有學士院起草頒行，雖不合行政規範，但卻顯現出皇權的特殊性。

皇帝從宮中直接發布的詔令叫內降，而有些內降與人事有關，事先徵詢過行政部門的意見，會用手詔的形式出現。像宋仁宗前期，由劉太后當政，當時人事請託風氣盛，或像宋神宗時常任免文官，也都常會用內降或手詔。到了宋徽宗時，又有「御筆」的出現：

> 崇寧四年，中書奉行御筆。時蔡京欲行其私，意恐三省臺諫多有駁難，故請直以御筆付有司；其或阻格，則以違制罪之。[77]

由此可知，御筆的使用以人事問題最為常見，監察制度也因皇權的干涉欠缺實際作用。[78]據李心傳記載，御筆不見得為皇帝手書，有時常為內夫人代之或他人代批：

> 本朝御筆、御製，皆非必人主親御翰墨也。祖宗時，禁中處分事付外者，謂之內批。崇、觀後，謂之御筆。其後，或以內夫人代之。近世所謂御寶批者，或上批，或內省夫人代批，皆用御寶。又有所謂親筆者，則上親書押字，不必用寶，至於御製文孝，亦或命近臣視草焉。[79]

---

77 曾敏行：《獨醒雜志》（收入《宋元筆記小說大觀》，上海市：上海古籍出版社，2001年）卷8〈蔡京請直以御筆付有司〉，頁3271。

78 見楊世利：〈論北宋詔令中的內降、手詔、御筆手詔〉，《中州學刊》2007年11月第6期，頁186-188。方誠峰：〈御筆、御筆手詔與北宋徽宗朝的統治方式〉，收入鄧小南編：《過程、空間——宋代政治史再探研》（北京市：北京大學出版社，2017年7月），頁50-79。張禕：〈中書、尚書省劄子與宋代皇權運作〉，《歷史研究》2013年第5期，頁50-66。上述幾篇均利用古代文書制度來觀察宋代日常的政治運作，並進而看皇權的變化。

79 李心傳：《建炎以來朝野雜記》乙集，卷11〈親筆與御筆內批不同〉，頁671。

由以上可知，內廷出來的處分文字叫內批，在徽宗崇寧、大觀以後，內批改叫御筆，由皇帝親書或內夫人代書，行出文字到三省。這種用御筆指揮百司，表示可繞過宰輔，反映皇權的伸展。

南宋時代，御筆仍十分常見。朱熹也曾提到內夫人代書御筆：

> 宮中有內尚書，主文字，文字皆過他處，天子亦頗禮之，或賜之坐，不繫嬪御，亦掌印璽，多代御批，行出底文字，只到三省。[80]

可知這些行政文書並非皇帝御書，也有代書的情形，但它出自內廷，必然是皇帝意志的宣達結果。

北宋末年金人北擄徽、欽二帝及數千名后妃、皇親、外戚等，發生靖康之禍。北擄的皇子中，只有九子康王趙構由於奉命鎮守濟州，逃過一劫。金兵撤退後，張邦昌請出元祐孟太后垂簾聽政，並號召恢復宋室，擁立康王為帝，是為南宋之始。

一　高、孝宗時期的手詔、御筆

南宋高宗在位（1127-1162）前期，當時中原殘破，人心不安，各地盜賊迭生，又有金軍南侵，待到建炎三年（1129）金人退師，江南才漸漸安定，由於當時內憂外患頗多，高宗使用頗多內降、手詔，以詔告天下他穩定時局的決心：

> 內降詔曰：朕嗣位累年，寅奉基緒，愛育生靈，凡可以和戎息兵者，卑辭降禮，無所不至。而敵人猖獗，迫逐陵犯，未有休

80 朱熹：《朱子語類》卷128〈本朝二　法制〉（北京市：中華書局，1994年），頁3064。

> 息之期，朕甚悼之。比命杜克提兵防淮，然大江之北，左右應接，我之所守者，一由荊襄至通泰，適之可來者，五六兵家，勝負難可預言。議者眾多，未易偏廢，軫念旬月，莫適抉擇。[81]

紹興元年，手詔提到國難當頭，寇虜之輩充斥，自己的為難及壓力「朕心懼墜祖宗之業」，「而正士大夫可為之時也」，呼籲侍從、臺諫多所進言，如何保民，如何弭盜，如何遏虜，如何產國財，以條陳當前政務之可施行之處。

紹興二年，再度手詔曰：

> 朕以紀綱壞亂之餘，悼師旅凋殘之極，國用虛而費廣，兵力弱而民疲，苟可捄時安，安避改作。應內外侍從、省、臺、寺監職事官、監司、守令，寄居曾任郡守，郎官以下，限半月各述所職，及己見的確利害者，凡可以省費，裕國強兵息民者，條具以聞。[82]

高宗的手詔大都出現在紹興和議之前，措詞也十分謙和，表明穩定時局之外，另外也顯現出他求才若渴，鼓勵朝臣能多陳時政闕失，在政治上展現他的企圖心。

紹興三十一年（1161）金海陵王南侵，兩淮失守，三十二年（1162）高宗以年高體衰之由禪位孝宗，孝宗在位（1162-1189）前期，由於高宗以太上皇之尊在位，皇權被削弱，身為孝順的養子，孝宗每月會去太上皇的宮殿裡拜見，且與高宗討論重大的政事。為了延續高宗的統治，並達到穩定政權的目標，孝宗將政治、軍事、財政的權力集中

81　《宋會要輯稿》帝系9之26，建炎三年閏八月一日，頁191下。

82　《宋會要輯稿》帝系9之27，紹興二年五月二十七日，頁192上。

在中央的控制下，皇權的強化在孝宗時期達到高峰。

孝宗的執政風格是事必躬親，他是一個負責且有能力的君主，自己承擔了繁重的皇帝工作：批閱奏章、參加朝會、接見官員並與他們討論政務。為了達到「恢復」的志業，發展軍政是孝宗的目標。為了控制外廷，孝宗對宰臣、臺諫都有嚴密的掌控。有不少學者都認為孝宗利用側近官來控制樞密院與皇帝的訊息傳達，因此孝宗時期朝中多近習。[83]

孝宗的獨斷朝綱，也反映在當時對政令的傳達形式上，孝宗時的御筆、白劄子多半都直接下達三司、諸軍，而非經過三省和樞密。[84]隆興元年（1163）孝宗欲北伐，時任尚書右僕射、同中書門下平章事兼樞密使的史浩不同意，覺得應再做妥善的準備再出兵，孝宗便將出兵旨意直接下達邊將邵宏淵，而三省不知。旨意出後，省中才從宏淵處得知出兵狀之事，史浩對左相陳康伯說：「吾屬俱兼右府，而出兵不與聞，焉用相哉！不出尚何待乎？」[85]

故而可知，孝宗在處理軍務時，常以「禁中密旨直下諸軍，宰相多不預聞」，[86]此密旨便是由御筆來做傳達的工具。

除御筆外，白劄子也是常用的文書形式，白劄子指「上利便之書也，與不顯名之義同」[87]，也就是不署名的便利文書。高宗時就常用於軍事上：

83 可參見（日）安倍直之：〈南宋孝宗朝の皇帝側近官〉《集刊東洋學》第88卷，2002年。頁83-103。（日）藤本猛：〈武臣の清要——南宋孝宗朝的政治狀況與閤門舍人〉，《東洋史研究》第63卷，2004年1月。

84 可參見韓冠群：〈御筆、白劄子與宋孝宗的獨斷〉，收入《宋史研究論叢》第20輯（北京市：科學出版社，2017年12月），頁173-183。

85 《宋史》卷396〈史浩傳〉，頁12067。

86 《宋史》卷383〈陳俊卿傳〉，頁11787。

87 趙升：《朝野類要》（《唐宋史料筆記叢刊》，北京市：中華書局，2007年）卷4〈白劄子〉，頁88。

> 自軍興以來，機速事皆以白劄子徑下有司，既報行，然後赴給舍，書押降敕，其後擬官，斷獄皆然。兩省之職殆廢。[88]

後經中書舍人孫近請求，又改為「非軍期急速不可待者，並先書讀而後行，詔自今非急速不可待者，勿報。」[89]

除軍興之事，孝宗時的白劄子更常用在人事及官員俸祿上：

> 今檢照張宏特支遙郡請給事，因既非御筆，又非寶批，止用白劄子而已。[90]
>
> 是時御前多行白劄子，率用左右私人齎送，而迎送饋遺體同王人。[91]

陳俊卿自言，他到任地方以來一年半，曾三次被受指揮，「皆是白劄」。[92]由此可知白劄子的使用，在孝宗時也是相當頻繁的。

乾道四年（1168）王琪假傳聖旨敗露後，右相陳俊卿便請求凡百司承受御筆處分事宜，尚須申朝廷奏審，方得施行。[93]企圖將御筆再經由三司和樞密，回歸正常的行政程序，一開始孝宗「悅而從之」，後又收回成命。

御筆、白劄子等政令傳達方式，對宋代士大夫而言，是與他們理

88 《建炎以來繫年要錄》卷68，紹興三年九月壬申，頁1156-7。

89 《建炎以來繫年要錄》卷68，頁1157。

90 周必大：《周益國公文集》卷99〈繳張宏特支請給奏狀〉（收入《宋集珍本叢刊》，北京市：線裝書局，2004年），頁75。

91 朱熹：《朱熹集》卷96〈少師觀文殿大學士致仕魏國公贈太師謚正獻陳公行狀〉，頁4941。

92 崔敦禮：《宮教集》（收入《宋集珍本叢刊》，北京市：線裝書局，2004年）卷5〈代陳丞相乞住罷白劄施行事劄子〉，頁404下-5上。

93 《宋史全文》，卷25，乾道四年冬十月辛卯，頁2067。

想中的「權歸人主，政出中書」的政令頒布流程，完全相違背的，尤其政出中書的制度是可以讓群臣參政、議政的意見可以充分表達，也可以避免近習藉以接近皇帝而得權，紊亂朝綱。因此近習藉由御筆、白劄子來操弄，「此最事之大者」。[94]有如樓鑰也曾指出王抃利用白劄子操弄權柄之事：

> 樞密副都承旨王抃竊弄威柄，招權納賄，軍機邊事輒用白劄子，徑作得旨行下，朝廷又不預知。[95]

孝宗的御筆、白劄子除了軍務相關外，其次也常用在人事方面。淳熙五年（1178）九月，陳俊卿任建康通判，論：

> 覿、抃招權納賂，薦進人材，而皆以中批行之，此非宗社之福。且曰：陛下信任此曹，壞朝廷之綱紀，廢有司之法令，敗天下之風俗，累陛下之聖德。上感其言，因是稍疏覿。[96]

陳俊卿當時，是看到御前白劄子多以左右私人傳送，因而上奏：

> 號令出於人主，行於朝廷，布於中外，古今之所同也。間有軍國機密文字，或御前批降，則用寶行下，此所以示信防偽也。

94 朱熹：《朱熹集》卷25〈答張敬夫書〉，頁1050。原文為：「愚謂以誠實恭畏存心，而遠邪佞，親中直，講經訓以明義理為之輔。凡廷臣之狡險逢迎、軟熟趨和者，以漸去之。凡中外以欺罔刻剝生事受寵者，一切廢斥。而政令之出，必本於中書，使近習小人無得假託以紊政體，此最事之大者。」

95 樓鑰：《攻媿集》（收入《叢書集成初編》，北京市：中華書局，1985年），卷87〈少師觀文殿大學士魯國公致仕贈太師王公行狀〉，頁1180。

96 《宋史全文》卷26，淳熙五年九月壬申，頁2219。

> 今乃直以白劄傳旨，處分事宜於數百里之外，其間亦有初非甚密之事，自可付之省部。今白劄既信於天下，則他時緩急或有支降錢物，調發軍馬，處置邊防，於國家大利害事，其間豈能保其無偽。若嚴重知體之人，必須奏審，則往來之間，或失事機。若庸懦無識之人既便施行，則真偽不分，豈不誤事。[97]

由以上內容，我們可以知道內批、中批都沒有經過中書，而且以人事任免為主，容易成為近習排除異己的方式，也被朝臣論議駁難，形成君主與朝臣之間的對立。而白劄子多半有軍事機密或地方行政事務處理的內容，因此陳俊卿特別指出白劄子的處分事宜，若有密事委託非人傳旨，後果不堪想像。

高宗到孝宗的御筆、白劄等文書運行，固然是因皇帝便於掌控權力而生，但主要是以軍政要事、人事任免問題為兩項內容，其目的是皇帝能更好更積極掌握外廷，使政令宣達更有效率，但卻讓朝臣失去參與議政的機會，也容易讓君主旁邊的近臣，有能力操弄朝政。

朱熹曾說，孝宗曾將天下監司、帥臣、郡守姓名寫在內殿屏風上，以便隨時選用，[98]這個故事也反映孝宗事必躬親的個性，孝宗的人事任免雖然多以御筆或白劄子執行，繞過中書，朝臣也認為多為近習運作的影響，但在朝臣奏議後，孝宗卻往往從善如流，「曾覿復以俊卿一言而去，王抃以趙汝愚一言而去，甘昪以朱熹一言而去」[99]，由此可知將人事權牢牢掌握在手上，而不受兩府的牽制，以便推行他在軍政上「恢復」的志業與理想，這是孝宗朝的執政風格。

---

97 《宋史全文》卷26，頁2220。

98 見朱熹：《朱子語類》卷127〈本朝一孝宗朝〉，頁3060。

99 《宋史全文》卷26，淳熙五年九月壬申，大事記曰，頁2220。

二　光、寧宗時期的內降、御筆

孝宗淳熙十四年（1187）高宗去世，素來純孝的孝宗十分悲傷，傳位於太子，光宗即位，孝宗為太上皇。光宗即位時已有四十二歲，在位時間僅不到五年，史料不多。然據樓鑰所作〈彭龜年神道碑〉記載：

> 時光宗初即位，內降頗多，公首論正始之道，願以仁宗杜權要請屬為法，以崇寧御筆為戒。[100]

可知光宗在位時間不長，但內降仍有不少。光宗初即位，重用潛邸舊臣，其中吳端原以巫醫為業，因孝宗有疾，吳端治療有功，獲得光宗和李皇后的信賴，以吳端為閤門宣贊舍人，又遷帶御器械，這是前無僅有的作法，當時臺諫何澹三次上疏論不可，光宗置之不理。胡紘為給事中，拒絕吳端的任命，故光宗「以御筆諭止之。」[101]遂行其意志。

紹熙五年（1194）孝宗駕崩，由於二帝之間有心結，光宗不願出面處理喪事，造成政局動蕩，六月宰執札子曰：「皇子嘉王，仁孝夙成，學問日進，宜早正儲位，以安人心。」光宗御批：「甚好。」卻沒有下文，宰執只好再擬指揮，乞付學士院，希望光宗早日立儲，以安人心。光宗又御批八字：

> 歷事歲久，念欲退閑。[102]

100 樓鑰：《攻媿集》卷96〈寶謨閣待制致仕特贈龍圖閣學士忠肅彭公神道碑〉，頁1333。

101 《宋史全文》卷28，紹熙元年夏五月，頁2381。

102 《宋史全文》卷28，紹熙五年六月丁未，乙卯，丙辰條，頁2400-1。

此八字讓丞相留正驚懼，認為建儲未決，有逼宮之嫌，拒絕同列，乃於其後上表請老。[103]趙汝愚則透過韓侂冑請出吳太皇太后聖旨，並以之前光宗御批來解釋上意：「自欲退閒，皇子嘉王可即皇帝位。」[104]才讓寧宗即位，而光宗因身體不適退居太上皇，直到寧宗慶元六年（1200）過世。

紹熙五年（1194）八月，寧宗即位。寧宗時期可以說是御筆、內批使用最為浮濫的時期。這與寧宗即位時的過程及他本身的性格有關。

擁立寧宗而得從龍之功者，主要有吳（憲聖）太后、外戚吳琚、韓侂冑與趙汝愚等官僚集團。吳琚個性淡泊，對權力並無太多慾望，加上吳太后也無提攜之意，反而不斷提醒吳琚兄弟謹守分際，因此寧宗即位之初，是以趙汝愚為首，原王府僚屬為基本的執政集團。其中，有朱熹任經筵，陳騤、余端禮、鄭僑任宰執，內有韓侂冑任知閤門事，成為寧宗最信任的近臣。

寧宗生性訥於言，常臨朝緘默，少與朝臣討論政務，政事也多委託近臣處理。而內批、御筆就成為韓侂冑掌握權力的主要方式。韓非宰執，也非宋代士人所認可的科舉出身，在寧宗朝，韓以內批發布人事上的變動，排除異己，此舉造成道學型官僚集團的恐慌。

寧宗即位後，除朱熹為煥章閣待制兼侍講。當時朱熹從地方行至信州，聽聞帝以內批逐丞相留正，甚憂。學者詢問為何，朱熹說：

> 大臣進退當存其體貌。或曰：「此蓋廟堂之意。」熹曰：「何不風其請去而後許之？上新立，豈可導之輕逐大臣耶？」至六和塔，永嘉諸賢各陳所欲施行之策。熹曰：「彼方為几，我方為

103《續編兩朝綱目備要》卷之3，紹熙五年六月丁酉，頁35-36。

104《宋史全文》卷28，紹熙五年秋七月甲子，頁2403。

肉，何暇議及此哉！」是時，近習用事，御筆指揮皆有其漸，故熹憂之。[105]

由此知寧宗初即位，所出內批，皆以人事為主，且多為韓侂冑代筆行之，故引發朱熹等理學型士大夫們的憂慮。其後又以內批逐斥黃度，而除謝深甫為臺諫：

深甫，侂冑之黨也。先是，侂冑恃功，意望建節，恨趙汝愚抑之，有怨言，簽書羅點慰解之。徐誼為京尹，勸汝愚以節度使授之。汝愚悔，遣人諭侂冑，侂冑答語不遜，遂日夜謀引其黨為臺諫，以擯汝愚。汝愚為人疎直，不虞其姦。會汝愚奏除劉光祖侍御史，方進呈，知樞密院陳騤忽奏曰：劉光祖與臣有嫌，今光祖入臺，願先避位。汝愚愕然而止，侂冑遂以內批除深甫御史中丞。蓋侂冑與陳騤合謀已久，汝愚未之覺耳。[106]

韓侂冑深知掌握臺諫，就能主導輿論走向，因此以內批除韓黨人為臺諫。九月，趙汝愚令近臣舉薦御史，當時吳獵、游仲鴻為多人舉薦。韓侂冑示意中司舉薦劉德秀，又以內批令「兼用中司舉者一人」，劉德秀便與吳獵並除監察御史，而「其黨以次而進，言路遂皆侂冑之人」，[107]此種情形致使十餘年來臺諫之官多為韓黨人充斥其間。

寧宗的內批雖說受到韓侂冑的影響，但要說寧宗完全被韓侂冑蒙蔽，也不盡然。紹熙五年十一月，侍講朱熹罷。寧宗以御批交由趙汝愚，御批云：

---

105 《續編兩朝綱目備要》卷之3，紹熙五年八月癸巳，頁40。

106 《續編兩朝綱目備要》卷之3，紹熙五年八月乙卯，頁41。

107 《續編兩朝綱目備要》卷之3，紹熙五年九月辛酉，頁42。

> 朕憫卿耆艾，方此隆冬，恐難立講，已除卿宮觀，可知悉。

趙汝愚把內批拿出來要還給寧宗，且諫且拜。故知御批雖為侂冑所為，但寧宗明顯是默許了此一舉動。後來韓侂冑令中官王德謙將內批授朱熹，遂行。[108]

朱熹曾在任經筵時，上過一則劄子，內容大致有幾個重點：

其一，寧宗初即位，人事變動頗為劇烈，且「皆出於陛下之獨斷」，而非與大臣們集議的結果，因此有左右竊其柄的情形，這樣的行為能訴之於公議嗎？

其二，這種「左右或竊其柄」的情形，孝宗時就有發生。光宗時又有陳源之流的存在，為患益深，不可不制。

其三，為防止這種情形的發生，君主應詔左右勿預朝政，若有人事問題，可訴之眾論。朱熹並進一步提到：

> 其實有勳舊而所得褒賞未愜眾論者，亦詔大臣公議其事，稽考令典，厚報其勞。……則不惟近習不得干預朝權，大臣不得專任己私，而陛下亦得以益明習天下之事。[109]

朱熹此疏已然是近乎指名道姓，寧宗身邊左右竊其柄者，為勳舊有功之人，為了褒獎他，給予他干預朝權的權力，此人自然非韓侂冑莫屬。此疏入朝，韓侂冑大怒，決定必去其為首的朱熹。朱熹當時急於輔君，「知無不言，言無不切，亦頗見嚴憚」，導至寧宗不喜，促使韓侂冑的罷朱異常順利。[110]

---

108 《續編兩朝綱目備要》卷之3，紹熙五年十一月戊子朔，頁52。

109 朱熹：《朱熹集》卷14〈經筵留身面陳四事劄子〉，頁561-564。

110 朱熹的性格本就偏執善辯，有時言辭急切，給人一種咄咄逼人的感覺。寧宗就曾自

紹熙五年（1194）朱熹已六十五歲，以年邁而被罷官，或許是皇帝的藉口。但以朱熹自身及道學型士大夫趙汝愚等人的角度，自是不願這個精神領袖遠離朝堂，朱熹在當時已成為道學型士大夫的代表性人物，他的進退也牽涉了兩大集團（官僚型與道學型士大夫）的權力消長。[111]其後朱熹被罷，引發道學型士大夫樓鑰、陳傅良、劉光祖、鄧馹、黃艾的反對，也證明了這一點。

回到寧宗的御筆問題。上面我們看到寧宗的內批、御筆在人事問題上的作用，那麼所有的御筆是否都是韓侂冑所掌控呢？

慶元元年（1195）趙汝愚為右正言李沐所劾而罷，引發韓侂冑等官僚型士大夫所發動以道學為名的政爭，反道學官僚以道學的真偽對之展開全面打擊，因而列出曾受偽學舉薦、調升的偽學黨籍名單，共五十九人，即為「慶元黨禁」。[112]在韓黨對偽學發出攻擊時，其中有一個擔任度支郎中、淮西總領的地方官張釜，也加入了這場戰局。張釜（生卒不詳），以父蔭補官，孝宗淳熙五年（1178）賜進士，其後歷任興國軍、廣西運判等職。慶元二年（1196）張釜任職地方，想要更上一層樓，於是請申禁偽學，進言：

> 邇者偽學盛行，賴陛下聖明，罷斥姦回，登用賢哲，天下皆洗心滌慮，不敢復為前日之習。[113]

言：「除熹經筵耳，今乃事事欲與。」見《續編兩朝綱目備要》卷之3，頁51。時宮裡有優人王喜，曾效朱熹容止為戲，也不見寧宗責罰。故知寧宗是不喜朱熹的。

111 余英時：《朱熹的歷史世界》，頁457。

112 余英時：《朱熹的歷史世界》（臺北市：聯經出版事業公司，2003年）。程誌華：《學術與政治：南宋「慶元黨禁」之研究》（新竹市：清華大學碩士論文，1995年）。黃俊彥：《韓侂冑與南宋中期的政局變動》（臺北市：臺灣師範大學歷史研究所碩士論文，1976年）。謝康倫（Conrad Schirokauer）：〈論偽學之禁〉，收入《宋史論文選集》（臺北市：國立編譯館，1995年5月），頁159-200。

113 《續編兩朝綱目備要》卷之4，慶元二年六月乙丑，頁71。

語出，除尚左郎中。吳太后聞而非之，故有「毋及舊事」之詔。針對此，寧宗御筆在臺諫、給舍中等官員論奏此事時，曰：

> 務在平正，以副朕救偏建中之意。

御筆既出，「韓侂胄及其黨皆怒」，時韓黨劉德秀、張伯垓等上疏：

> 繼自今舊奸宿惡或滋長不悛，臣等不言，則誤陛下之進用，言之，則礙今日之御札。若俟其敗壞國事復如前日而後進言，則徒有噬臍之悔，三者皆無一而可。望下此章，播告中外，令舊奸知朝廷紀綱尚在，不至放肆。

寧宗從之。改曰：「不必專及舊事」，其後韓侂胄及其黨人的攻擊更為激烈。這份御筆出現時，殿中侍御史黃黼獨力贊之，上言：「治道在黜其首惡而任其賢，使才者不失其職而不才者無所憾」，結果徙官被罷。

慶元二年（1196）的這個小插曲讓我們注意的是：第一，吳太皇太后其實並不贊成偽學之禁，但當時她已年近八十，無體力也無能力進一步關注此事。第二，韓侂胄及其黨人的「怒」，可能也帶有懼怕的成分，懼怕道學官僚集團又捲土重來，因此透過臺諫加大了對道學士人的攻擊力道，對之展開全面打擊，最後演變成黨禁。其三，順著吳太后「毋及舊事」之意，寧宗御筆的內容，顯示他對偽學之爭似有所動搖，有意走向中立，韓侂胄在事前並不知道寧宗會有此御筆，顯示韓侂胄對內廷的掌握並不像我們想像的這麼謹密。

三　理宗、度宗時期

寧宗無子，以宗室趙竑、趙昀為皇子，趙竑和權臣史彌遠不和，史彌遠與楊皇后合作，廢趙竑，立趙昀為皇太子，即位為理宗。理宗在位（1224-1264）四十年，是南宋在位時間最長的皇帝。他以皇室繼嗣之姿，在史彌遠和楊皇后的支持之下即位。在執政之初，行事低調，政事多委任史相。其後則在端平至淳祐更化時期，勤於政事。根據《宋史全文》所錄，理宗共有二十二條御筆，且理宗的御筆似乎很少假於他人，雖然有可能由他人代筆，但以內容來看均為理宗自己意志的展現，與前朝御筆的形式差別頗大。[114]以下來討論理宗的御筆內容：

理宗的御筆，以內容觀之，以戒惕臣下最多，且為針對特定人交付。如嘉熙二年（1238）御筆付戶部尚書趙與懽：

> 朕以渺躬，纂紹洪業，適時多故，深懼無以拯危，難致安強。故悉取內外修攘之事，疇咨多士，冀陳忠益，以裨闕遺。其有識治優時敢言無隱，乃朕所欲急聞。卿等宜加精選，置之前列，使真材得以自見。[115]

當時要舉行貢舉，理宗對人才選用非常慎重，因此才特以御筆交付參與主考的趙與懽。淳祐元年（1241）又以御筆付知舉杜範以下：

114　由於晚宋政局動蕩不安，戰亂頻繁，因此史料缺乏。根據元代蘇天爵所述，理宗朝實錄纂修未成國亡，僅存數十冊而已。度宗、衛王、哀帝皆無實錄。見蘇天爵：《滋溪文稿》卷25〈三史質疑〉談及理宗史料不足事。因此《宋史全文》以編年方式記載理宗朝的史料，至為珍貴，此處引用來討論理宗的御筆。

115　《宋史全文》卷33，嘉熙二年閏四月丙辰，頁2731。

> 經學欲其深純，詞章欲其典則，言惟合理，策必濟時，毋以穿鑿綴緝為能，毋以浮薄險怪為尚。[116]

淳祐四年（1244）付吏部尚書知貢舉金淵以下：

> 學術必究其淵源，毋以涉獵為能，詞章必主典實，毋以浮靡為尚，毋滋蹈襲，毋取雷同。昔人典貢，多能以程文占器識，卿等其精意考校，以副朕側席之意。[117]

淳祐七年（1247）御筆付兵部尚書兼侍讀、知貢舉吳潛：

> 崇雅黜浮，俾得士用。[118]

理宗的父親趙希壚早逝，由於母全氏無力撫養兩子，因此理宗和他的弟弟是在外祖家長大。史籍上對理宗即位前的民間生活完全沒有記載，但可推知他應是在即位後才接受比較正式的皇家教育。理宗即位後，鄭清之（1176-1252）為他的老師，歷任宗學博士、宗正司丞兼權工部侍郎，兼崇政殿說書。鄭清之在紹定六年（1233）史彌遠死後任右丞相兼樞密使，後任左丞相。他建議延攬能臣名士，如召還真德秀、魏了翁、崔與之、洪咨夔等人，促成端平更化，也常勸理宗勵精圖治，任用賢才，他對理宗影響頗大。[119]故而如上所提到的，理宗有不少御筆都顯示他對人才的重視。

---

116 《宋史全文》卷33，淳祐元年二月己未朔，頁2744。

117 《宋史全文》卷33，淳祐四年二月壬寅，頁2758。

118 《宋史全文》卷34，淳祐七年二月乙酉朔，頁2787。

119 《宋史》卷414〈鄭清之傳〉，頁12420。

理宗的御筆內容，與人事任免有關者不多。史嵩之任丞相時以父彌忠病告假，其後史彌忠薨，史嵩之向理宗私求御筆，以求起復，此事受到輿論反對而不行。[120]唯一一條與人事變動有關者，是景定元年（1260）命夏貴兼黃壽策應使，總統諸將，[121]以求在鄂州大捷之後能再創勝績。

雖然人事任免少，但人事獎懲倒頗為常見。其一是獎諭，其二是罪人。如寶祐五年（1257）俞興在蜀境告捷，理宗嘉之。[122]呂文德在四川之役戰勝，御筆「降詔撫諭」。[123]景定元年（1260）鄂州大捷，獎諭賈似道。[124]

御筆中也有對丁大全、吳潛等人論罪之言，理宗說：

> 昨臺臣論丁大全、吳潛欺君無君之罪，皆有事實。……令臺臣覺察相關黨人，以為同惡相濟者之戒。[125]

同年十一月，北司的宦官接受賄賂，想在人事上動手腳，理宗大怒，御筆：

120 淳祐四年，史彌忠薨，理宗欲起復史嵩之，太學生黃愷伯、金九萬、孫翼鳳等一百四十四人上書反對，曰：「臣等恭睹御筆，起復右丞相史嵩之，令學士院擇日降制。……嵩之私求御筆，必得起復之禮。」由此知當時以邊事見急，理宗欲起復史嵩之，是以御筆令學士院降制行之。見《宋史全文》卷33，淳祐四年九月丙午，頁2761-2765。

121 《宋史全文》卷36，景定元年三月庚午，頁2890。

122 《宋史全文》卷36，寶祐五年二月庚申，頁2855-2856。

123 《宋史全文》卷36，開慶元年六月甲戌，頁2883。

124 《宋史全文》卷36，景定元年正月丙子，頁2888。四月癸卯，言賈似道「股肱之臣，而更生王室，有同於再造」，頁2891。

125 《宋史全文》卷36，景定元年十月乙巳，頁2898。

> 「朕於北司，惟遵祖宗之舊例，給使而已，未嘗有所假借，亦每有戒飭。聞士大夫欲由此徑，心甚鄙之。近何時修忽持吳珪兄弟奏牘來上，且以賄進，不亟去之，是失刑矣。」詔何時修削官二等，罷職，永不收敘。[126]

理宗痛恨貪官，在他執政期間，常有和大臣之間的對談，對談內容最多是談理學，有關反貪的內容也很多。藉何時修的收賄案，以御筆來戒惕臣下。

理宗的御筆中除了戒惕臣下外，也有不少是戒惕自我的。如用人之道：

> 今之天下靡弊極矣，所可以轉移變化者，獨有用人一說耳。舊來當國者，用人多徇私意，貽害可勝言哉。今丞相虛心無我，詢之同列以用人，此乃轉亂為治、轉危為安一大機括也。機括若差，利害匪輕。今當立為一準的之說，須專求實用，勿泛取虛名。外之為監司、郡守者，當用廉潔，凡稍涉貪污而謀利者汰之。內之為朝士者，當忠謹樸實，凡稍涉譁競而沽名者汰之。若用捨之意嚮明白，貪污者可化為廉潔，譁競者可化為忠樸。夫苟用人一差，待其貽毒於民，貽害於國而後取之，亦已晚矣。[127]

針對皇帝的「訓誡」，賈似道奏「備遵睿旨，仍乞宣付史館」。

此外，理宗「畏天」，遇到大自然發生的異象，都會以御筆示之

---

126 《宋史全文》卷36，景定元年十一月乙丑，頁2898-2899。

127 《宋史全文》卷36，景定元年五月癸酉，頁2892。

「避殿、減膳、徹樂」，以示對天道的抑畏之心。[128]

理宗時代的御筆與之前最大的不同，是性質變為皇帝私人意志的展現，透過御筆，理宗告戒天下人，也告戒自己，無論是敬天畏天、用人之道，亦或舉才有方，這些言論的表達，或許有人代筆，但內容至少是理宗自己的看法。理宗朝權臣力量大過於近習，因此在寧宗朝近習可以用御筆操弄人事，以排除異己，但理宗朝的御筆則出自理宗的意旨。

如理宗的繼嗣問題，此為理宗所看重之大事，也是使用御筆來詔告天下。由於理宗沒有親生的皇子，出現皇位繼承的問題。如前所言，理宗在入朝之前，曾與弟弟趙與芮住在母親的娘家，兄弟之間有深厚的情感，因此理宗有意將皇位傳給與芮的獨子，即為理宗的姪兒趙禥。

趙與芮獨子趙禥，是由他的妻子李氏陪嫁黃氏所生。黃氏地位低微，得知懷孕後曾飲下墮胎藥，但落胎沒有成功，卻造成孩子有先天不良的問題。[129]趙禥很晚才開口說話，從各方面來看，他都不是一個適合的人選。在理宗的堅持之下，寶祐元年（1253）以建安郡王為皇子，賜名禥，命學士院降詔。他說「朕惟皇嗣之建，係宗社國家之本，固宜早計而豫定矣。」[130]景定元年（1260）六月，理宗以御筆將忠王趙禥立為皇太子。[131]

128 《宋史全文》卷33，嘉熙四年正月辛未，當時有彗星出現，理宗避殿、減膳，頁2737。另見同書卷36，開慶元年十月庚辰，頁2886。

129 周密：《癸辛雜識》，續集下〈紹陵初誕〉，頁190。

130 《宋史全文》卷34，寶祐元年正月庚辰朔，當時理宗姪趙孟啟年十三歲，也已入資善堂讀書，頁2819。

131 《宋史全文》卷36，景定元年六月己亥，御筆曰：「皇子忠王，仁孝恭順，有聞於時，涵養踐修，尤敏於學，是用蔽自朕志，庸正儲闈，特以對越在上，庶幾祖宗顧歆神人，闓懌哀時多祉，於以隆萬世不拔之基，可立為皇太子，令有司討論典禮以聞。」頁2893-2894。

同年七月，又御筆：

> 參稽舊制，皇太子當俾習知政事。每遇昕朝，仍令宰執並兼東宮官，三省討論典故以聞。[132]

由丞相賈似道兼任太子少師，其餘執政朱熠、皮龍榮、沈炎並兼太子賓客，[133]也是理宗為度宗後來的繼位鋪路，做為輔佐他的大臣。

其次，由理宗的御筆內容來看，無論是戒惕自己或朝臣，其戒惕內容其實多為老生常談，有點類似喊口號，而欠缺實際的作法。這也明顯與理宗的成長背景有關，十六歲入宮之前，理宗只是一個普通的宗室子弟，他沒有接受長時間的帝王教育，缺乏政事歷練的實務經驗，因此與臣下的論談，也多半空泛，沒有實際內容。然而晚宋的政局變化劇烈，面對北方外族的強勢崛起，都讓有心做一個好皇帝的理宗，不知所措，唯有倚賴能幹的宰執來解決日益緊迫的軍事問題了。

景定五年（1264）度宗即位，詔以明年為咸淳元年，翌日，便降內批：追復濟王趙竑之官爵，並留以遺後之人。又降內批曰：

> 特授武康、寧江軍節度使，依前太師、判大宗正事嗣榮王，加食邑一千户，寔封四百户。尊謝皇后曰皇太后，太后兄謝奕封郡王，姪堂、堇、壁、垕皆節度使。[134]

度宗時期的御筆常是對人事安排的處理，而且幾乎都與賈似道有

132　《宋史全文》卷36，景定元年七月丁亥，頁2895-2896。

133　《宋史》卷45〈理宗本紀〉，頁874。

134　《咸淳遺事》（收入《全宋筆記》，據四庫全書本印，鄭州市：大象出版社，2017年6月）卷上，頁313。

闕。當時賈似道想要試探自已在朝中的地位，曾累辭相位，歸紹興私第。他歸家後三日，度宗便遣都官牟濚持御筆宣諭促還。[135]繼而賈似道未至，度宗又命陳昉再持御筆宣促：

其書曰：師相鎮安夷夏，綏撫生民，怡然泰和之世。今師相舍機政而歸錦里，誰與予膺鎮安撫綏之任？

更令陳昉親行，代予勉諭師相速還朝堂，兩使既至，賈似道猶辭不已，接著奉表又回退相印、丐祠，然後敢還。度宗又降內批曰：

賈似道援引故事，毅然去國，極力勉留，累疏懇切，渡江歸里。其以數從臣宣召者亦既至再，親筆由庚置往者日不下六七，端殿從臣朝列今已八遣。……予亟欲師相之還朝，姑為雅地之是旬。可依前太師、鎮東軍節度使、魏國公、醴泉觀使兼侍讀，仍奉朝請，令學士院降制。

賈似道再辭太師，度宗又遣使賜御筆、內批，如此三來四往，賈似道才入朝，以內批拜賈為右丞相。據史載，咸淳元年（1265）數月中，度宗促賈似道入朝的內批、御筆就有六次之多，[136]顯見度宗對賈似道的寵信。

度宗時期的御筆，尚有政令宣導的類型。如即位之初，御筆曰：

予荷豐芑詒謀之澤，環視在列，罔匪俊乂。寔先帝簡拔以敷遺者，若不待夢寐以求，則澗阿空谷矣，繫爾服休服采之臣，尚

135 《咸淳遺事》卷上，頁314。

136 《咸淳遺事》卷上，頁315-316。

> 體予意。必保固凝聚而無遐心，必搜求荐達而無隱情。必期于立政而不習于立命，必勤于相厲而不致于阿附。使根植壯而有益蕃之望，氣類全而無可乘之隙。聞于下者，皆知今日杜群枉之門，開眾正之路，莫不懷忠信、厲廉隅以待舉。而士大夫之習為之丕變，是亦人心之一機也。

如上所述，雖是老生常談的內容，但也是即位的新帝必然要做的政策指示，讓人有耳目一新之感。度宗尚有御筆勉勵群臣「俾學日益而治日隆」，群臣各盡所學之語。[137]

咸淳二年（1266），臨安府士人葉李、蕭至等上書，詆賈似道專政。似道求退相位，度宗留之，降御筆曰：「眾賢聚朝，而正脉欲其堅凝。矧予菲涼，倚重師相，……宜不允」，參政姚希得亦上表留似道，且奉御筆曰：

> 輔臣列銜請留師相，議論其可畏，當破千載謬論之非也，此與予同一愛國之心。……師相勉為國事，留而輔予，以秉庶政，此亦可為後世法也。

賈似道又上表乞並相，上復不允，又降御筆力勉他：「以佐天下之重，洪濟艱難」。[138]

在賈似道再度固辭相位之後，姚希得也奏辭潭州安撫，王爚乞解罷參政，沿江制置使馬光祖亦上表乞致仕，度宗皆以御筆回之，三人當中唯姚希得允其所求，其餘二人皆不允。咸淳四年（1268）葉夢鼎

137　《咸淳遺事》卷上，頁316、頁319。

138　《咸淳遺事》卷上，時咸淳二年春，頁319-20。

上表乞歸田里，也被度宗以御筆拒絕。[139]除姚希得外，王爚、馬光祖、葉夢鼎均為執政重臣，此三人都與賈似道在政策或為官上相忤，他們致仕也都與賈似道多少有關。

如葉夢鼎（1200-1279），寧宗時以太學上舍試入優等，授信州軍事推官，曾在袁州、吉州、隆興等處任地方官。景定元年（1260）召為太子詹事，遷吏部侍郎，三年（1262）升任兵部尚書兼修國史兼實錄修撰。他與賈似道歷來在政策上不合，賈似道欲造關子，葉夢鼎以為厲民，公田法推行時，葉夢鼎又以為厲民，故只推行浙西而止。咸淳三年（1267）拜右相兼樞密使，這次求去，乃因利州轉運使王价曾以言去職，死後，王价兒子想求遺澤，葉夢鼎言其無罪，賈似道卻覺得「恩不己出」，反罷省部吏數人，葉夢鼎大怒，曰：「我斷不為陳自強。」乃求去。葉夢鼎此次求去，度宗以御筆不允，他直到咸淳五年（1269）才以觀文殿學士、判福州、福州安撫大使而去國。[140]

由史料來看，度宗的御筆以人事為主，當朝臣辭位致仕時，以遣使持御筆宣達，由於御筆不自中書出，比一般政令快速有效率，而也最能表現君主的意旨，顯示對重臣的看重。

第四節　小結

本章以皇權為討論中心，南宋皇帝在即位之前，便有自己的親信，其中有的是潛邸期間的門客、侍從，因外戚或武資或能力而受倚

139 《咸淳遺事》卷下，咸淳四年，頁334。

140 《宋史》卷414〈葉夢鼎傳〉，頁12434-12435。據劉一清：《錢塘遺事》，卷之5〈似道專政〉載，賈似道平章軍國重事，葉夢鼎為右丞相，時賈專政，夢鼎充位而已，在朝之士忤意者皆斥去，後葉夢鼎、江萬里皆歸田，賈似道於湖上閒居遙制，頁215。

重，在皇帝即位後，任命他們擔任閤門官，或進而任樞密都承旨的職位。樞密都承旨負責樞密院「承宣密命」的行政事務工作，其職務較閤門官更為重要，南宋時便有邢煥、張說、王抃、韓侂胄、蘇師旦任之，另有龍大淵因群臣反對而未任命成功。

南宋君主中以孝宗善以近習控制外廷，因此近習任知閤門事，並進而升任樞密都承旨，是孝宗慣行的方式，龍大淵任命未成，張說、王抃的任命，也是遭到群臣的反對，孝宗以皇權強壓才能成功。而張說、王抃與後來的韓侂胄、蘇師旦相比，後二位除了皇帝的支持外，還與其他朝臣合作，這也是值得注意的。

皇帝透過不正規的行政程序，發布的各種詔令方式，也是南宋皇權運作的一項特點。本章從高宗以下，觀察了手詔、御筆、內批、內降等各種皇帝的詔令，發現下列兩點：

一　這些皇帝的詔令，有皇帝手書但也有別人（如內夫人等）代書，但多數都出自皇帝個人的意志。

二　御筆、內批等行政文書，可由內廷直接下達三司，而避免經過中書，因此最多是人事的任免，其次為軍事或行政事務的機要之事。這可以避免中書對人事安排的不同意見，也是最有效率的方法。

由於南宋中後期君主欠缺政事處理的興趣與能力，這種行政文書形式容易受到人為（近習）的影響，以致寧宗時韓侂胄能藉此發動黨禁，打擊異己。

第五章
臺諫與黨爭

余英時曾就宋代黨爭的性質這麼說：

> 宋代黨爭和文字獄有一個共同特徵，有別於漢、唐、明、清，即二者同源於士階層的分化的衝突。……宋代黨爭自始即起於士大夫不同組合之間的內在分歧，即與宦官集團無任何關係，也不涵有與皇權相對抗的意味。[1]

宋代士人有朋黨之分，主要是因為對政治有不同意見，因而產生出黨同伐異的現象，而黨爭趨於激烈的原因之一，乃是由於宋代以後臺諫制度的轉變。[2]臺諫是士人黨爭的決戰中心，皇帝重用臺諫，以之為天子耳目，以限制宰輔權勢。而宰輔也會操縱臺諫，作為自己的羽翼。有如黃震所言：

---

1 見余英時《朱熹的歷史世界——宋代士大夫政治文化的研究》(臺北市：聯經出版社，2003年)，頁425。

2 此處的臺諫制度的轉變是指原本以皇帝為糾彈對象的諫官，自北宋以來為皇帝任命，亦變為彈舉以宰輔為首的百官。見程光裕：〈北宋臺諫之爭與濮議〉，收錄於宋史座談會編，《宋史研究集》(第二輯)(臺北市：中華叢書編審委員會，1983年)，頁213-234。刁忠民：《宋代台諫制度研究》，成都市：巴蜀書社，1999年5月。賈玉英：《宋代監察制度》，開封市：河南大學出版社，1996年6月。監察機制中的「臺諫」本為御史台和諫院的合稱，但實際上宋代諫院自北宋元豐六年(1083)至南宋建炎三年(1129)已取消。而《宋史》職官志中，諫官置於兩省(中書和門下)的左司諫、左正言及右司諫、右正言，專職諫官人數少，也常不足員。一般而言，御史臺以彈舉為主，諫官以奏論為主，皆以糾舉百官為任。

> 臺諫為天子斥逐權姦，使不得害於而國，固專任臺諫之力也；臺諫為權臣用，空其善類，使天子孤立而國以危。亦專任臺諫之弊也。臺與諫為虛位，君子居之國之福，小人居之國之禍，小人十常八九，君子十無一二。二者之分，在為天子用及為權臣用也。[3]

黃震所言，不出北宋歐陽修《朋黨論》所論述的君子、小人皆有朋黨，人君當認清孰為君子，孰為小人之說。事實上，士人認為的君子、小人之分，只是士人個人的主觀認知，氣類相近的，就是君子，相反的，即為小人。因此，臺諫無法成為理想中政治結構裡的獨立第三勢力，常為皇帝、宰執或其他朝臣所利用。

本章以論述寧宗以後的兩位出身於外戚的權臣：韓侂胄、賈似道的得權過程為主，透過他們的得權原因與當時的朝政局勢，來了解在政局中，外戚身分對他們是否形成參政的障礙。

第一節　內禪與韓侂胄的得權

韓侂胄（1152-1207），安陽人，為北宋名臣韓琦五世孫。其父韓誠，為神宗外孫，[4]娶憲聖吳皇后妹為妻，官至寶寧軍節度使。吳皇后是韓侂胄的姨母，吳琚為吳皇后兄吳益之子，與韓氏為表兄弟關係，故韓侂胄稱吳琚為「二哥」，光宗則稱韓為「舅」。[5]在紹熙內禪

3 黃震：《黃氏日抄古今紀要逸編》，《叢書集成初編》本（北京市：中華書局，1985年），頁10。

4 見《宋史》卷474〈韓侂胄傳〉。另《兩朝綱目備要》卷之4，慶元二年十二月庚午，韓誠賜謚，此處韓誠即為韓誠。頁73。

5 見葉紹翁：《四朝聞見錄》，乙集〈光宗御製〉，頁53。丁集〈慶元黨〉，頁149：「韓

之後，寧宗登大統，即以崇國夫人韓氏為皇后，而韓侂胄為韓皇后父親韓同卿之季父，因此與孝宗同輩，與寧宗則祖父輩的姻親關係，又因侂胄擁立寧宗有功，可說同時具有外戚和功臣的身分。

韓侂胄以父蔭任官，歷任閤門祇侯、宣贊舍人帶御器械等職，淳熙初以汝州防禦使知閤門事。[6]光宗初韓侂胄以武功大夫和州防禦使，用應辦賞直轉橫行，受到超遷，當時給事中兼侍講尤袤出言反對，這可以知道光宗時韓侂胄就已受到重用。[7]

從光宗到寧宗的帝位繼承過程，即所謂「紹熙內禪」，促成韓侂胄的興起。內禪的原因，是始由孝宗與光宗的心結（詳見第三章第三節），在孝宗駕崩之後的喪事無人主持，加上光宗身體不適，引發眾臣恐慌，才有寧宗的即位。紹熙四年（1193）七月：

> 上正臨朝，仆於地。都人聞之大駭。是日，工部尚書趙彥逾見汝愚白事，相與泣下。……汝愚遣中郎將范仲壬告殿帥郭杲。仲壬初以時事艱難告之，不應。又以忠義動之，又不應。仲壬不得已，屏人起立，具以汝愚意達之，又不應。仲壬乃還，汝愚知不可，遂請彥逾往見杲，諭旨，彥逾謂杲曰：彥逾與樞密第能謀之耳。太尉為國虎臣，此事專在太尉。……杲徐曰：致意樞密，領鈞旨。事然後定。[8]

由上言說明，趙汝愚與趙彥逾說服太尉郭杲的整個過程，得到郭杲的應允，也就表明內禪之事在軍事的安排，已無後顧之憂。故而郭杲在

一日因賞花之會，戲謂琚曰：二哥肯為侂胄入蜀為萬里之行否？琚對以，更萬里，琚亦不辭」，可見兩人不僅是中表親，且交情相當不錯。

6　《宋史》卷474〈韓侂胄傳〉，頁13772。

7　《宋史》卷389〈尤袤傳〉，頁11927-8。

8　《宋史全文》卷28，紹熙五年秋七月辛酉，頁2402。

內禪時以「軍五百至祥禧殿前，祈請御寶」。[9]又見「壬戌條」：

> 有知閤門事韓侂胄者，太后女弟之子也，素善慈福宮內寺張宗尹，而與永嘉人蔡必勝同在閤門。必勝因其同郡人左司郎官徐誼、吏部員外郎葉適言於汝愚，遂令侂胄以內禪事付宗尹入奏。……癸亥，侂胄再往（太后處），不獲命，逡巡欲退。重華宮內侍關禮問知其謀，入白太后，言與淚俱。太后蹙額久之，曰：事順則可，更切子細。（關）禮遂簡侂胄以「來曰壽皇宰宮前垂簾引執政。」[10]

透過這則史料，我們得知韓侂胄是由閤門官蔡必勝的介紹，將他引薦給趙汝愚等人，再由侂胄透過內侍關禮告知憲聖吳太后，才定下此事。蔡必勝雖有穿針引線之功，但因他與朝臣關係較好，又有知閤門事劉弼離間曰：「蔡直之素厚諸名士」，韓侂胄擔心他取代自己的角色，後來將他外放到池州。[11]

事實上，趙汝愚當時原本尋求合作的對象是吳太后的姪兒吳琚。吳琚（生卒年不詳）父為吳益，母為秦檜的長孫女。他好書畫、工於詩詞，尤精於翰墨，常出入宮禁之中，孝宗常與他論詩作字，光宗更是叫他「舅」。[12]由於他與吳太后關係較親，又是憲聖信任的人，是最適合的人選。但趙汝愚最後沒有選擇吳琚而是韓侂胄，其原因據與吳琚相熟的葉紹翁所言，是因吳琚求官，令趙汝愚不喜，而韓侂胄處處都聽趙汝愚的安排之故：

---

9 周密：《齊東野語》，卷3〈紹熙內禪〉，頁49。據周密所載，郭杲能被趙彥逾說服，是因為兩人之前有舊。

10 同上註，壬戌條，頁2403。

11 葉適：《水心先生文集》，卷17〈蔡必勝墓誌銘〉，頁541上。

12 葉紹翁：《四朝聞見錄》，乙集〈光宗御製〉，頁53。

> 憲聖既御簾政，趙公汝愚為相，欲公出入通宮禁廟堂之意。公冀重體貌，求慈福宮使，又求提舉中祕書，趙公俱難之。趙旋物色韓侂胄，憲聖表孫也。侂胄奉趙命惟謹，雖一秩不以請。趙公嘉其奔走小忠，不知墮其計，反浸疎公。……趙偕猶子崇龢赴貶，自辭家，在途垂歿，悔不用吳。[13]

此處的「公」即指吳琚。另有一說，吳琚沒有成為趙汝愚選擇合作的對象，與他本身性格有關。吳琚喜好書法藝術，對政治參與一直不甚積極，史籍曾記載他出使金國，金人說他重信義，南使中唯他言語可信，[14]一個外交使節被敵國稱讚固然是好事，但也代表他個性直率，並不擅長官場辭令。以吳琚與吳太后的關係來說，趙汝愚先選吳琚為合作對象，是順理成章的事，然而卻因「吳琚素畏慎，且以后戚不欲與聞大計」之故，「此議竟格」。[15]

趙汝愚與徐誼、葉適商量後，決定找韓侂胄以內禪事請於吳太后，加上重華宮內侍關禮從旁勸說，終於說動吳太皇太后垂簾，出聖旨云：因皇帝有疾未能執喪，曾有親筆，皇子嘉王可即皇帝位。遂勸王即位，嘉王固辭，覺得自己不孝，趙汝愚與余端禮力勸，關禮以黃袍進，王揮涕勉受而即位。[16]在另一則史料中則不見關禮，而是由吳太后及韓侂胄主其事：

> 嘉王聞命，驚惶欲走，憲聖已令知閤門事韓侂胄掖持，使不得

13 葉紹翁：《四朝聞見錄》，乙集〈吳雲壑〉，頁49-50。

14 《宋史》卷465〈外戚傳〉，頁13592。

15 《宋史》卷392〈趙汝愚傳〉，頁11984-5。

16 這裡的記載，出自《宋史全文》卷28，紹熙五年秋七月甲子，頁2403。《宋史》卷392〈趙汝愚傳〉，亦載有關禮使其姻黨宣贊舍人傅昌朝密製黃袍事，頁11985-11986。

> 出。嘉王連稱：「告大媽媽，臣做不得，做不得。」憲聖命侂冑：「取黃袍來，我自與他著。」王遂掣侂冑肘環殿柱。憲聖吒王立侍，因責王以：「我見你公公，又見你大爹爹，又見你爺，今又卻見你。」言訖，泣數行下，侂冑從旁力以天命為勸。王知憲聖聖意堅且怒，遂衣黃袍，亟拜不知數，口中猶微道：「做不得。」侂冑遂掖王出宮，喚百官班，宣諭宿內前諸軍以嘉王嗣皇帝已即位，且草賀。驩聲如雷，人心始安。[17]

在上面這段非常傳神的記載中，我們看到了廿六歲的嘉王趙擴，面對上位不見心喜，卻是戒慎恐懼，口曰不可，韓侂冑再三勸進，才讓他穿上黃袍。為了讓嘉王不違背儒家的孝道，以便順理成章登上皇位，這段史料或許有誇張不實之處，但可顯示韓侂冑在內禪過程所扮演的角色，寧宗對他的信任、倚重，卻是很明顯的。

寧宗趙擴（1168-1224，1194-1124在位），是光宗的第二子，長兄趙挺早夭，母為李皇后。乾道七年（1171）光宗封為皇太子。淳熙十年（1183）九月，趙擴及冠並開始參與朝政，但他即位前的史料記載不多，很難看出他少時的成長，與兒子的教育相比，光宗似乎更為關心自己何時即位。趙擴在內禪時已經二十六歲，這個年紀應該早已出宮建府，但他因為「兩宮愛之，不欲令居外，乃建第東宮之側」，[18]看來是很受長輩疼愛的小輩，但有時疼愛過深，也會讓他失去成長的契機，或許是因為如此，寧宗並不擅長政事，也缺乏君主任用人才的眼光及手腕，因此才會對韓侂冑信重如此。

在光宗拒絕為孝宗舉喪，發生政治危機時，丞相留正（1129-

---

17 葉紹翁：《四朝聞見錄》，甲集〈憲聖擁立〉，頁12-13。

18 《宋史》卷37〈寧宗本紀〉，頁713。有關寧宗的成長，記載頗少，只知他自弱齡，「尊師重傳」，翊善為沈清臣。

1206）卻離開都城，這使得時任樞密使的趙汝愚在紹熙內禪過程中成為最關鍵的人物，也是寧宗初即位政治上最大的得利者（後拜為右相），他更是宋代第一個也是唯一一個的宗室宰相。[19]

趙汝愚（1140-1196），為孝宗乾道二年（1166）狀元，孝宗認為他是宗室，不符民意，故黜之為榜眼。趙於孝宗時任吏部侍郎兼太子右庶子，又以集英殿修撰出任福建軍帥，進直學士，四川制置使兼成都府知府，時任四川時，平息羌族對南宋邊境的騷擾，孝宗贊其有文武之才。[20]光宗即位後，進敷文閣學士，知福州。後又召為吏部尚書、知樞密院事，最後任樞密使職。

除他在孝宗朝他以殿試程文第一的宗室身分，引起孝宗注意外，光宗時趙被召為吏部尚書則沒有大臣反對。直到他於紹熙四年（1193）三月被光宗任命升任知樞密院事，監察御史汪義端引祖宗故事，提出沒有以宗室為執政之例，並指趙汝愚結黨：

> 紹興中，高宗嘗諭趙鼎曰：「唐用宗室為宰相，本朝雖有賢才，不過待從而止，乃所以安全之也。」久之，因執政進似，又諭秦檜曰：「宗室賢者，如寺監、秘書省皆可以處之。祖宗不用宗室為宰相，其慮甚遠，可用至侍從而止。」[21]

---

19 有關趙汝愚如何在三十年的政治生涯逐步升遷，成為唯一的宗室宰相，可參見（美）賈志揚（John W. Chaffee）：《天潢貴冑：宋朝宗室史》（南京市：江蘇人民出版社，2005年11月），頁185-191。賈志揚認為，趙汝愚能受到倚重，除了他個人能力，他也是第一個省試知貢舉的宗室，他以直言無畏著稱，還有人格魅力，讓三任皇帝都信任他，士大夫也尊敬他。

20 《宋史》卷392〈趙汝愚傳〉，頁11983。

21 《續編兩朝綱目備要》卷之2，紹熙四年三月，頁113-114。任命趙汝愚主要是孝宗的意見，其後孝宗與光宗兩帝將高宗祖訓解釋成「以折秦檜之姦謀」，才使趙順利任職。

當時不少人為他進言，他又有孝、光兩帝的支持，因此此事的結果是，汪義端被外放，而趙汝愚順利升任為知樞密院事。

寧宗即位後，召回留正，趙汝愚也因定策之功，知樞密院事兼任權參知政事，又被任命右丞相。[22]趙執政後，先將左司諫章穎升為侍御史，將原來嘉王時代的潛邸舊臣翊善黃裳，升為給事中，陳傅良、彭龜年並除為中書舍人。接著，從潭州召回朱熹，任天章閣待制兼侍講，又將李祥、楊簡、呂祖儉等道學家召入朝廷。這樣，趙汝愚基本上控制內外言路，結合以他為首及其追隨者的集團。但韓侂冑和趙彥逾卻沒有得到什麼好處，對趙汝愚多所不滿：

> 侂冑者，魏王琦之曾孫，神宗女齊國長公主孫也。趙汝愚推恩定策功曰：我與趙尚書皆宗臣，而韓知閤乃右戚，各不言功。惟爪牙之臣所當推賞。由是，杲建節，而侂冑與趙彥逾咸有怨於汝愚矣。[23]

趙汝愚認為韓侂冑身為戚里，在帝位繼承過程裡出力是應該的，不應居功，也認為韓、趙與他一樣的想法。[24]然而趙自任執政，卻致力提拔其他朝臣，趙彥逾後被任命四川安撫制置使兼知成都府，而韓侂冑只得汝州防禦使的小小職位，因而韓侂冑深覺不公。

如知閤門劉弼所進離間之言：「趙丞相欲專此大功，日引虛名之士以植黨，君豈但不得節鉞，將恐不免嶺海之禍」，[25]韓侂冑聞之大懼，故欲逐趙汝愚，籠絡其他朝臣，並以安插依附自己的朝臣於臺

---

22 趙汝愚原本拒絕，曾說：「同姓之卿，不幸處君臣之變，敢言功乎？」見《宋史》卷392〈趙汝愚傳〉，頁11987。後特進為樞密使，其後寧宗再次任命他為右丞相。

23 《宋史全文》卷28，紹熙五年秋七月戊寅，頁2406。

24 另可見周密：《齊東野語》卷3，頁31-32。

25 同上註。

諫，以便可以利用臺諫的職權達到逐趙汝愚的目的。如史載：韓侂胄「以定策功，意望建節，恨趙汝愚抑之，有怨言。簽書樞密事羅點慰解之。知臨安府徐誼勸汝愚以節度使授之。汝愚悟，遣人諭意於侂胄。侂胄答語不遜，遂日夜謀引其黨為臺諫官以擯汝愚」，[26]故以內批除與韓交好的謝深甫為御史中丞。[27]

同年十二月，吏部侍郎彭龜年上疏：

> 言：「韓侂胄假託聲勢，竊弄威福，乞黜以解天下之疑。」上初欲兩罷之，汝愚開陳，欲兩留之，既而內批彭龜年與郡。節度使吳琚嘗言：「時上無堅留侂胄意，使有一人繼之，則去之必矣。」侂胄既留，勢益張，因欲併逐汝愚而難其名。或教之曰：「彼宗姓，誣以謀危社稷，則一網盡矣。侂胄然之。」[28]

彭龜年的上疏沒有讓韓侂胄受到影響，但卻讓韓氏有很大的危機感，此時有人向韓侂胄提出，能逐斥趙汝愚的一個有力的理由，就是他的宗室身分。此人為京鏜（1138-1200），京鏜為高宗二十七年（1157）進士，以直言和能幹頗受孝宗賞識。孝宗曾派他出使女真，在女真招待來使的飲宴上，因有鼓樂演奏，京鏜出言反對，認為太上皇駕崩不久，不得奏樂，而被視為有膽色的大臣。

京鏜後來任職監察御史、工部侍郎，頗有官聲。寧宗時，他和韓侂胄合作，建議「以趙為宗室」的理由展開攻擊。[29]韓侂胄於是授意

26 見《續編兩朝綱目備要》卷之3，紹熙五年八月乙卯，頁41。

27 《宋史全文》卷28，紹熙五年八月乙卯，頁2409-2410。

28 《宋史全文》卷28，紹熙五年十二月乙丑，頁2024。此處所言：兩罷指的是韓和彭兩人，但因趙汝愚反對，因此彭才被外放，但韓卻不動如山。

29 《宋史》卷394〈京鏜傳〉，頁13038。又見葉紹翁：《四朝聞見錄》，甲集〈胡紘、李沐〉，頁18。

時任右正言李沐（生卒年不詳）上奏皇帝。云：

> 汝愚自居同姓，數談夢兆，專政擅權，欺君植黨，殆將不利於陛下。[30]

這裡所說的夢兆，是傳言趙汝愚曾自言夢到孝宗「授以湯鼎，背負白龍升天」，被認為是「假夢為符」以不軌於朝政的證據。[31]加上在內禪時，最初趙汝愚在推舉帝位人選上，並不是那麼堅定的支持嘉王，都加深即位後寧宗對趙汝愚的疑忌，因而慶元元年（1195）汝愚罷右丞相，除觀文殿大學士，知福州。[32]

朱熹、趙汝愚先後被罷，而寧宗因個性誠默，不常與朝臣互動，政事多委託近臣，常以內批、御筆發布人事上的變動，造成道學型士大夫的恐慌。汝愚罷後，權兵部侍郎章穎、工部侍郎、知臨安府徐誼、國子祭酒李祥、國子博士楊簡、太府寺丞呂祖儉等亦先後上疏反對，皆遭罷去，太學生楊宏中等六人伏闕上書，被視為妄亂上書，遭五百里編管。[33]

監察御史吳獵亦言當時以內批造成人事頻繁異動的亂象：

---

30 《兩朝綱目備要》卷之4，慶元元年夏四月庚申，頁61。

31 《宋史》卷392〈趙汝愚傳〉，頁11989。此事另見袁燮《絜齋集》卷11〈樓鑰行狀〉：「趙嘗夢孝宗召入禁中，取御爐金瓶授之曰：『朕之用卿如此湯瓶』，又夢立班殿下，見白龍升天。未幾，上以縗服御極，其夢兆止此爾。而便謂定鼎乘龍，可乎？」，頁21。

32 《宋史全文》卷29，慶元元年二月戊寅，頁2439。

33 《宋史全文》卷29，慶元元年二月庚辰，權兵兵部侍郎穎與郡。工部侍郎、知臨安府徐誼罷去。甲申，國子祭酒李祥、國子博士楊簡上書留汝愚，李沐劾之。四月丁巳，太府寺丞呂祖儉上疏留趙，並論朱熹、彭龜年等不當逐，語侵韓侂胄。戊午，詔呂祖儉朋比罔上，送韶州安置。庚申，太學生楊宏中等六人伏闕上書，庚申，詔宏中妄亂上書，扇搖國是，各送五百里外編管。頁2440-2。

> 陛下臨御未數月，今日出一紙去一宰相，明日出一紙去一諫臣。……謂事不出於中書，是謂亂政。[34]

王介云：

> 陛下即位未三月，第免宰相。……崇寧、大觀間，事出御批，遂成北狩之禍，杜衍為相，常積內降十數封還。今宰相不敢封納，臺諫不敢彈奏，此豈可久之道。[35]

朱熹未罷官時，時任經筵的他就看到朝政的危機，而提出建言：

> 陛下即位未能旬月，而進退宰執，移易臺諫，甚者方驟進而忽退之，皆出於陛下之獨斷，而大臣不及與謀，給舍不及與議。……此弊不革，臣恐名為獨斷，而主威不免於下移。[36]

朱熹所謂「主威下移」也就是擔心皇帝的乾坤獨斷，最後是被其他人（如韓侂胄）利用進而排除異己。趙汝愚、朱熹等道學型官僚集團認為韓竊弄權柄，欲去之而不行，韓氏為自保，利用內批、御筆掌握臺諫及官僚集團中的中道人士，如陳騤（知樞密院事）、余端禮（參知政事）等，來達到主導朝政的目的。

掌握言官是權臣主導朝政的重要條件，有如黃度言：「給舍臺諫人主自用之，則威權在己，或臣下得而用之，則威權去矣。侂胄所以

---

34 《宋史》卷397〈吳獵傳〉，頁12086。魏了翁：《鶴山先生文集》（收入《宋集珍本叢刊》，北京市：線裝書局，2004年）卷89〈敷文閣直學士贈通議大夫吳公行狀〉，頁558上。

35 （明）楊士奇：《歷代名臣奏議》卷214，頁12上。

36 朱熹：《朱熹集》，卷14〈經筵留身面陳四事劄子〉，頁561-562。

能奔走群臣，無不附已者，由給舍臺諫之柄在其手耳。」[37]這也是朱熹等人最在意的事。

韓侂胄的權力來源，主要來自於寧宗對他的倚重，但他行政能力幹練，為人知進退，也是不可忽略的特點。如紹熙五年（1194）九月，韓升任承宣使，固辭，遷一官為宜州觀察使。十一月，除兼樞密院都承旨，又力辭。樞密都承旨的地位重要有如第四章第一節所言，孝宗常以近臣除授以便控制外廷，因此常引發爭議。韓氏深知此，也預料這個職位的除授是會引發朝野議論的，故想用力辭來以退為進，[38]可見韓深知以謀待動的為政之道，政治手腕是很高明的。

韓侂胄得到寧宗的信任，以內批為權力基礎，不斷擴張政治影響力。當時朱熹任寧宗經筵，曾多次勸誡寧宗防止威柄下移、佞臣干政，反而讓寧宗感到不耐煩，謂「始除朱熹經筵耳，今乃事事欲與」[39]，而詔朱熹去國，引發道學集團與親朱大臣的營救，他們為朱熹進言，對韓侂胄展開批評，尤以寧宗藩邸舊臣彭龜年攻擊最力，條數其姦，謂：

> 進退大臣，更易言官，皆初政最關大體者。大臣或不能知，而侂胄知之，假託聲勢，竊弄威福，不去必為後患。[40]

寧宗看完彭的疏文，私下對宰執表示為難：「韓侂胄是朕親戚，彭龜年是朕舊學，誠是難處」，有意兩留，最後彭龜年與郡，以煥章閣待制知江陵府，韓侂胄則進保寧軍承宣使、提舉佑神觀，並未受太大的影響。

---

37 袁燮：《絜齋集》卷13〈龍圖閣學士通奉大夫尚書黃公行狀〉，頁217-218。

38 黃俊彥認為韓侂胄力辭是對道學型官僚有所警戒。黃俊彥：《韓侂胄與南宋中期的政局變動》（臺灣師範大學歷史研究所碩士論文，1976年），頁39。

39 《兩朝綱目備要》卷之3，紹熙五年十一月戊子，頁51。

40 《宋史》卷393〈彭龜年傳〉，頁11998。

在朱熹、彭龜年紛紛罷去後，趙汝愚也因宗室身分「同姓居相位，非祖宗典故」罷宰執，趙汝愚除觀文殿大學士知福州，最後在往福州的路上病終。

寧宗初年的政爭，至此大致底定。其後，韓侂胄引用反道學官僚作為爭奪政權的助手，掌握臺諫，逐步鞏固其權勢基礎。韓侂胄雖然是兼具近習身分的權臣，但卻不能與孝宗時期的曾覿、龍大淵等同視之，因為寧宗的時空背景與君主的個人條件並不相同。韓氏能不斷持續權力的控制，走上執政的巔峰，除了寧宗對他的信任外，還有一個主要的原因，是他與其他官僚的合作。

史家對寧宗時期的道學官僚與反道學官僚的朋黨之爭，已有頗多論述。南宋道學朋黨已結為一體，有如樓鑰所論「士大夫好競之心，自相傾排，而生此厲階。」[41]又如劉光祖云：「因惡道學，乃生朋黨；因生朋黨，乃罪忠諫。因疾其學，而併攻其黨；因攻其黨，而併棄其言」[42]。因此韓侂胄啟偽學之禁，並非針對道學本身，而是防止道學官僚排擠之下的自保行為。[43]有如張端義所言：

> 韓侂胄柄國，皆由道學諸公激之使然，……寧廟即位，諸公便掩侂胄一日之勢，嗾臺諫給舍攻其專輒之罪。此時侂胄本不知弄權怙勢為何等事，道學公反教之如此為之弄權，如此為之怙勢，及至太阿倒持，道學之禍起矣。[44]

張端義的說法，把韓侂胄描寫的太過無辜，但也反映了一個現象，官

41 樓鑰：《攻媿集》卷20〈論道學朋黨〉，頁30-31。

42 《宋史》卷397〈劉光祖傳〉，頁12098。

43 黃俊彥：《韓侂胄與南宋中期的政局變動》，頁47。

44 張端義：《貴耳集》卷下，頁4311。

員之間為競求仕進，本來就會以各種方式，援引志同道合之士，排斥異己，這也是歷代朋黨之爭的根源。韓侂冑為了自保，也為了鞏固自己的權力基礎，加上道學型士大夫的政治理論，並不為寧宗所喜，才能成功的以黨禁排擠以朱熹、趙汝愚為首的道學型官僚。

韓侂冑擅長籠絡各種人才為己所用，將韓黨人及非理學集團的中間分子，盡可能安插在臺諫，等到朱、趙及理學型士大夫盡去，再掌握執政的重要職位，以貫徹其政治理念。故而，有如史家所言，韓侂冑起初援引反道學官僚作為爭奪政權的助手，在政爭獲勝後，逐步鞏固其權勢基礎，又欲立功自固，才有發動北伐之舉。[45]

如慶元黨禁的反道學官僚，就有京鏜、何澹、劉德秀、胡紘四人：

> 蓋侂冑用事以來，一等小人知素不齒於名教，懼一旦善類復用而已斥，於是横身以任其責。京鏜、何澹、劉德秀、胡紘四人，實專主偽學之禁，為韓侂冑斥逐異己者。群小附之，牢不可破，天下目此四人為魁憸云。[46]

京鏜如前所述，因他與趙汝愚有隙，[47]建議以宗室之名攻擊趙汝愚。據史載，京鏜與劉德秀「在侂冑之門最為凶險，侂冑未顯時，惟二人與之深交。及用事，侂冑所為暴虐，皆二人教之云。」[48]京鏜在慶元二年（1196）拜右丞相，得位後「於國事謾無所可否，但奉行侂冑風旨而已」。[49]京鏜薦引劉德秀給韓侂冑。劉德秀（1135-1207），為隆興

45 黃俊彥：《韓侂冑與南宋中期的政局變動》，頁141。

46 《宋史全文》卷29，嘉泰元年二月壬辰，頁2487。

47 見《兩朝綱目備要》，卷之6載：「京之前任四川，汝愚聞之：鏜望輕資淺，豈可當此方面？由是二人有隙。……（侂冑）繼擢執政，自是為侂冑謀主。」，頁104。

48 《兩朝綱目備要》，卷之6，慶元六年八月丁酉，頁104。

49 《宋史》卷394〈京鏜傳〉，頁13038。

元年（1163）進士。他歷任左迪功郎、知南康軍戶掾，潭州知長沙縣，朝奉郎，權發遣重慶軍撫事，大理寺主簿充山陵使屬，朝請郎等職。光宗紹熙五年（1194）九月，他擢升為監察御史，其後他因攀附韓侂胄，成為偽學之禁中韓黨的要角，故而一路擢升，慶元三年（1197）任工部尚書，兵部尚書，隔年又兼侍讀，轉任朝散大夫，兼實錄院修撰，吏部尚書。慶元五年（1199）改知婺州。開禧元年（1205）他反對韓侂胄的北伐政策，以資正殿大學士出知紹興府、浙東路安撫使，之後辭職歸鄉。卒後寧宗為他輟朝一日，贈太師職。

何澹（1146-1219）乾道二年（1166）進士，歷官祕書省正字、秘書丞、將作少監、國子祭酒、兵部侍郎等職。光宗即位，他拜右諫議大夫兼侍講，進御史中丞。曾為周必大所薦任學官，但因兩年不遷，留正上奏他才得以升官，以是彈劾周必大。時何澹的繼母過世，服喪期他卻不辭官，導致公論紛紛，其後何澹服喪終制，擔任煥章閣學士，知泉州、明州。寧宗即位，任御史中丞。他與趙汝愚也不合，因而附侂胄。[50]

胡紘（1137-1203）隆興元年（1163）進士。他是由時任刑部尚書的京鏜推薦，監都進奏院，遷司馬農寺主簿、祕書郎。淳熙十五年（1188）胡紘曾拜見朱熹於武夷山，朱熹待學子只有脫粟飯，胡紘不能接受，曾向別人說：「此非人情，隻雞樽酒，山中未為乏也。」遂之去。言下之意，他認為山中不是真的糧食匱乏，而是刻意為之。[51]胡紘其後任監察御史，先後彈劾趙汝愚、朱熹，論朱熹「不孝其親」、「不敬於君」、「不忠於國」、「玩侮朝廷」、「哭弔汝愚」、「為害風教」等六大罪，第六條又有「誘引尼姑以為寵妾」，「家婦不夫而孕」之言。他其後升任太常寺少卿、起居舍人，工部、禮部及吏部侍郎等

50 《宋史》卷394〈何澹傳〉，頁12025。
51 《宋史》卷394〈胡紘傳〉，頁12023。

職，嘉泰元年（1201）因同知貢舉考，宏詞不當而罷職鄉里。

由以上這四位韓黨在《慶元黨禁》裡的小傳，可以得知他們皆為進士出身，其中劉德秀、何澹都以詩文著名。其次，其中三人與趙汝愚有隙，思想上與道學並不接近，或者對道學家的行徑不以為然（如胡紘），因而附和韓侂胄，在黨禁之後也獲得擢升，作為政治上的回報。

嘉泰三年（1203），韓以知樞密院事兼參知政事陳自強為右丞相，參知政事許及之知樞密院事兼參知政事。陳自強則除蘇師旦為定江軍承宣使。周筠，原本只是韓侂胄家裡的一個小吏，又因他是韓皇后的姨夫，補官為浙西兵馬都監。[52]

韓侂胄對於用人，不論其德行，故而貪賄之事，頗為盛行：

> 侂胄用事，賄賂盛行，四方饋遺公至，宰執、臺諫之門人亦不以為訝。其所用如自強之徒尤貪鄙無狀，書題無並字輒不開。[53]

以上所言的陳自強（生卒年不詳）為淳熙五年（1178）進士，他可以說是韓侂胄當權時的最佳輔助，對他幫助甚大，但為人貪鄙收賄，德行不佳。史載有一選人住居閩中，因其父與陳自強有舊，因此入都請他幫忙求職，最後該人因贈送財寶，而得到職位。

陳自強考上進士後，因為沒有人脈，想求一個地方學官闕而不得，早年他曾一居住在臨安一家旅舍中，旅舍主人因善烹茶而常為韓侂胄烹茶，一日去三次，每月可得十千文。陳自強因此由旅舍主人牽線，與韓侂胄見面，韓侂胄稱他老儒，才能被埋沒，以嘗為韓侂胄童子師為名，提拔他任太學，後轉國子博士，入館半年，升任右正言，

52 《宋史全文》卷29，嘉泰三年五月戊寅，頁2497。

53 《宋史全文》卷29，嘉泰三年五月戊寅，頁2497。

右諫議大夫，御史中丞。[54]

觀其升遷，陳自強從入京選人到任執政不過短短四年。由於他德行不佳，此擢升是依附在韓的權勢之上而得，因此對韓氏可說言聽計從，每稱侂胄為「恩王、恩父」。[55]開禧元年六月（1205），陳自強及侍御史鄧友龍請用本朝故事，以韓侂胄平章軍國事。七月，韓侂胄立班丞相上，三日一朝，赴都堂治事。[56]

由此知，韓急須用人，因此以高官厚祿，籠絡不少有才無德之人。又如傅伯壽：

> 伯壽，自得之子。乾道間自得以不受曾覿之招，名聞四方。至伯壽，則奴事侂胄、隸人蘇師旦，致身通顯。其弟伯成非其所為，每切責之。[57]

但也有一些在朝廷中的游離分子，才德俱備，和韓侂胄是屬於部分理念上的合作。如倪思（1147-1200），湖南人，係朱熹私淑，和周必大有一些從游關係。他在乾道二年（1166）中進士，三十二歲時中博學宏詞科，學問相當不錯，歷任國子正、太學博士、太常博士、校書郎、祕書郎、中書舍人等，都是具有清望的職位。但他在政治上一向特立獨行，屬於各政營的游離角色，韓侂胄就籠絡他。倪思說：

> 當惟賢是用，以消朋黨之禍，不當問其何學也。[58]

54 《宋史全文》卷29，嘉泰四年三月甲戌，頁2500。

55 《宋史》卷394〈陳自強傳〉，頁12034。

56 《宋史全文》卷29，開禧元年六月壬子、七月甲子條，頁2504。

57 《兩朝綱目備要》卷4，慶元元年五月戊戌，頁10-11。

58 《宋史》卷398〈倪思傳〉，頁12114-5。魏了翁：〈顯謨閣學士特贈光祿大夫倪思墓誌銘〉，收入《鶴山先生大全文集》卷85，頁519下。

由此知倪思是沒有什麼黨同伐異的激進想法的，但他一向個性耿直，常在官場上得罪別人，也讓韓侂冑頗為苦惱。慶元元年（1195）倪思任吏部侍郎兼直學士院，韓侂冑曾對他說：「國事如此，一世人望，豈宜專以潔己為賢哉？」[59]希望倪思能改變一下自己處世的態度。他在慶元二年（1196）與韓黨人葉翥、劉德秀一起主持省試，但他最後還是被劾罷。

倪思其後任禮部侍郎兼直學士院時，就向寧宗上疏說：「士大夫寡廉鮮恥，列拜於勢要之門，甚者匍匐門竇，稱門生不足，稱恩坐、恩主甚至於恩父者，諛文豐賂，又在所不論也」，他針對的對象是韓侂冑的心腹蘇師旦，他雖沒有直接批評過韓侂冑，只說韓氏被蘇師旦蒙蔽，不夠聰明。[60]但也因為倪思個性耿直，無法溝通，韓侂冑只好令監察御史毛憲彈劾他將他罷官。

當然也有一些士人是始終拒絕與韓合作的。如楊萬里（1127-1206），紹興二十四年（1154）進士。他曾任太常博士，廣東提點刑獄，尚書左司郎中兼太子侍讀、秘書監等職。他在和戰立場上，一向力主北伐，抗擊金人，以恢復為志，因此也成為韓侂冑籠絡的對象。韓氏為當時所築南園先找楊萬里為之寫記，其後萬里拒絕，稱「官可棄，記不可作也」，而去職在家十五年。[61]韓侂冑因而改找陸游寫記。

以詩聞名的陸游（1125-1210），當時已致仕在家許久。慶元五年（1199）為韓侂冑撰〈南園閱古泉記〉，見譏清議，朱熹還說他「不得全其晚節」。[62]史載韓侂冑希望陸游再出仕，甚至「出所愛四夫人擘

59 《宋史》卷398〈倪思傳〉，頁12115。

60 魏了翁：〈顯謨閣學士特贈光祿大夫倪思墓誌銘〉，收入《鶴山先生大全文集》卷85，頁519下。

61 《宋史》卷433〈楊萬里傳〉，頁12870。

62 見《宋史》卷395〈陸游傳〉，頁12058。撰南園記事可見葉紹翁：《四朝聞見錄》，乙集〈陸放翁〉，頁65。

阮琴起舞，索公為詞，有飛上錦裀紅縐之語」。其後陸游雖未再入仕，但在他的〈南園記〉中，云「天下知公之功而不得公之志，知上之倚公而不知公之自處」，亦多有勉勵抗金中興之語來看，[63]有恢復之志的陸游與韓侂胄的志向是有相合之處的。

葉適為曾漸（1164-1206）所作的墓誌銘中，也可以看到有些傾向道學型的士人，在寧宗朝所作的政治選擇，是和韓侂胄合作的。曾漸是光宗紹熙元年（1190）進士，他歷任著作佐郎兼考工郎、知滁州、秘書丞，改著作郎傔兵部郎官、軍器少監、祕書少監。曾漸學養佳，在黨禁時一度求去，但其後他也成為韓侂胄合作的對象。時韓侂胄為平章軍國事，欲重用曾漸，又以之為檢點樞密院機速文字，曾漸力陳不可，改遷祕書監兼國史編修實錄檢討官，兼權中書舍人。當時韓侂胄常以親近的臺諫官，攻擊不附己的朝臣，曾漸說：「為察官者，今地位已高，必亢顏據要路，肆其噬搏，善人無類矣。」侂胄不敢違，為改一州使去。[64]

從韓侂胄在寧宗朝對朝政的控制及人事布局來看，韓侂胄藉由政治上的包容，結合一群和他密切合作的士大夫，以達到控制外廷的目的。而這些和他合作的士大夫，其中有的是利益的結合，有的是認同他的部分理念，也有的是藉著依附他來打擊政治上的敵人，而達成不同階段的合作關係。

第二節　士人議論之下的韓侂胄

本節的內容主要在討論，在韓侂胄得權的過程中，有士人是因不同觀點而反對他，但也有不少士人與他合作。韓侂胄不僅有皇帝的信

63 葉紹翁：《四朝聞見錄》，乙集〈陸放翁〉，頁66。

64 葉適：《水心集》卷21〈中奉大夫尚書工部侍郎曾公墓誌銘〉，頁382下-383上。

任與支持，也結合不同立場的士人，以議題導向建立合作關係，慶元黨禁中引用反道學官僚，打擊道學型士大夫，其後又與主戰派士人合作，推動北伐。

光宗初韓侂胄任武功大夫和州防禦使，用應辦賞直轉橫行，結果當時任給事中兼侍講尤袤出言反對，云：

> 正使有正法可回授，不可直轉，侂胄勳賢之後，不宜首壞國法，開攀援之門。

光宗不從，尤袤又言：

> 侂胄四年內已轉二十七年合轉之官，今又欲超授四階，復轉二十年之官。是朝廷官爵專徇侂胄之求，非所以為摩厲之具也。[65]

時任右正言、遷起居郎兼權給事中的謝深甫（1139-1204），也同樣反對此舉，並封還升遷韓侂胄的內降；云：

> 人主以爵祿磨厲天下之人才，固可重而不可輕；以法令提防天下之僥倖，尤可守而不可易。今侂胄驀越五官而轉遙郡，僥倖一啟，攀援踵至，將何以拒之，請罷其命。[66]

可知韓侂胄在光宗時就深受寵遇，他的外戚身分並非被重用的主因，而是他的個人能力相當不錯，因而升遷迅速，卻因此超過一般官員升遷的時間，引起尤袤、謝深甫的反對。兩人反對的原因都是以超遷破

65 《宋史》卷389〈尤袤傳〉，頁11927-8。

66 《宋史》卷394〈謝深甫傳〉，頁12039。

壞制度來著眼，並沒有提及韓氏的外戚身分，可見當時多數士人未將韓侂冑當成是要提防的外戚看待。

尤袤（1127-1194），高宗紹興十八年（1148）進士，他出生於江蘇無錫的書香門第，從小有神童之名，十五歲就以詞賦聞名於地方。他初任泰興縣令，因政績佳而奉調入京，任秘書丞兼國史館編修官和實錄院檢討官，並任太子侍讀。但因反對張說任簽書樞密院事，而被貶為台州（今浙江臨海）知州。（見第四章第一節）尤袤歷任淮東與江東的提舉常平，又升任江南西路轉運官兼隆興知府，凡任官之處，百姓樂業，對他爭加讚譽，因而他在淳熙九年（1182）又被召入京城，任太子侍講、樞密檢正兼左諭德。尤袤是光宗潛邸時的學官，但卻看不慣光宗任用姜特立等親信，因而不受重用。

以尤袤的任官經歷來看，他學養佳、能力強，因與姜特立等人不合，被視為周必大一黨，應是屬直臣類型的文官。韓侂冑此次的遷轉，尤袤當時已年近七十，任職位尊但無實權的給事中兼侍講，光宗雖然不喜歡他，幾次上諫都惹得光宗憤怒不已，但因兩人有師生之誼，加上他的上奏有理有據，光宗也常只能隱忍，故侂冑的超遷也因尤袤的上奏而中止。

最早提出韓侂冑的外戚身分的，為曾為嘉王翊善，後任吏部侍郎的彭龜年：

> 臣伏見祖宗待外戚之法，遠監前轍，最為周密，不令預政，不令管軍，不許通宮禁，不許接賓客，不惟防禁之，使不害吾治，亦所以保全之，使全吾之恩也。
>
> 臣伏見知閤門事韓侂冑，乃太皇太后之懿親，而中宮視之亦尊行也，其人本是世家，慨慷喜事，陛下入踐大寶，侂冑嘗效微勞，士大夫以此頗多之。然日來籍籍，皆云數入禁近，干預政

> 事，臣固知陛下英睿明斷，于天下事無不習練，何資此徒？然陛下進退大臣，更易言路，皆初政最關大體也。其所以進退之由，更易之故，大臣或不能知，而侂胄能知之，大臣或不能言，而侂胄能言之，不知侂胄何以得此？彼其假託聲勢，竊弄威福，顧其術則然。然而天下治亂，君子小人之消長，止在人材進退之間，人君所以審擇而自執之者。一旦外戚乃得陰乘其機，簧鼓于外，則陛下總攬之權，恐為此人所盜矣。[67]

彭龜年的上疏，先從祖宗之法中防外戚開始談起，接下來談及韓侂胄的外戚身分，因吳太后之親故，有從龍之功，士大夫也頗多稱道之。然而卻對政事多所干預，大臣職位之更易，唯韓侂胄知之，豈不是小人橫行，外戚陰乘其機，行奪權之實？

彭龜年為孝宗乾道五年（1169）進士，年少時從朱熹、張栻學，向他們詢問學問。初任袁州宜春縣尉、吉州安福縣丞之職，因政績不錯，入京升任太學博士，兼魏王府教授。由侍御史林大中推薦，光宗時他被任命為御史臺主簿，又改任司農寺丞，升任祕書郎兼嘉王府直講。

彭龜年早年喪父，他侍母至孝，性格耿直，與朱熹、趙汝愚等道學型士人交好。由於他曾任嘉王府直講，寧宗對他也很信任。彭對有從龍之功而得權的韓侂胄早有警惕，曾與朱熹論韓侂胄之奸，而朱熹上疏被絀，彭欲與之共進退，數次上奏論侂胄之奸，寧宗先是說「侂胄朕之肺腑，信而不疑，不謂如此」，批下中書。[68]彭再上疏求去，寧宗詔侂胄與內祠，彭龜年則以煥章閣待制知江陵府、湖北安撫使。

---

67 彭龜年：《止堂集》卷5〈論韓侂胄干預政事疏〉，時為紹熙五年十二月初九，頁71-73。

68 《宋史》卷393〈彭龜年傳〉，頁11998。

除了彭龜年外，華岳也曾上書，言及韓的外戚身分：

> 侂胄以后族之親，位居極品，專執權柄，公取賄賂，畜養無籍吏僕，委以腹心，賣名器，私爵賞，睥睨神器，窺覘宗社，日益炎炎，不敢嚮爾。此外患之居吾腹心者也。[69]

華岳，字子西（生卒年不詳），他是在韓侂胄當國時在武學讀書的學生。上面的引言是他的上書，除了指出韓侂胄以外戚當國，公取賄賂敗壞朝綱外，也提到不少朝臣如庸瑣之資如蘇師旦者流，或諛佞之臣如陳自強者流，阿附侂胄而入朝任官，甚至致身顯貴，私植黨羽，陰結門第，「惟知侂胄，不知君父」。華岳的上書奏後，韓侂胄大怒，將華岳下大理寺囚禁。直到韓侂胄誅，華岳才放還，復入學登第，後任殿前司官屬。[70]

時人對韓侂胄的批判，除了少數如彭龜年、華岳以戚里用事的角度提出外，其餘士人對他的看法，多從他以近習身分而得權來議論。如朱熹先以光宗寵信近習陳源等人為例，隱晦的告訴寧宗為政之道：

> 然積習成風，貽患於後，其害已有不可勝言者。如陳源、袁佐之流，皆陛下所親見也。奈何又欲襲其而蹈之乎？[71]

朱熹進而提出，願寧宗深詔「左右勿欲朝政」，此篇向皇帝的建言，並沒有指名道姓攻擊特定之人，但憂心近習之禍再度發生，是朱熹上

69 《宋史》卷455〈忠義傳〉，頁13375。

70 《宋史》卷455〈忠義傳〉，頁13378。據史載，華岳後欲謀去丞相史彌遠，下臨安獄，被史彌遠杖死於東市。又見葉紹翁：《四朝聞見錄》甲集〈華子西〉，頁26。

71 朱熹：《朱熹集》，卷14〈經筵留身面陳四事劄子〉，頁560。

疏的主要目的，也是許多反韓侂胄的士人，議論的重點。

劉光祖也曾因韓侂胄寖擅威福，言及「政令當出中書，陛下審而行之，人主操柄，無要於此」，[72]作為提醒。

劉光祖（1142-1222）為孝宗時進士，任劍南東川節度推官。他為趙汝愚推薦，光宗時被召入京城，任命為軍器少監兼權侍左郎官。劉光祖個性耿直，趙汝愚曾說他論諫激烈有如蘇軾，懇惻似范祖禹。因他論奏而貶官者不少，如戶部尚書葉翥、中書舍人沈揆等，因「結近習，圖進用」，劾罷之。寧宗即位後，任侍御史，改司農少卿，又進起居舍人。曾云：

> 上新即位，豈宜使外戚閤門用事？[73]

又論：

> 政令當出中書，陛下審而行之，人主操柄，無要於此。知閤門事韓侂胄浸擅威福，故首及之。遷起居郎。[74]

對韓的外戚、近習身分得權，不以為然。且再三云：「臣非助熹，助陛下也」，寧宗不聽。韓黨劉德秀因而劾光祖，致他出為湖南轉運判官。慶元黨禁時，劉光祖亦為偽學黨人之一，直至韓侂胄誅後才復官。

張維玲認為，韓侂胄與孝宗時的近習曾覿同質性很高，都是以恩補官，都做過閤門祗候，也都是由武官的升遷系統做升至節度使，並以奉內祠的名義留在皇帝身邊，且有寄祿官的最高階「開府儀同三

72 《宋史》卷397〈劉光祖傳〉，頁12100。

73 真德秀：〈劉閣學墓誌銘〉，《西山先生真文忠公文集》卷43，頁461下。

74 《宋史》卷397，〈劉光祖傳〉，頁12100。

司」之職。此外，韓侂胄尚兼樞密都承旨，反映南宋中期近習勢力的近一步膨脹。[75]近習勢力的膨脹，自然不為一些士人所樂見，由劉光祖、朱熹等人對韓侂胄的議論，亦可印證之。

朱熹在寫給黃東的一封信裡，曾提到趙汝愚對韓侂胄認識不清，留下後患：

> 趙公相見有何語？當時大事不得不用此輩，事定之後，便須與分界限，立紀綱。若不能制而去，亦全得朝廷事體，不就自家手裡壞卻。去冬亦嘗告之，而不以為然，乃謂韓是好人，不愛官職。今日弄得朝廷事體郎當，自家亦立不住，畢竟何益？且是群小動輒以簒逆之罪加人，置人於族滅之地，以苟自己一時之利，亦不復為國家計，此可為寒心者。[76]

在朱熹的信裡，韓侂胄不僅不是好人，還是一個害得朝廷事體失當，屢以簒逆之罪加諸於人的「小人」。其實朱熹早在內禪事後，勸趙汝愚應以厚禮陳謝韓侂胄，「處以節鉞，居之國門外」，[77]只是趙以為然，而失了先機。而這個深得君主信任的「小人」，卻在朝中結黨營私，排斥異己，怎不令道學型士大夫擔心不已呢？

大凡朋黨問題，向來為帝王所惡，前代亦有朋黨之爭而引起的黨禍，北宋不少文人提出朋黨的論點，主張君子、小人皆有黨，破除朋黨的方法，就是辨別誰是君子，誰是小人，君主應進君子而遠小人。[78]

---

75 張維玲：《從南宋中期反近習政爭看道學型士大夫對「恢復」態度的轉變（1163-1207）》，頁113。

76 朱熹：《朱熹集》，卷29〈答黃仁卿書〉，頁1244。

77 葉紹翁：《四朝聞見錄》乙集〈趙忠定〉，頁51。

78 歐陽修：《歐陽修全集》（北京市：中國書店，1992年10月），居士集卷17〈朋黨論〉，頁124-125。劉子健：《歐陽修的治學與從政》（香港：新亞研究所，1963年）。

另一派主張君主應超然執中，毋有所偏向，兼容並蓄。[79]

從彭龜年的上疏看來，他的黨派意識比較強烈，認為君主應審慎選擇君子，朱熹也說：「君子欲為其事，以苟於法而不得騁；小人卻徇其私，敢越於法而不之顧」，[80]君子、小人道不同不相為謀，黨同伐異之下，也形成與之不同意見之人，極難在朝中形成共識，甚至與之共事。因此，韓侂胄發動慶元黨禁，排斥道學型官僚，除了爭奪權力外，也是一種自保的舉動。

上面引用的幾個例子，大多都是與韓侂胄站在對立面的士人，對他在朝廷的執政的批評與議論。那麼與韓侂胄在某些議題上有合作的士人，又是如何看待他呢？

葉適（1150-1223）為光宗淳熙五年（1178）進士，且為榜眼，曾任平江府觀察推官。後除太常博士兼實錄院檢討官，曾經推薦陳傅良等三十四人給丞相，時稱得人。在紹熙內禪時，葉適曾告宰相留正，與之入奏立嘉王為皇太子。又曾告知閤門事蔡必勝，蔡必勝與宣贊舍人傅昌朝、宦官關禮與知閤門事韓侂胄定計，奏請吳太皇太后垂簾，促成內禪之事。

在內禪時葉適與趙汝愚、韓侂胄都有往來，但從葉適當時與蔡必勝連絡一事看來，葉適與韓侂胄相交不深，趙汝愚任相，韓侂胄沒有得到封賞，頗為怨懟，葉適曾勸趙說：「侂胄所望不過節鉞，宜與之」，但汝愚不從。[81]葉適於是力求補外，以太府卿出為總領淮東軍馬錢糧。不久，應召入京，除煥章閣待制，兼侍講，但不久寧宗就除葉適宮觀職。

79 如陳耆卿主張，朋黨各務立異以求勝，然事難苟異亦難苟同，但只能絕其私較其異同，才能消除朋黨弊端。見氏著：《篔窗集》，卷1〈朋黨論〉，頁5。

80 朱熹：《朱子語類》，卷108〈論治道〉，頁2688。

81 《宋史》卷434〈葉適傳〉，頁12891。葉適嘆曰：禍自此始矣！遂力求補外。

慶元黨禁發生後，葉適也受到牽連。慶元三年（1197）御史胡紘劾之，葉被降兩官後罷職。嘉泰三年（1203）弛黨禁，葉適知泉州入京應對，上劄子云：

> 臣聞治國以和為體，處事以平為極，和如庖人之味焉，主於養口，而無酸鹹甘苦之爭也。……故善調味者必使眾味不得各執其味，而善制器者必能消眾不平，使皆効其平。人臣誰無有己，惟明主能使其忘己。[82]

由上文可知，葉適雖被列為偽學黨人，但以大局為重的考量，使他說出「臣欲人臣忘己體國，息心既往，圖報方來可也」的話，與韓侂冑有意結束黨禁的想法不謀而合。在入對後，葉適任權兵部侍郎，並向韓侂冑推薦韓鑰、丘崈、黃度等三人，均與郡。其後葉除工部侍郎、改任權吏部侍郎兼直學士院，韓侂冑北伐對葉適頗多倚重，欲葉適為之草詔，但葉認為韓侂冑處事太急，以生病理由辭職，又因韓不聽葉適對防守長江的戰略建議，一意孤行而失敗。[83]

可能是因為葉適曾與韓侂冑有合作的關係，葉對韓的看法並不像有些人完全傾向於負面，而是忠實的反映出韓在政治運作過程裡的角色。葉適曾為徐誼、蔡必勝寫墓誌銘，這些人在內禪過程裡都與韓侂冑有交往或合作的關係。蔡必勝和韓同為閤門官，徐誼曾向趙汝愚推薦蔡必勝、韓侂冑為向吳太后遊說的人選。在〈徐誼墓誌銘〉中，葉適記載韓在得志後益發驕恣，徐誼悔不當初的景象。[84]

---

82 葉適：《水心集》卷1〈上寧宗皇帝劄子〉，頁47下。

83 《宋史》卷434〈葉適傳〉，頁12893。

84 見葉適：《水心集》卷21〈寶謨閣待制知隆興府徐公墓誌銘〉：「侂冑既得志，則驕肆，公面誨之慚恨，故得禍最酷，流落十年不復用。」，頁382上。

陳傅良從弟陳謙（1144-1216），與葉適在政治上的處境頗有相似之處。陳謙因為曾是趙汝愚的門客，在黨禁時論起坐斥。黨禁弛禁後，起為提點成都路刑獄，頗得蜀人敬愛。其後移京西轉運判官，復直煥章閣。[85]葉適為陳謙所作的墓誌銘中，肯定韓侂冑北伐為「復讎大義」，但北伐為國家大事，宜豐儲實邊，教而後戰，做好完善的準備。[86]或許這可以說明陳謙與葉適都選擇盡棄前嫌，與韓侂冑合作的原因。[87]

有如葉適曾言：

> 今夫利有便於民，而決為之計，有所不合於眾，而勇行之。昭然號於人曰：此吾君之所欲，天下莫能違也。然利興而民怨，計行而眾誹，社稷危矣。而君誰與安？是以昔之君子，言不苟，徇必依於道，事不苟，悅必顧於理，其所以慨然而力爭，堅守而不變者，凡皆以為社稷也。[88]

對葉適來說，肯定韓侂冑的北伐志向，是他選擇與韓合作的原因，雖然葉適曾因黨禁取禍，但有如上言為「社稷」故，又有什麼不能拋開的呢？然而，韓侂冑在北伐一事上，無法徐徐圖之，太急於創下功業，又不聽從葉適的建議，最後未能成功。

慶元黨禁時，由依附韓侂冑的宰相京鏜、臺諫劉德秀、胡紘、何

85 《宋史》卷396〈陳謙傳〉，頁12079。

86 葉適：《水心集》卷25〈朝請大夫提舉江州太平興國宮陳公墓誌銘〉，頁448下。

87 據《宋史》記載，陳謙曾與韓在論襄帥皇甫斌、李奕罪有不同意見，求罷官。但未成，遷司農少卿、湖廣總領，除宣撫司參謀官。其後韓侂冑死，他再度被罷官。由於他曾稱侂冑為「我王」，士論由是鄙薄其為人。見《宋史》卷396〈陳謙傳〉，頁12079。

88 葉適：《水心集》卷27〈寄王正言書〉，頁479下。

澹等人主導並發動對道學型士大夫的攻擊。慶元四年（1198）以後，黨禁有弛禁之象，慶元五年（1199）時任吏部侍郎胡紘因坐同知貢舉考宏詞不當而罷，其後廢於家。[89]七月吏部尚書劉德秀亦罷官，出知婺州。慶元六年（1200）京鏜卒，京鏜是韓侂胄極為重要的羽翼。[90]嘉泰元年（1201）何澹因反對韓侂胄除吳曦為利州西路之統帥，亦罷知樞密院事，任資政殿大學士，後知福州。[91]反道學官僚的勢力漸漸衰微，溫和派則主張部分黨禁中人，得以起用。隨著韓侂胄有意北伐，想要緩和與道學派士大夫的關係，因此與韓合作士大夫群體，也有了變化。

嘉泰二年（1202）趙汝愚被追復為資政殿學士，黨禁人物如徐誼、劉光祖、陳傅良、葉適、項安世、章穎、薛叔似、詹體仁、游仲鴻等人，先後復官。十月復周必大為少傅，留正為少保，至此為時八年的慶元黨禁終告結束。

在此同時，原本與韓交好的官員，有的則因不支持韓的北伐主張，而遭罷免。如參知政事張孝伯、原為韓黨的劉德秀出知婺州。[92]但也有因主戰北伐者，因志向與韓相合，受到重用。如鄧友龍。鄧友龍原為張栻門人，他得沿邊盜賊號為「跳河子」者，將陳說利害，獻給韓侂胄，乃以鄧友龍為侍御史。嘉泰四年（1204）辛棄疾入奏邊事，鄧友龍響應北伐之說。但也因為其後北伐失利，鄧友龍也為之所罷。[93]

---

89 《宋史》卷394〈胡紘傳〉，頁12024。又見葉紹翁：《四朝聞見錄》，甲集〈胡紘、李沐〉頁17-18。

90 《宋史》卷394〈京鏜傳〉，頁12037-12038。又見《兩朝綱目備要》卷之6，慶元六年閏二月庚申，京鏜為左丞相，謝深甫為右丞相，何澹知樞密院事兼參知政事，頁99。八月丁酉，京鏜薨。頁103。

91 《宋史》卷394〈何澹傳〉，頁12026。

92 《兩朝綱目備要》卷之8，嘉泰四年夏四月乙巳，以費士寅兼知樞密院事，張孝伯參知政事，錢象祖賜出身，同知樞密院事，頁144。

93 《兩朝綱目備要》卷之9，開禧二年三月癸巳，程松宣撫四川，吳曦副之。甲午，

開禧元年（1205）七月，韓侂胄任平章軍國事，三日一朝，赴都堂治事，為了掌握內廷，韓也安插親信蘇師旦領閤門事：

> 詔韓立班丞相上，三日一朝，赴都堂治事。樞密都承旨蘇師旦為安遠軍節度使，領閤門事。[94]

道學黨人中，因主北伐受起用的，如徐誼知江州，募兵訓練，尋除寶謨閣知建康府，兼制置江淮，移知隆興府。徐誼曾經和紹興時期的老將交好，對於行陣佈兵之法，頗有領會。[95]葉適，起為湖南轉運判官，遷知泉州。為韓所重，又除權兵部侍郎。[96]吳獵為廣西轉運判官，除戶部員外郎總領湖廣江西京西財賦，準備備戰之事。又除祕閣修撰，主管荊湖北路安撫司公事知江陵府，開禧二年（1206）任湖北京西宣撫司使，知江陵府，吳曦叛變後，以刑部侍郎充四川宣諭使。[97]又如薛叔似知贛州，進權兵部侍郎，兼國用司參議官。開禧二年（1206）任湖北京西路宣諭使，後以兵部尚書充湖北京西路宣撫使。[98]項安世知鄂州，除戶部員外郎湖廣總領，曾率兵解德安之圍。又改權宣撫使，升太府卿。其後權湖北京西宣撫使，招地方為兵，名為項家軍。[99]但項安世在開禧三年（1207）吳曦被誅後，隨著韓侂胄被殺，他與吳獵

鄧友龍宣諭兩淮。頁160。羅大經：《鶴林玉露》卷之2乙編〈韓平原客〉，頁139-140。周密：《齊東野語》卷3〈誅韓本末〉，頁54-55。魏了翁：《鶴山先生大全集》卷63〈跋北山戆議〉，頁325上至下。

94 《宋史全文》卷29，開禧元年秋七月甲子，頁2504-2505。

95 《宋史》卷391〈徐誼傳〉，頁12085。

96 《宋史》卷434〈葉適傳〉，頁12893-12894。

97 《宋史》卷397〈吳獵傳〉，頁12087。又見魏了翁：〈敷文閣直學士贈通議大夫吳公行狀〉，收入《鶴山先生大全文集》卷89，頁558-559。

98 《宋史》卷397〈薛叔似傳〉，頁12092。

99 《宋史》卷397〈項安世傳〉，頁12090。

反目，又被劾降為奉議郎。詹體仁知靜江府，移知鄂州，除司農卿湖廣總領，但他於開禧二年二月卒。[100]

從慶元黨禁到開禧北伐，韓侂冑都能以政策導向，尋找支持的士人，最後透過權力的結合，以遂行其意志。有如黃寬重曾指出，在政局驟變中，士人藉由調整立場或態度，來維持自身利益，仕途的榮辱禍福是難料的，事後評價也會變化不一。[101]士人隨議題決定其合作對象的「彈性」，也是韓侂冑能找到合作士人的一個關鍵。

韓黨中人，亦有以私人感情為基礎的心腹存在，如之前提到的陳自強即是。

此外另有程松、張巖、劉三傑等人，以依附韓的權勢為主。程松（生卒年不詳）為進士出身，歷任湖州長興尉。慶元年間，韓侂冑有北伐之志，重用吳曦，程松當時任知錢塘縣，便和吳曦交好。據《宋史》載，韓侂冑有一愛姬因犯事被韓逐出，程松聽說此事，以百千錢買回，隆重供養並安置中堂，夫婦侍奉恭謹。不久，韓侂冑召回愛姬，愛姬說出程松厚待之事，侂冑大喜，任命程松為幹辦行在諸軍審計司、守太府寺丞，不到十天，擢升為右正言、諫議大夫。開禧北伐時，程松任宣撫使，率三萬軍隊駐守興元府，後來吳曦叛金，獻出關外四州地，求為蜀王。程松得知有人告發吳曦，還不相信吳曦已叛降，金兵伐成州，守將逃亡，程松向吳曦求援，吳曦回以「當發三千騎往」但其實只是騙他。吳曦叛降被殺後，程松也受到牽連，落職並安置筠州居住，最後死於賓州。[102]

張巖（生卒年不詳）為乾道五年（1169）進士，歷官監察御史、

---

100 《宋史》卷393〈詹體仁傳〉，頁12021。

101 黃寬重：〈南宋政治史研究的三重視角〉，收入《藝文中的政治：南宋士大夫的文化活動與人際關係》，頁62。

102 《宋史》卷396〈程松傳〉，頁12077-12078。

殿中侍御史、給事中等職，以阿附韓侂胄得權。開禧二年（1206）遷樞密院事，北伐時，代丘崈督視江淮軍馬。吳曦叛降伏誅後，韓侂胄派張巖遣畢再遇、田琳合兵剿敵，未成。最後張巖以言不知兵，求去。侂胄死後，張巖與蘇師旦都被論罪奪官。[103]

劉三傑（生卒年不詳）也是依附韓的臺諫官，他在史籍上資料不多，只知他在黨禁時，與胡紘等人論朱熹、趙汝愚等偽黨，後出知州官。他因有疣疾，某次受寧宗召見時，因體態不佳，「傴僂扶陛檻以下」，上震怒，手批「劉三傑無君，可議遠竄。」但因韓侂胄上前救解，「免所居郡，斥三秩云」。[104]

又如前面曾提到的謝深甫，他曾在光宗時任給事中，因知閤門事韓侂胄破格轉遙郡刺史，他因而封還內降，表明反對之意。姜特立受詔用，深甫也曾力爭。寧宗即位，他任御史中丞兼侍讀，時禮官議祧僖祖，侍講朱熹以為不可，深甫認為「宜從熹議」，看來是較傾向道學型士人的官員。《宋史》中並未提及謝深甫與韓侂胄相近。但據《續編兩朝綱目備要》載：

> 深甫，侂胄之黨也。先是，侂胄恃功，意望建節，恨趙汝愚抑之，有怨言，簽書羅點慰解之。徐誼為京尹，勸汝愚以節度使授之，汝愚悔，遣人諭侂胄，侂胄答語不遜，遂日夜謀引其黨為臺諫，以擯汝愚，汝愚為人踈直，不虞其姦。...侂胄遂以內批除深甫御史中丞。[105]

這似乎可以說明謝深甫在慶元元年（1195）升任簽書樞密院事，又遷

103 《宋史》卷396〈張巖傳〉，頁12080。

104 葉紹翁：《四朝聞見錄》，甲集〈劉三傑扶陛〉，頁26-27。

105 《續編兩朝綱目備要》卷之三，紹熙五年八月乙卯，頁41。

參知政事，再遷知樞密院事兼參知政事，最後進金紫光祿大夫，拜右丞相，一路高升的原因。慶元黨禁時，謝深甫曾反對斬朱熹，絕偽學。[106]除了貶斥趙汝愚他曾和韓侂胄合作外，其他傾向中立與明哲保身的立場。以致他能在韓侂胄死後仍能屹立不搖，官拜少保、少傅。謝深甫的孫女即是理宗的謝皇后。

韓透過權術、利益的籠絡，透過不同議題的合作，形成數個合作群體，雖然他的出身和得權原因，隱然阻礙了道學型士大夫對他的認同，然而他能結合其他陣營，並控制臺諫，以致能逐步鞏固其權力基礎。如吳琚在彭龜年論侂胄被貶後曾說：

> 上初無堅留侂胄之意，有一人繼言之，去之易爾。而一時臺諫皆其支黨，執政大臣又多與之相表裡者，卒稔其惡，以底大僇。[107]

又如魏了翁云：

> 侂胄踵秦檜之轍，如出一軌。自先帝初政，吳獵、劉德秀同入臺，一薰一蕕，命自中出，人已知事執之異。重以韓氏日盛，援助德秀，同時善類一網打盡。由是臺諫皆用私人，或明示風指，或迎合時意，公論拂鬱，朝綱紛擾。[108]

韓侂胄在慶元二年（1196）任開府儀同三司、萬壽觀使，四年

---

106 《宋史》卷394〈謝深甫傳〉，頁12040-12041。

107 《宋史全文》卷30，寶慶元年三月癸酉，頁2592。

108 魏了翁：《鶴山先生大全文集》卷18〈應詔封事〉六，「復臺諫舊典以公黜陟」，頁756下至757上。

（1198）五月加太子少保，五年（1199）九月加少師，封平原郡王。六年（1200）十月加太傅。嘉泰二年（1202），加太師。開禧元年（1205）兼平章軍國事。他的權位不因吳太皇太后（慶元三年，1197去世）、韓皇后（慶元六年，1200去世）先後離世而有改變。有些史家認為或因韓侂胄和吳太后、韓皇后之間，並非直接的外戚關係（姑姪／父女），因此才讓素來不用外戚的宋代祖制，忽略了他的外戚身分，本人則不認為是如此。韓侂胄以內禪有功，得到不擅長政事的寧宗的倚重，他有個人能力，也得到許多士人的支持（至於這些士人是否為儒家認為的「君子」是另一回事）。他的得權，是由依附寧宗的皇權而來，不是由於他的外戚身分，因此吳太后與韓皇后的存在與否，都不會影響他的地位。

嘉泰二年（1202）寧宗立楊氏為后，兄楊次山為外戚，原為太學生，被讚為「能避遠權勢，不與人事，論者以為得外戚之體」，恰與太傅兼太師韓侂胄成為對比。史載：

> 講義曰：「外戚不得預政，此祖宗家法也。」自建隆至紹熙，列聖相承，不敢失墜。雖以曹佾之賢，處帝舅之重，神宗皇帝欲除佾為中書令，而呂申公力言其不可。聖君賢相所以防微杜漸之意，蓋可見矣。惟政和六年，鄭居中由顯肅皇后之親拜為太宰，此以往之失，不可效尤也。侂胄何人？夤緣戚里，干預朝政，且躐處帝師之任，是祖宗三百年之家法，至侂胄而盡壞之矣。[109]

在韓侂胄被殺後，對於他的評價又集中在他的外戚身分以及對朝政的

109 《宋史全文》卷29，嘉泰二年十一月甲申，頁2495。

影響上。尤其是自孝宗以來實施繞過中書、而政令由皇帝獨斷的專權形式，也是韓侂胄能掌權的原因之一。

為了防微杜漸，以韓侂胄為鑒，嘉定元年（1208）出現許多檢討寧宗前期朝政的疏文，其目的是避免專斷的權臣再度出現。時任右丞錢象祖上奏：

> 國家萃幾務於中書，而總之以二三大臣。此其任甚重，甚責甚專。昨自憸人弄權，率意妄作，政令之施設，始有不由中書，人才之用舍，始有不由廊廟。……故臣願陛下自今以始，凡舉一事，凡用一人，若大若小，若內若外，必與臣等公議而行之。凡特旨內降，一切不如，或獨有蹈常襲故者，容臣執奏，一切不行。庶幾國是不搖，倖門不啟。或臣等議有未盡，行有未當，給舍得以繳駁，臺諫得以糾正，必無偏黨，上累聖知。[110]

錢象祖上言所謂弄權的「憸人」就是指韓侂胄。韓當國以來，政令施行與人才任用都不經過中書，而以內降、御筆施行，因此為避免近習、親倖得權違法亂政，應將政務歸於中書，若有不當之處，也有給舍可以繳駁，臺諫可以糾舉，這樣即可保證公正行事。

兵部尚書兼侍讀倪思在韓侂胄被誅後，也對寧宗說：「大權方歸，所當防微，一有干預端倪，必且仍蹈覆轍。厥今有更化之名，無更化之實。今侂胄既誅，而國人之言猶有未靖者，蓋以樞臣獨兼宮賓，不時宣召。宰執當同班同對，樞臣亦黨遠權，以息外議。」樞臣，謂史彌遠也。[111]史彌遠後來上章辯解，倪思求去，出知鎮江府。

---

110 此上奏由劉宰代擬。見劉宰：〈代錢丞相奏劄〉，收入《漫塘集》（四庫珍本，臺北市：臺灣商務印書館，據1935重印）卷13，頁22。

111 《宋史》卷398〈倪思傳〉，頁12215。

這樣的省思，也沿續至理宗時。真德秀（1178-1235）曾在上理宗的一篇疏文中，提及為政之道，並以寧宗朝為例：

> 寧宗皇帝優容狂瞽，嘉歎再三，而權臣寡識，懞不自省，自是二十餘年，德政未嘗增修，人心惟益恣怨。[112]

理宗時代也有權臣問題，真德秀想以寧宗的政治情形來提醒理宗，為君者不應放任權臣，以致德政不修，政令不行。對韓的外戚身分，真德秀在他為別人所作的墓誌銘裡也提到：

> 昔先皇帝初踐阼，不自神聖虛懷任人，韓侂胄以戚畹出入禁中，倚御筆徙兩諫官，違己者將陰竊國柄，侂胄自是專輒。……而韓之門重灼矣，群私小人一律附和。[113]

又如：

> 先是，吏部侍郎彭公龜年與公素善，每相接，必慨然竊歎：上新即位，豈使外戚閤門用事，欲深論之，小人覘知其意，使出護使客，又斥朱公以孤其黨。[114]

在〈陳峴墓誌銘〉中記墓主陳峴任太學時曾上策：「帝王號令不可輕出，儻不經三省施行，從中徑下，外示獨斷，內啟倖門，禍患將伏於中而不自知」，時韓侂胄已居中用事，假御筆弄權，陳峴也因此策而

112 真德秀：《西山先生真文忠公文集》卷13〈召除戶書內引劄子〉，頁22。

113 真德秀：《西山先生真文忠公文集》卷46〈宋集英殿修撰王公墓誌銘〉，頁519。

114 真德秀：《西山先生真文忠公文集》卷43〈劉閣學墓誌銘〉，頁461。

致禍，被降職祕書省任職。[115]

這些都可以看到在韓侂胄被誅後，他以權臣之姿留下的政治影響與士人對他的看法。

韓侂胄的出身（外戚、近習）及執政爭議，也常在宋人筆記小說記載，且多帶有鄙視的口吻：

> 開禧議和，王都廂柟為行人，有一伴使顏元者，問韓侂胄是什麼人，答云：「魏公之孫，吳太后之肺腑，有擁佑之功。」[116]

又：

> 韓用事久，人不能平，又所引率多非類，市井有以片紙摹印烏賊出沒於潮，一錢一本，以售兒童。且誦言曰：「滿潮都是賊。」市尹廉而杖之，又有賣漿者，敲其盞以喚人曰：「冷底吃一盞」，冷謂韓，盞為斬也。[117]

或許在民間，韓的聲望極差。但在朝廷政事的公開討論上，韓侂胄的外戚出身，除了少數如彭龜年等人外，其他人極少提及。他們對韓的議論，是他以御筆方式控制政權，以致政柄下移，壞了朝廷法制，是他的得志驕恣，專恣以黨議以打擊異己，而這些異已不是別人，是朱熹，是趙汝愚，也是如黃裳所言：「事君忠，居官廉，憂國愛民」的賢能之士。

---

115 真德秀：《西山先生真文忠公文集》卷44〈顯謨閣待制致仕贈宣奉大夫陳公墓誌銘〉，頁474。

116 張端義：《貴耳集》，卷上，頁10。

117 葉紹翁：《四朝聞見錄》，戊集〈滿潮都是賊〉，頁189。

第三節　外戚與權臣之間：賈似道

賈似道（1213-1275），浙江天臺縣人，是理宗中期到度宗時期最重要的權臣，他名列《宋史》〈姦臣傳〉，民國以前的史家大多把宋代亡國的責任歸於他，[118]本節主要聚焦於賈似道的得權原因及他的外戚身分。

賈似道父親賈涉（1178-1223），以蔭補入仕，短短八年之內就由縣令晉升至擔負南宋邊防要務——淮東制置使，且負責處置歸宋的忠義軍，在數年間山東十餘州降宋，可見賈涉的個人能力是很強的。[119]賈涉妻史氏，先賈涉十三年而死，有子四人，女二人：長子貫之任承奉郎，似道為其次子，為妾胡氏所生，在賈涉死時，似道才十一歲，賈似道尚有兩個弟弟。[120]

《宋史》記載賈似道少年落魄，操行不佳。以父之蔭補嘉興司倉的官職，待其姐入宮為貴妃，才擢為太常丞、軍器監，平常常流連妓

118 賈似道的相關研究，可參考任崇岳：《誤國奸臣賈似道》（鄭州市：河南人民出版社，1991年）。（德）傅海波（Herbert Franke）：〈賈似道——一個邪惡的亡國丞相？〉，收入《中國歷史人物論集》（臺北市：正中書局，1973年）。張金嶺：《宋理宗研究》（北京市：人民出版社，2008年），第四章：昏庸怠政，嗜欲享樂，頁181-211。陳正庭：《賈似道與晚宋政局研究》，中興大學歷史系碩士論文，2009年。楊宇勛：《南宋理宗中晚期的政爭：從史彌遠卒後之相位更替來觀察》，成功大學歷史語言研究所碩士論文，1991年。方震華：〈賈似道與襄樊之戰〉，《大陸雜誌》第90卷第4期，頁31-37。趙雅書：〈賈似道與公田法〉，《第二屆宋史學術研討會論文集》（臺北市：中國文化大學，1995年），宮崎市定：〈南宋末の宰相賈似道〉，收於《宮崎市定全集》第11冊，東京市：岩波書店，1993年。

119 賈涉的資料，可參考《宋史》卷403〈賈涉傳〉，頁12207-12210。台州地區文化局編，丁伋點校：〈賈涉墓誌〉，收於《台州墓志集錄》（台州市：台州地區文物管理委員會，1988年），頁29。黃寬重：〈賈涉事功述評——以南宋中期淮東防務為中心〉，《漢學研究》第20卷第2期（2002年12月），頁165-189。

120 台州地區文化局編，丁伋點校：〈賈涉墓誌〉，收於《台州墓志集錄》，頁29。

院，行為不檢。某次理宗憑夜登高望遠，看到西湖中一處燈火特別亮，對左右說「此必似道也」，並說「似道雖有少年氣息，然其材可大用也」。[121]這些描述對賈似道偏向負面，其實並不公平。賈涉死時，賈似道才十一歲，當時生母胡氏已被賈涉出之，因此賈似道能在家庭裡得到的教育看起來是很少的。而他卻能在嘉熙二年（1238）登進士第，這不能說完全都是因為賈貴妃的原因。

淳祐元年（1241），賈似道任湖廣總領，三年（1243）加戶部侍郎，五年（1245）以寶章閣直學士為沿江制置副使、知江州兼江西路安撫使，一年後，再遷京湖制置使兼知江陵府，調度賞罰，得以便宜行事。九年（1249）加寶文閣學士，京湖安撫制置大使。十年（1250），以端明殿學士移鎮兩淮，此時他不過三十多歲。寶祐四年（1257），賈似道加參知政事，隔年加知樞密院事，權勢日重。

賈似道能在這段時間平步青雲，與他在軍政上展現的才能有絕對的關係。南宋朝臣眼見女真國勢不振，又見蒙古崛起，有意與蒙古合作來對抗金朝。蒙古大汗窩闊臺即位後，遣使向宋提出假道宋以滅金的計畫，雙方約定滅金以後，宋可得河南地。理宗紹定五年（1232）宋軍在孟珙的統領下與蒙軍合攻蔡州，金哀帝殉國，金亡。宋趁此機會收復汴京、洛陽等地，卻被蒙軍所敗，並指宋人敗盟，此為「端平入洛」，也開啟了南宋與蒙古長期的戰爭。

蒙古於端平三年（1236）侵湖北，並攻佔襄陽。嘉熙三年（1239）由孟珙收復後，又在寶祐五年（1257）遭蒙軍圍攻。隔年，蒙古大汗蒙哥派三路大軍分別由四川、京湖、海州發動進攻，當時右丞相丁大全不報，左丞相吳潛已年高七十，痛陳其弊：

121 《宋史》卷474〈賈似道傳〉，頁13780。

> 今鄂渚被兵，湖南擾動，推原禍根，良由近年奸臣士設為虛議，迷國誤軍，其禍一二年而愈酷。附和逢迎，媕阿諂媚，積至於大不靖。臣年將七十，捐軀致命，所不敢辭。[122]

面對蒙古三路大軍，理宗趕快采取應對措施，一面下罪己詔，懲治丁大全，以挽救人心。一面任命賈似道為右丞相，督師援鄂。丁大全被罷相後，在送至流放地點的路上落水而死。而蒙古的三路大軍中，蒙哥汗自率西路攻蜀，為蜀地防軍所阻。中路由忽必烈率軍攻鄂州，賈似道銜命督鄂，在鄂州宋蒙兩軍相持數月，但後來蒙哥汗死在合州釣魚城外的消息傳來，忽必烈急著要回北方參加忽里勒臺大會爭奪汗位，無心再戰而自動退兵，賈似道卻趁此機會，向朝廷奏捷，稱蒙軍被宋軍擊敗而退。理宗與舉朝都因鄂州大捷而狂喜，賈似道班師回朝時，理宗親率百官到郊外迎接，極盡愛重。

鄂州大捷之後，理宗對賈似道的信任，無人可以替代。左丞相吳潛雖身在要職，但個性忠直，又因年事已高，在立太子事上與理宗意見不合，因此不為理宗所喜。[123]又因此至咸淳四年（1268），蒙宋戰事仍持續不斷，理宗需要一個在軍政全才的能臣，以解決內外交迫的危局，賈似道便成為理宗託付的對象。

理宗是南宋在位時間最長的皇帝（四十年），在權臣史彌遠故去

---

122 《宋史》卷418〈吳潛傳〉，頁12519。

123 以《宋史全文》有關理宗對吳潛處置的史料來看，吳潛任左相，但對緊急的軍政事務，往往都先行決斷，再奏告理宗，引發理宗的不滿。吳潛之兄吳淵因行事嚴酷，有「蜈蚣」的外號，民間流傳「大蜈蚣，小蜈蚣，盡是人間業毒蟲。夤緣攀附有百尺，若使飛天能食龍。」蜈蚣食龍的說法，致使理宗疑心更重。見劉一清：《錢塘遺事》卷之4〈吳潛入相〉，頁201。田汝成：《西湖游覽志餘》，卷5〈佞倖盤荒〉，頁85。在鄂州之役前，吳潛還建議理宗避難至浙東海上，自己留守臨安，使理宗疑忌吳潛為第二個張邦昌。見《宋史》卷425〈劉應龍傳〉，頁12670。此上都顯見吳潛的去職是理宗的意願，並非賈似道可以左右。

後，自端平至淳祐年間，他勤於政事，任用人才，頗有朝政一新之感。然而理宗在十多歲之前都成長在民間，所受的皇室教育及個人格局都有不足，做為帝王的雷霆手段與自我約束更是缺乏。執政日久，理宗身上的缺點也都一一浮現，他其實是個愛好享樂的人。重用戚里婢婿出身的丁大全，與內侍董宋臣、盧允昇投其所好，為之聚斂以媚上，以致朝政大亂，當時中書舍人洪芹曾言：

> 大全鬼蜮之資，穿窬之行，引用凶惡，陷害忠良，遏塞言路，濁亂朝綱。[124]

監察御史朱貔孫亦論：

> 大全姦回險狡，狠毒貪殘，假陛下之刑威以箝天下之口，挾陛下之爵祿以籠天下之財。[125]

雖說論者說的是丁大全，但「引用凶惡，陷害忠良，遏塞言路，濁亂朝綱」難道不是理宗的默許的結果？

賈似道受重用後，開始整頓朝政，驅逐董、盧所薦之奔競之士如林光世等人，「勒外戚不得為監司，郡守，子弟門客斂跡，不敢干朝政」。[126]賈似道自己就是外戚出身，卻破除外戚的任官特權，可見當時朝臣包括賈似道本身，並不把自己當成是干政的外戚來看待。賈似道屏除這些特權，反而引用自己的黨人。

這裡提到的外戚，應該是指理宗謝皇后家族，賈似道雖然自己是

124　《宋史》卷474〈丁大全傳〉，頁13779。

125　《宋史》卷474〈丁大全傳〉，頁13779。

126　《宋史》卷474〈賈似道傳〉，頁13782。

外戚，但是他的姐姐賈貴妃在三十四歲過世，無法為賈似道提供太多支持。而謝皇后的姪兒謝堂、謝暨及謝垕卻頗受重用，而有跋扈之名。賈似道將謝氏子弟換為閒職，避免他們進入執政中心，也是基於鞏固權力的打算。有如史載：

> 理宗之季，官以賄成，宦官、外戚用事。似道為相年餘，逐巨璫董宋臣、李宗輔，勒戚畹歸，不得任監司、郡守。百官守法，門客子弟斂跡，不敢干政，人頗稱其能。[127]

賈似道重用的朝臣，也包括許多名將，像俞興、馬光祖、呂文德、呂文煥兄弟等。由於當時連年兵禍，軍費龐大的支出造成財政的負擔，而武將又常利用軍費謀求私利，常有侵吞貪污之事。朝廷為了讓武將能在戰時保衛國家，對貪污之事都是睜一隻眼閉一隻眼，制度上缺乏對軍費的管理與監督，因此「打算法」的實施目的，就是規範軍費支出，避免武將貪污擅用軍費，以節省開支的作法。此法雖為良法美意，但實施之後，卻成為賈似道排斥異己的另一管道：

> 賈似道忌害一時任事之閫臣，行打算法以污之。向士璧守潭，費用委浙西閫打算；趙葵守淮，則委建康閫馬光祖打算；浙閫史岩之、徐敏子，淮閫杜庶，廣帥李曾伯，皆受監錢之苦。史亦納錢，而妻子下獄，徐、李、杜並下獄，杜死而追錢猶未已也。[128]

在打算法實施後，如上所述諸軍將都受到監督。湖南制置副使、知潭

---

127 劉一清：《錢塘遺事》卷之4〈賈相當國〉，頁202。

128 見劉一清：《錢塘遺事》（收入全宋筆記，鄭州市：大象出版社，2006年），卷之4〈行打算法〉，頁199。

州向士璧被臺諫孫附鳳彈劾，因而在景定二年（1261）奪向士璧從官恩數，「令臨安府追究侵盜掩匿情節，竟坐遷謫，擠之死地，天下冤之」，向士璧受迫害致死。[129]趙葵則由和他素有積怨的馬光祖來監督，致趙葵頗受掣肘。[130]史岩之、杜庶等，皆受「監錢之苦」。[131]連歸宋的猛將劉整，都因打算法而降蒙古，其後成為攻宋的主力之一[132]：

> （俞）興為蜀帥，而瀘州乃其屬郡，興遣吏打算軍前錢糧。整賂以金瓶，興不受，復至江陵求興母書囑之，亦不納，整懼。又似道殺潛、殺士璧，整益不安，乃以瀘州降北。[133]

除了賈似道精於用人、籠絡人心之外，他也很重視公關宣傳。賈似道有一位門客叫廖瑩中，寫有一本《福華編》的著作，內容多以誇耀賈似道在鄂州的戰功為主。他也寫過〈木蘭花慢　壽賈師憲〉一詞來向賈似道祝壽：

> 請諸君著眼，來看我，福華編。記江上秋風，鯨鯢漲雪，雁徼迷烟。一時幾多人物，只我公，以手護山川。爭睹階符端象，又扶紅日中天。　　因懷下走奉櫜鞬。磨盾夜無眠，知重開宇宙，活人萬萬，合壽千千。梟鸞太平世也，要東還，赴上是何

---

129 《宋史》卷416〈向士璧傳〉，頁12478。劉一清：《錢塘遺事》卷之4〈殺向士璧〉，頁204。

130 《宋史》卷416〈汪立信傳〉，頁12474。

131 《宋季三朝政要》卷3，景定元年春正月庚申，頁37。

132 《元史》卷161〈劉整傳〉，頁3785-3786。劉整對南宋軍政相當了解，又知蒙古軍事的利弊加以修正，以致能加速南未滅亡的進程。

133 劉整因軍事才能，又因其歸正人之故，與俞興、呂文德兄弟均不和，史料見劉一清：《錢塘遺事》卷之4〈劉整叛北〉，頁204-205。

年。消得清時鍾鼓，不妨平地神仙。[134]

《福華編》此書現已亡佚，只知此書「備載江上之功，中雖誇而文可采」。[135]

在外廷輿論擁有影響力的，自然是官學的學生。尤其是太學生，他們多數出身官宦之家，身為未來的準官僚，學校教育帶給太學生們的，不只是學習、備考，而還有一種對朝政的道德熱情與勇氣，透過實踐（評論政治）來完成。如在南宋與女真人的和戰問題上，太學生就常在輿論上表達反對送歲幣給金人的立場，甚至有的執政可能因為太學生的攻擊而被迫撤職。賈似道對太學生採取恩威並施的方法，一面改善太學待遇，提供入仕機會，如「牢籠一時名士，又加太學餐錢，寬科場恩例，以小利啗之」，[136]，故而學生「啖其厚餌，方且訟盛德，贊元功之不暇」，[137]而無法用懷柔政策或金錢加以籠絡的，就使用威壓方式，對他們懲處予以恫嚇。有一則史料說明賈似道對太學當中輿論的掌握程度。據《宋人軼事彙編》載，「賈似道之為相也，學舍纖悉無不知」，時學舍浴廁久圮，有人在新壁上書之「碌碌盆盎中，忽見古罍洗」字句，某日學官雷宜中見賈似道，賈對雷順口說道「碌碌盆盎中」，弄得雷宜中丈二金剛，不知所答，後見浴廁字句，才知賈所言其來有自。[138]

134 廖瑩中：〈木蘭花慢　壽賈師憲〉，收入唐圭璋編：《全宋詞》（北京市：中華書局，1965年），頁3318。

135 周密：《癸辛雜識》，後集〈賈廖刊書〉，頁84-85。

136 《宋史》卷474〈賈似道傳〉，頁13784。

137 周密：《癸辛雜識》，後集〈賈相制外戚抑北司戢學校〉，頁68。

138 此則史料見於《宋人軼事彙編》卷18賈似道、廖瑩中條，頁921。據彙編載，此事記於周密《癸辛雜識》，但經查該書，不見此條。雷宜中為理宗時進士，曾為賈似道記事，但其後不合而去，曾偕文天祥起義勤王。見王德毅編：《宋人傳記資料索引》（臺北市：鼎文書局，1987年3月），頁3092。

透過對內、外廷、輿論的控制，賈似道的權力更加鞏固，有如時人曰：

> 外戚諸謝，惟堂最深嶮，其才最頡頏難制，似道乃與之日親狎而使之不疑，未幾不動聲色，悉皆換班。堂雖知墮其術中，然亦未如之何矣。……似道談笑之頃，出之于外，餘黨懾伏，惴惴無敢為矣。……內庭無用事之人，外閫無怙勢之將，宮中、府中俱為一體。凡此數事，世以為極難，而似道乃優為之，謂之無才可乎？[139]

理宗執政後期，皇位繼承問題也浮上枱面，賈似道更是站在理宗的立場上，支持後來即位的度宗，也讓他在度宗時期繼續擁有從龍之功。

理宗早年有兩子：趙緝、趙繹，皆早夭而亡。即位後，僅有謝皇后為他生下一子趙維，但不到兩個月就夭折。在無子之下，理宗想要把帝位傳給自己的姪兒。由於理宗父早卒，在入朝之前，曾與弟弟趙與芮寄居於舅舅全氏之家，兄弟之間感情很好。理宗即位後，嘉熙元年（1240）授趙與芮武康軍節度使、提舉萬壽觀。淳祐元年（1241）加封與芮開府儀同三司、襲榮王爵。寶祐四年（1256）又加封太師進太傅。趙與芮質資普通，沒有看出有什麼政治才能，他唯一比較有實權的工作是在寶祐六年（1258）任職大宗正事，管理趙氏皇族的相關事務。[140]

趙與芮只有一子，是由他的妻子李氏陪嫁黃氏所生。黃氏地位很低：

---

139 周密：《癸辛雜識》，後集〈賈相制外戚抑北司戢學校〉，頁67-68。

140 《宋史》卷44〈理宗本紀〉，頁862。

> 初入魏峻叔高家，既出，復歸李仁本，媵其女以入榮邸。時嗣王與芮苦無子，一幸而得男，是為度宗。然自處極謙遜，雖驟貴盛，每遇邸第親戚，至不敢坐。常以奶子自稱，人亦以此名之。[141]

黃氏懷孕後不想生下孩子，曾飲墮胎藥，但沒有成功，卻造成孩子先天不良：

> 紹陵之在孕也，以其母賤，遂服墮胎之藥，既而生子手足皆軟弱，至七歲始能言。黃氏德清人，乃李夫人從嫁，名定嘉，後封隆國育聖夫人。[142]

度宗有先天缺陷，在前章中我們也有提到他很晚才開口說話，以致榮王推遲他進入資善堂學習的時間。

由於趙禥先天不足，實在不適合做繼承人，左丞相吳潛反對，曾隱晦的說：「臣無彌遠之才，忠王無陛下之福」[143]。理宗原本就對吳潛不滿，在立太子的問題上又沒有得到吳潛的支持，景定元年（1260）侍御史沈炎彈劾吳潛，說他：

> 忠王之立，人心所屬，獨潛不然。章汝鈞對館職策，乞為濟邸立后，潛樂聞其論，授汝鈞正字，奸謀叵測。請速召似道正位鼎軸。[144]

---

141 周密：《齊東野語》，卷15〈龜溪二女貴〉，頁272。

142 周密：《癸辛雜識》，續集下〈紹陵初誕〉，頁190。

143 《宋史》卷41〈吳潛傳〉，頁12519。

144 《宋史》卷45〈理宗本紀〉，頁873。

同年六月，忠王立為皇太子。七月，侍御史何夢然又劾丁大全、吳潛，吳潛後來被流放至建昌軍。皇太子入東宮，行冊禮，上朝侍立。丞相賈似道任太子少師，其餘執政朱熠、皮龍榮、沈炎並兼太子賓客。[145]賈似道既有理政之才，又能迎合理宗的心理，支持立趙禥為太子，也盡心盡力的輔佐，理宗認為賈似道才是社稷股肱之臣，也是順理成章的事。

趙禥雖有先天不足，但理宗對他的教育仍十分注重，不僅為他擇選良師，還時常關心他的學習狀況。寶祐四年（1256）著作佐郎兼資善堂直講鄭雄飛輪對，奏畢後，理宗垂詢皇子的學習狀況。[146]由趙禥在執政前後的表現來看，他雖沒有什麼特出之處，但依照理宗為他安排的教育訓練，仍可以按步就班的維持中道的表現。

從理宗的立場來看，趙禥資質有所欠缺已是事實，而這個姪兒又是他所認定的繼承人，那麼能做的，就是為趙禥選好輔佐的大臣，就算趙禥無能，政府機構仍然照常運作，不會有太大的影響。景定元年（1260）七月，理宗立趙禥為皇太子，理宗並以御筆宣示「參稽舊制，皇太子當俾習政事。每遇昕朝，可令侍立，仍令宰執並兼東宮官，三省討論典故以聞。」[147]皇太子昕朝侍立，理宗的期待很深，他對賈似道等大臣說：「侍朝參決，正欲習聞政事。卿等宜衛翼之。」

賈似道身為執政，又兼皇太子的老師，對其學習也能有所掌握。某次理宗交待學官：「皇太子每日聽講，必待講官講說，方可發問。如有所疑，須當咨問。」賈似道回奏：

前日叨陪講席，親聆皇太子聽講之餘，首問君子訥於言而敏於

145 《宋史》卷45〈理宗本紀〉，頁874。

146 《宋史全文》卷35，寶祐四年三月庚子，頁2848。

147 《宋史全文》卷36，景定元年七月壬午，頁2896。

> 行，次問聞正言行正道，講官敷說，樂聽不倦，可謂得問辨之要。上曰：兩問皆當。[148]

以度宗的資質來說，如鄭雄飛所言，能「謹藏習誦」聖訓，已經算是不錯，是否能做到如賈似道所說，還能提出有意義的提問，實在令人懷疑其真假。無論其真實性如何，賈似道在皇太子教育上是有用心思的，他也深知理宗對皇太子的期許。

景定五年（1265）度宗即位。賈似道便以辭相位歸老為名，歸紹興私第，當時賈似道約五十一歲，還不到退休的年齡，其實是想藉此來試探自己在度宗與朝廷的地位，當時又發生蒙古攻下沱之事，朝中大駭，度宗屢次以御筆促之還朝（見本書第四章第三節），才讓賈似道回朝，但其實下沱之事實無兵也。[149]咸淳三年（1267），賈又乞歸養，「大臣、侍從傳旨留之者日四五至，中使加賜賚者日十數至」，除太師、平章軍國重事，一月三赴經筵，三日一朝，赴中書堂治事，可說是極大的榮寵。[150]

賈曾為太子少傅，度宗即位後能持續他的影響力，又有理政之才，此時已無其他人能與他對抗。咸淳八年（1272），度宗寵妃胡貴嬪之父胡顯祖任職太常理直、帶御器械，負責皇帝的馬車事宜。[151]度宗參加景靈宮祭祀，當天大雨，賈似道希望皇帝雨停後再回宮，但胡顯祖請帝依開禧故事，不坐輅車，而是乘逍遙輦回宮，度宗想先問丞相，胡顯祖說：「平章已允乘逍遙輦矣。」度宗遂回宮。賈似道知道

---

148 同上，八月丙午條，頁2897。

149 《宋史》卷474〈賈似道傳〉，頁13783。

150 賈似道引退上表，見《咸淳遺事》卷上，頁330-332。另見《宋史》卷474〈賈似道傳〉，頁13783。

151 此事據《咸淳遺事》卷下載，胡顯祖乃胡貴嬪之兄，頁352-353。本文依《宋史》卷474〈賈似道傳〉載，胡顯祖為其父，頁13784。

此事後大怒，說：「臣為大禮使，陛下舉動不得預聞，乞罷政。」即日出嘉會門，度宗留之不得，只好將胡顯祖罷官，流著淚將胡貴嬪送去妙淨寺為尼，賈似道才還朝。

此事可看出賈似道的專恣，連皇帝乘坐的車駕都要過問，胡顯祖的欺騙，在他看來是對他權威的挑戰，自不能容忍，度宗雖然捨不得美人，但兩權相較，自然是賈似道對他更為重要。

史家論南宋亡國，不應只責似道一人。但在權臣問題之外，誤國的政策才是他最大的問題。尤其是鄂州之役，明明是請稱臣，輸歲幣，卻以大捷上聞，又使廖瑩中等人撰福華編以歌功頌德，又密令淮東制置司拘議使郝經於軍營，企圖欺上瞞下，以致坐失和平機會。納李璮之降，迅速引起和蒙古的戰端。在賈似道對朝政的嚴密控制之下，關於邊事之急，無人敢言，以致襄陽最後被元兵攻陷。本文不擬對賈似道與南宋亡國問題做深入討論，而從前文的探討中，我們可以得知賈似道能總領大權、欺上瞞下的原因，是他在理宗中期所展現出來的才能，以及結合官僚集團以穩固其權勢的政治情勢。

賈似道雖為外戚，但因賈貴妃早死，士人不會把他當成是要防範的外戚看待。他為人處事圓滑有手段，在內廷、外廷都籠絡不少人為他所用，包括大臣、太學生、士人及武將等。他在謝方叔執政時任同知樞密院事，在董槐、程元鳳之下拜參知政事，丁大全拜相後八個月，賈似道任職兩淮宣撫使。謝方叔、董槐、程元鳳等人都被視為是學養、操守俱佳的高官，他們都能與賈似道同朝為官，而對他的職位沒有意見，不能不說賈的人和是做的不錯的。

賈似道也能掌握帝心，理宗中期以後無心朝政，但面對蒙古的崛起，又不知如何是好。不想當亡國之君，卻又貪圖享樂，度宗能力與處事經驗都不足，需要能臣的輔佐。賈似道的從政資歷中，有任江西路安撫事、京湖制置使等軍職經驗，與一般文官有很大的不同，因此賈似道這樣的官僚，內能理政，外能禦敵，故能在南宋後期成 為主政二十多年的權臣。傳統史家將他視為權臣丁大全的延續，實則有很大的偏見。

第四節　小結

本章討論寧宗朝韓侂胄、理、度宗朝賈似道兩位權臣的得權原因，以及士人對他們的議論，藉此了解南宋中期以後的政治情勢。韓侂胄與賈似道雖都有外戚身分，但其得權主要是參與皇位繼承的過程，因而有從龍之功，成為君主信任的對象。韓皇后是韓侂胄的姪曾孫女，父為韓同卿，與韓侂胄的親屬關係較遠，加上韓皇后於慶元六年（1200）病逝，朝臣反而更在意的是韓侂胄在權力運作上排斥異己的方式，尤其身為君主近習，卻能憑藉權力籠絡附己之人，打擊道學人士。

賈似道因其姐賈貴妃而受理宗寵信，初官為父蔭補嘉興司倉，後擢為太常丞、軍器監，其後在嘉熙二年（1238）登進士第。賈貴妃過世於淳祐七年（1247），因此給賈似道的政治支援不多。賈的得權主要是在於其個人能力，他主政後，即摒斥權臣丁大全，權宦董宋臣，得到不少朝臣的好感。且他較韓侂胄更為長袖善舞，文臣、武將都有與他合作者。他也重視輿論宣傳，以門客廖瑩中所做《福華編》一書，為他歌功頌德。他更是在蒙古崛起過程中，能與之周旋少數文臣，因此在理、度宗時都能成為權臣。

因此，韓侂胄雖在得權初期因其外戚身分，而受到彭龜年等人的責難，但在其後他引薦職業官僚型的士人並與之合作，將之安插於臺諫，發動慶元黨禁，阻止朱熹、趙汝愚等人進入權力核心，成功的集大權於一身。賈似道亦因其個人能力及與朝臣的合作而得權，外戚身分並未形成兩人的參政障礙，乃因韓賈兩人擅長以各種方式與不同的士人合作，並得利於與臺諫的相結。有如袁樞所言：「威權在下則主勢弱，故人臣逐臺諫以蔽人主之聰明；威權在上則主勢強，故大臣結臺諫以遏天下之公議。」[152]

152 《宋史》卷389〈袁樞傳〉，頁11936。

第六章
與政外戚、作風與士人評價

第一節　高宗的母族與后族

一　高宗的母族

高宗即位南遷後，有兩位太后。一位是高宗的生母韋氏，另一位是哲宗孟皇后。

孟皇后（1073-1131）是名臣孟元孫女，在哲宗時並不得愛重，因符水之事而被廢。元符三年（1100）哲宗病逝，端王趙佶即位為徽宗，當時向太后支持舊黨，孟皇后因而復位，因其為元祐年間封后，故時稱為「元祐皇后」。不久，向太后病逝，崇寧元年（1102）徽宗任用蔡京為相，貶謫元祐黨人，孟皇后再度受到牽連被廢。

靖康之禍發生後，六宮有位份者幾乎都被金人北擄，而這位曾被廢的皇后因為所居的宮院失火，出宮居住在自己的私宅，才幸運存留下來。在張邦昌被金人立為傀儡政權時，張邦昌迎接孟皇后，恢復其尊號，請她垂簾聽政。其後高宗於南京應天府即位，孟皇后也撤簾不再聽政，支持高宗，並隨之南渡。建炎二年（1128）孟皇后與姪兒孟忠厚到達杭州。隔年（1129）發生苗傅軍變，高宗被逼退位，由年僅三歲的皇太子趙旉繼位，孟皇后再度以太后身份垂簾聽政，一面安撫叛兵，一面則支持文臣武將布置局面，事定後，撤簾歸政高宗，高宗上尊號為「隆祐皇太后」。[1]

紹興元年（1131）孟太后薨，享壽五十八歲。由於孟太后在南宋初年的重要地位，且以她一向支持高宗的立場，對南宋初年政局穩定有很重要的作用，[2]致孟氏家族在她死後推恩達五十人之多。且孟氏家族頗受看重。[3]

孟氏家族中以孟后姪兒孟忠厚（？-1158）最被推重。孟忠厚父為孟彥弼，為孟后的兄長，他在哲宗時入仕，徽宗宣和中，官至將作少監。靖康元年（1126），知海州，召權衛尉卿。金兵退，張邦昌迎孟太后聽政，孟太后遣忠厚持書遺康王，表示支持，高宗即位後，授忠厚徽猷閣待制，提舉一行事務，尋兼幹辦奉迎太廟神主事。

高宗幸揚州後，再提拔孟忠厚為顯謨閣直學士，至此臺諫論之不當，高宗並未理會，孟太后自知外戚為官的限制，因此孟忠厚改易官弁，授常德軍承宣使，幹辦皇城司。又因苗傅軍變結束後，孟太后二度垂簾，還政於高宗，而孟家也因勤王有功，孟忠厚授寧遠軍節度使。孟太后駕崩後，忠厚起復鎮潼軍節度使，開府儀同三司，信安郡王。紹興九年（1139）判鎮江府，判明州兼安撫使，又因要負責監修太后攢宮之責，改判紹興府，加少保。

孟忠厚和秦檜因都娶王珪的孫女，是僚婿的關係，但孟忠厚與秦檜在政治上並不相合。秦檜擔心孟忠厚受到重用，因此有意阻礙他的

---

1 《宋史》卷243〈隆祐孟太后傳〉，頁8636-8637。李心傳：《建炎以來朝野雜記》，甲集卷一〈昭慈聖獻孟皇后〉，頁33-34。

2 有關隆祐孟太后的研究，可參見劉靜貞：〈唯家之索——隆祐孟后在南宋初期政局中的位置〉，《國際社會科學雜志》北京市：中國社會科學雜誌社（2016年3期），頁41-51。劉文認為，由於孟太后曾因誣謗廢斥，故而若孟太后名分不正，也會影響高宗繼統的合法性，因為孟太后兩次垂簾，都讓高宗取得繼位或歸位的資格，因此高宗必然覺得要有所辨誣。解決的方法就是如王居正所說，將孟氏被廢歸於崇寧初年權臣擅政（指章惇），如此可提供高宗繼位必要的法理依據。

3 《宋史》卷243〈隆祐孟太后傳〉，頁8636-8637。

仕途。在孟太后攢宮事畢，忠厚判紹興府，會郊赦加恩，忠厚上謝表：「本無時才，出為世用」之語，御史中丞詹大方是秦檜的人馬，論忠厚的謝表「辭輕侮，謂今日不足與有為」，遂罷為醴泉觀使。[4]秦檜死後，又復用改判紹興府，充萬壽觀使，提舉秘書省。至紹興二十七年（1158）卒。

孟忠厚很受到高宗的恩眷，但他一向「避遠權勢，不敢以私干朝廷」，又因秦檜之故，在攢宮事畢欲歸樞密院，秦檜以言官論奏，使之改判福州，無法再列執政。在秦檜死後，高宗雖然還想再起用他，但不到三年的時間他就病卒。孟忠厚有三子，次子孟嵩，在忠厚死後，曾推恩除官至直祕閣。

孟忠厚次子孟嵩（1137-1181），據樓鑰為他所的墓誌銘中所記，孟嵩十歲便以祖蔭補承事郎，但因孝順，不忍捨親出仕，因而直到在紹興二十七年（1157）才任軍器監主簿。不久，孟忠厚薨，孟嵩特恩除直祕閣，除授浙西安撫司，主管機宜文字。乾道初年，除監尚書六部門，遇事幹練，「輪對陳利害甚悉，上嘉納之」，[5]故以制書攝倉部。乾道二年（1166），通判楚州，後改任主管台州崇道觀，又轉通判臨安府。乾道七年（1171）光宗以皇太子身分尹京，孟嵩任推官。翌年，改浙西安撫司參議官，其後不以仕進為意，直到淳熙八年（1181）因疾卒。

孟嵩有子五人：孟夔，為右宣義郎，監秀州華亭縣市舶務。孟曾，早卒。三子為孟猷，四子為孟導，幼子為孟翔，任迪功郎，信州司戶參軍。

孟嵩的五子之中，以三子孟猷（1155-1216）、四子孟導（1159-1220）兩人為知名。兩人居吳時，適逢葉適以浙西路提刑司幹辦公事

4　《宋史》卷465〈孟忠厚傳〉，頁13586。

5　見樓鑰：《攻媿集》卷108，〈直祕閣孟君墓誌銘〉，頁1533-4。

出任平江府，吳、越等地慕名問學者甚多，葉適在蘇州葑門講學授徒，孟氏兄弟也與之從學，與葉適有師生之誼。據葉適為孟猷所作的墓誌銘言，孟氏兄弟雖出身名門，但恭謹退遜，與其他寒士無異。[6]

孟氏兄弟學問都很不錯，孟猷學以觀省密察為主，「外所涉歷，皆切于心身，所覺知，皆反于性。凡情偽錯陳，橫逆忽來，幾若無所嬰拂。而筋骸之束，肌膚之會，常得由于順正。其專悟獨了，動用不窮，有非簡策所載者。」[7]至於從政經歷，以立朝中立知名，他不參加任何黨派，因此深受士大夫敬愛。累官至籍田令。黨禁時請外補，累遷至知信州，至學禁漸弛，葉適的諸弟子也受到重用，周猷累遷至刑部侍郎，又出知婺州，最後以直龍圖閣將漕江東。

周猷之弟周導，亦從學於葉適。葉適曾說他在蘇州葑門講學時，孟導論難時回答最為簡要，「或終席不一語，眾莫測其所至，閒與言時事，無一不精切」。[8]周導累官大理正，知嚴州。但他性格比周猷還要耿直，「以聚財為諱，以察冤為急」，執政說他「此大儒，先生所為才，非吾所為才也。」後來就不再重用他，知臨江軍，又被人論罷，周導也無意再求仕進。後知江陰軍，未及任而卒。[9]

高宗時另一位太后是其生母韋氏（1080-1159）。韋氏原為徽宗的韋賢妃，入宮時原為侍御，從徽、欽兩帝北遷。南宋建立後，建炎時高宗遙尊為宣和皇后，封韋后之父韋安道（另記為韋安禮）為郡王，其餘外戚親屬推恩及三十人。紹興七年（1137）徽宗崩，后三代俱追封親王。高宗一直希望迎回親母，因此后未歸時，仍遙上皇太后冊寶於慈寧殿，生辰等皆遙行冊禮。[10]

6 葉適：《水心集》卷22〈故運副龍圖侍郎孟公墓誌銘〉，頁399上。

7 黃宗羲：《宋元學案》卷55〈水心學案〉「侍郎孟先生猷」，頁1813。

8 黃宗羲：《宋元學案》卷55〈水心學案〉「知軍孟先生導」，頁1814。

9 葉適：《水心集》卷22〈孟達甫墓誌銘〉，頁443上-下。

10 《宋史》卷243〈韋賢妃傳〉，頁8641-42。

紹興十二年（1142）高宗迎回親母，命季弟韋淵迎於道，高宗自己也親至臨平奉迎，見到太后喜極而泣，由此可知高宗對親母的孺慕之情。故而愛烏及烏之下，高宗對母家多所恩寵，且韋太后相當長壽，每逢壽節，必推恩親屬。紹興十九年（1149）太后壽年七十，親屬各遷官一等。紹興二十九年（1159），八十，親屬進官一等。庶人年九十、宗子女若貢士以上父母年八十者，悉官封之。太后薨後，親屬進秩者十四人，授官者三人。[11]

韋太后季弟韋淵，欽宗時任拱衛大夫，忠州防禦使，勾當軍頭引見司。高宗即位後，任親衛大夫寧州觀察使，知東上閤門事。史載他個性「暴橫，不循法度」，外放至福建路，「十二年未嘗磨勘」，乞遷秩，帝不許。

韋淵和呂頤浩交情不錯，當時建康府邊帥邊順病篤，呂頤浩推薦他，高宗則「不欲以戚里管軍」，只賜田五十畝，房緡錢日二十千，也不給他官做。後來因太后南返，封他平樂郡王，令其致仕。[12]韋淵因久不得用，有所怨懟，曾見太后告狀，經侍御史余堯弼鞫治後具伏，責授寧遠軍節度副使，袁州安置，數年後復故職，累遷太保、太傅。

韋淵有三子：韋訊、韋謙、韋讜。韋訊官至達州刺史，但因有過失降武德郎。韋謙則好學能詩，官至建康軍節度使。韋謙子韋璞，仕至太府少卿，曾任金國告哀使，金主賜宴，館使欲用樂，韋璞為人警慎，及時阻止，才避免因禮法差點導致的外交危機。[13]孝宗紹熙初年，韋璞除煥章閣，被言官諫止不合祖制，乃換授明州觀察使，十年都沒有升遷，後以清遠軍節度使致仕。

---

11 《宋史》卷243〈韋賢妃傳〉，頁8643。又見《宋會要輯稿》后妃2之12，頁225上。

12 《宋史》卷465〈韋淵傳〉，頁13587-8。

13 《宋史》卷465〈韋璞傳〉，頁13588。

二　高宗的后族

高宗的皇后有憲節邢皇后、憲聖吳皇后。邢皇后（1106-1139）是高宗在康王時聘娶的王妃，後來趙構出使金，將妻小留在藩邸。此時發生靖康之禍，邢氏也因而北擄，至紹興九年（1139）卒。高宗因此遙冊邢氏為皇后，並虛中宮十六年，推恩其親屬二十五人為官。[14]

邢氏父邢煥（？-1132），以父任調孟州汜水縣主簿，後移知開封府陽武縣，歷任開封府士、工、儀曹。高宗即位後，邢煥被重用，任右文殿修撰，又進徽猷閣待制，這些都是文資，不合外戚的制度，因此被言官諫止，改為武弁，仍深得高宗信任，曾任樞密都承旨。

邢煥立場較近主戰派，他曾言黃潛善、汪伯彥誤國，也曾陳川、陝形勢利害，以圖恢復之志，因他學問不錯，名聲佳，從未恃恩私請，高宗很信任他，再次任命他樞密都承旨，邢煥卻以身體不好婉拒。卒贈開府儀同三司。[15]

邢煥之子有孝揚、孝寬、孝肅、孝蘊、孝蹇五人，據《宋會要輯稿》所載，孝揚、孝寬、孝肅等三人均為文資，且都擔任過直祕閣的侍從官。邢孝揚後來轉為武資，紹興六年（1136）授武義大夫，遙郡刺史。紹興十年（1140）授成州團練使，帶御器械，終職保信軍承宣使。[16]孝蘊、孝蹇則以忠訓郎蔭補，在紹興三年（1133）除閤門祗候。[17]

高宗的第二任皇后是憲聖吳皇后（1115-1197），吳氏應該是南宋時最長壽的皇后，歷經高、孝、光、寧四朝皇帝，地位十分重要。吳

14 《宋史》卷243〈邢皇后傳〉，頁8646。

15 《宋史》卷465〈邢煥傳〉，頁13590。

16 見《宋會要輯稿》后妃2之4，2之5，2之7，2之8，頁221下-223上。

17 《宋會要輯稿》后妃2之4，紹興三年十一月三日，頁221上。

后的父親吳近，據說是在汴京賣真珠的商人，而且家貲數百萬，應該算是富商。[18]吳氏是在高宗還是康王的時期被選入宮，當時她才十四。其後高宗即位，在戎馬倥傯之時，吳氏以戎服隨侍左右。吳氏博習經史，又善翰墨，而且人非常聰慧，自是寵遇日至，升任婉儀、貴妃。

高宗親母韋太后南歸後，當時任貴妃的吳氏侍奉太后起居，也得到韋太后的認可。在紹興十三年（1143）被冊封為皇后。吳皇后無子，但兩個姪兒吳珣、吳琚都娶邢氏女，以慰帝心，可見吳氏對高宗的性格十分了解。

吳皇后的父親吳近累官武翼郎，贈太師，追封吳王，謚宣靖。據〈大寧郡王吳益墓誌銘〉云，吳近有女五人，次女即為吳皇后，子二人：吳益、吳蓋。吳益娶吳越錢氏，錢氏卒後，次娶王氏，共有子九人。但比較知名的是吳琚、吳璹。吳蓋娶邢氏，有子五人。[19]吳益的墓誌銘中沒有記載他有子吳琚，他卒於乾道七年（1171），當時諸子官職都不大，難以用官職來對應人名，我推測可能四庫本有筆誤，將吳琚寫成吳琯。但在《宋會要輯稿》出現的補官轉官的記載，多為吳琯，而非吳琚：

> 姪吳環，吉州刺史。吳琰、吳珽、吳琛、吳璿並特與進二職。

18 葉紹翁：《四朝聞見錄》，丙集，頁111。憲聖父宣靖王，即今所謂京師珠子吳員外是也。以蠙珠為業，累貲數百萬。

19 曹勛：《松隱集》（四庫全書珍本），卷35〈大寧郡王吳益墓誌銘〉，頁1-4。據墓誌銘載，吳益的九子為：珣、璜、璵（以上任從義郎）、璐、璟、珙、琦（以上任秉義郎）、琯（任右宣義郎）、璹（任右承奉郎）。同書卷35〈新興郡王吳蓋墓誌銘〉載，吳蓋有男五人，長曰環（瓌）閤門宣贊舍人，幹辦皇城司，次曰玟，秉義郎、閤門祇候，幹辦御前忠佐軍頭引見司，次曰珪，從義郎。次曰璨，秉義郎，次曰璿，右承奉郎。頁5。又據《宋會要輯稿》后妃2之8載，吳蓋之子名為：珣、璵、璐、璟、珙、琪等，吳益子名為：環、玟、珪、璨等，頁223下。與《宋史》所記及上述墓誌銘記載不同，本文採用墓誌銘與宋史記載。

> 吳琯直祕閣，吳珪轉右武大夫，吳璨，轉右武郎，姪孫一十四人，吳鈞係長姪孫，特與添差兩浙東路安撫司，主管機宜文字。[20]

據《宋會要》所載，姪兒當中的轉官只有吳琯為直祕閣，而吳琚一開始也是文官，《宋史》記載，他後來才改武資，任鎮安軍節度使，以才遷明州兼沿海制置使。由此顯見吳琯應為吳琚。而四庫本及《宋會要》都是清代文人的手抄本，可能產生抄寫上的錯誤。

吳益（1124-1171）、吳蓋（1124-1166）都以恩補官，吳益任幹辦御輦院，吳蓋則是任宣贊舍人，以書法知名。兩人都在憲聖立后後，被推恩加官。吳益加成州團練使，吳蓋加文州刺史。

吳益除了以書法知名外，他的妻子是秦檜的長孫女，也與許多朝臣交好，歷官至保康軍節度使，加太尉、開府儀同三司。吳益本來是文官，直祕閣，累任祕閣修撰等官，但後來臺官湯鵬舉反對，說他資質平庸，恃外戚親勢，宜「乞褫職名」。高宗為了平息此事，就不再升遷他。

> 吳益以元舅之尊，德壽特親愛之。入宮每用家人禮，憲聖常持盈滿為戒，每告之曰：凡有宴召，非奉吾旨，不可擅入。一日王竹冠練衣，芒鞵筇杖，縱行三竺靈隱，濯足冷泉磐石之上，遊人望之如仙，遂為邏者聞奏。[21]

由於憲聖的關係，吳氏家族常參加皇室的活動，「憲聖殿洛花盛

---

20 《宋會要輯稿》后妃2之17，淳熙九年十二月二十二日，當時因吳皇后七十大壽，親屬特予轉官，頁227下。

21 《宋人軼事彙編》，卷16〈吳益、吳琚〉，頁801。

開，必召諸子姪入侍」，吳益、吳琚、吳璹都以書法知名，與高宗、孝宗有共同興趣，也常與吳益、吳琚論詩作字。孝宗與吳琚感情更好，情若兄弟：

> 孝宗崇憲聖母弟之恩，故稱琚兄弟皆以位曰「哥」。至光宗體孝宗之意，故稱琚兄弟為曰「舅」。[22]

只是兩人論交，都是論詩、作字、擊毬，私下未嘗討論過國政、人才等外事，[23]這也可以看出孝宗對外戚的分際掌握的非常清楚。

吳琚（生卒年不詳）早年習吏事，孝宗乾道九年（1173）任臨安府通判，歷尚書郎部使，後換武資，任鎮安軍節度使，以才遷明州兼沿海制置使。淳熙十二年（1185）六月，時任淮東總領吳琚進呈：

> 欲望將鎮江都統司諸軍官兵日前所欠激賞鋪軍須子鋪布帛錢，並與除放，庶幾官兵得以全請贍家。此令一下，足以感士心，足以正師律，足以戒掊克，足以示陛下知行伍之微，恤士卒之至。上曰：軍中刻削，楊存中以來便如此。琚所言極是。[24]

吳琚在孝宗時任實職，且頗受孝宗看重。

光宗在位時，因光宗有疾，加上孝宗駕崩後，光宗以疾故拒絕主持孝宗的喪事，吳太后只好垂簾主持大局，並以手詔立嘉王為帝，此為紹熙內禪的始末。內禪時原本趙汝愚找吳琚居中聯絡，以議請太后垂簾，因吳琚個性謹慎，沒有答應此事，趙汝愚轉而選擇韓侂冑為合

---

22 葉紹翁：《四朝聞見錄》乙集〈光皇御製〉，頁53。

23 葉紹翁：《四朝聞見錄》乙集〈吳雲壑〉，頁52。

24 《宋史全文》卷27，淳熙十二年六月壬戌，頁2315-2316。

作對象，寧宗即位後韓侂胄擔心吳琚會因為憲聖的關係，受到重用，因此有意排擠他。史云：

> 憲聖既御簾政，趙公汝愚為相，欲公出入通宮禁廟堂之意。公冀重體貌，求慈福宮使，又求提舉中秘書，趙公俱難之。趙旋物色韓侂胄，憲聖表孫也。侂胄奉趙命無惟謹，雖一秩不以請。趙公喜其奔走小忠，不知墮其計，反浸疎公。[25]

趙汝愚原先以吳琚為合作對象，是因為他與憲聖的關係更為親近，自然更能勝任溝通者的角色，但吳琚被韓侂胄取代，而他本人性格淡泊，對權力欲望不大，也是他未能在寧宗即位後被重用的原因。此外，吳太后一向主張外戚少干政，曾對吳琚說：

> 垂簾非我志也，不比大哥在時。汝輩自此，少出入，庶免干預內廷之謗。[26]

可見吳太后的提醒也影響吳氏家族的從政。吳琚後來外放至鄂州，後任知慶元府；他曾出使金，金人對他評價很高，說他的話「可信」。

吳家的第三代有兩位有史可載。吳益長孫吳鈞，於淳熙九年（1182）吳太后慶歲七十時，與推恩為兩浙東路安撫司，主管機宜文字。[27]吳琚子吳綱（鋼），原補官從事郎，因年九歲參加童子試，「能誦六經、《語》、《孟》，特改承務郎」。[28]

---

25 葉紹翁：《四朝聞見錄》乙集〈吳雲壑〉，頁49-50。

26 葉紹翁：《四朝聞見錄》乙集〈吳雲壑〉，頁52。此處所說的大哥，指是孝宗。

27 《宋會要輯稿》后妃2之17，淳熙九年十二月二十二日，頁227下。

28 《宋史全文》卷28，紹熙三年夏四月，頁2392。另見《續編兩朝綱目備要》卷之2，紹熙三年四月，頁25。

表三　憲聖吳皇后家族表

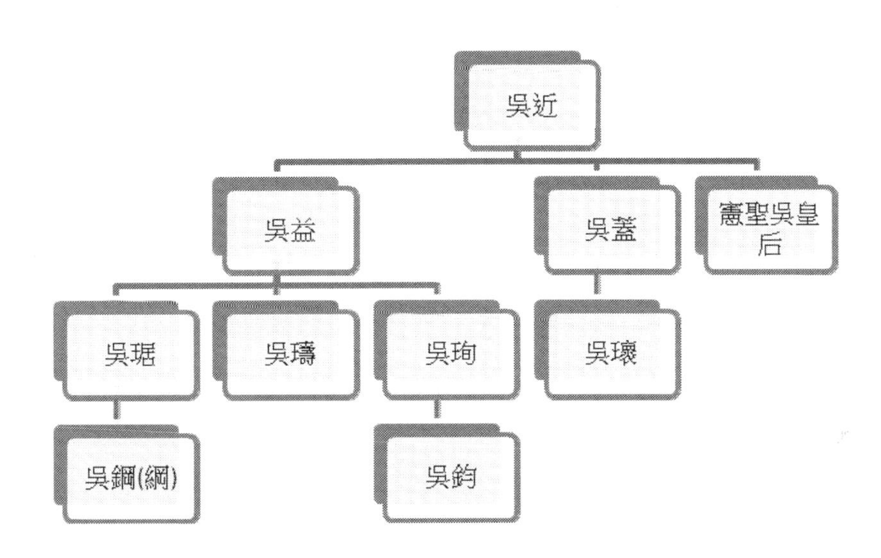

第二節　孝宗、光宗時期

一　孝宗的后族

孝宗有三任皇后：成穆郭皇后、成恭夏皇后、成肅謝皇后。郭皇后（1126-1156）是真宗章穆郭皇后的六世孫。郭皇后也是光宗的親母，共生有四子，但年三十一歲即薨，此時孝宗尚未即位，因此等孝宗受禪後，才追冊她為安穆皇后。孝宗對郭家恩禮彌厚，但「不假外戚以官爵」。[29]

郭父郭瑊，累官昭慶軍承宣使，追封榮王。郭后有二親弟：師禹、師元，分別累官承宣使，郭師元早卒，郭師禹在孝宗即位後除節度使，光宗朝，因師禹為其母舅，官至太保，封永寧郡王。寧宗即位

29 《宋史》卷243〈后妃傳〉，頁8651。

後，以郭師禹為攢宮總護使，又封加少傅，廣陵郡王。郭家也是唯一孝宗后族當中，未有出任孝宗的閤門官職的，或許是因郭后早逝，孝宗與后族外戚較為疏遠。

夏皇后（？-1167）原為憲聖吳太后的女官，郭氏薨後，吳太后將她賜給孝宗，封為齊安郡夫人，孝宗即位後晉為賢妃，在高宗與吳皇后的支持下，後立為皇后。

夏后父為夏協，早逝。弟夏執中（生卒年不詳），補官承信郎、閤門祗候，不久又升右武郎、閤門宣贊舍人，累遷奉國軍節度使、提舉萬壽官。夏執中文武雙全，善騎射、書法，與高宗、孝宗有共同興趣。他曾在高宗大壽時，書一幅壽禮「一人有慶，萬壽無疆」以獻，高宗喜之。曾任女真使節之館伴副使，因為善騎射，與女真人比箭，使金人駭服，孝宗視他為親信，想重用他，但夏執中卻自知外戚身分，曰：「他日無累陛下，保全足矣」，因此時人以為賢。寧宗即位後，加少保。[30]

夏皇后還有其他堂弟夏居中、行中、守中，與夏后親屬關係較遠，才能也不足，僅補成忠郎。[31]夏執中子夏允言，淳熙八年（1081）任秉義郎、寄班祗候，除閤門祗候。[32]

謝皇后（1132-1203）是三位皇后家族地位最低的，她是孤兒出身，由翟氏撫養長大，立后後才恢復原姓。她原為憲聖吳太后的侍女，孝宗即位後，晉升婉容，其後又晉封貴妃。夏皇后逝世後，中宮虛位，因此孝宗在淳熙三年（1176）立謝氏為后，親屬推恩十人授官。

謝皇后有兩個弟弟：謝淵、謝澄，皆因后而顯貴。兩人初授武翼郎，謝皇后常戒其弟曰：「主上化行恭儉，吾亦躬服澣濯，爾宜崇謙

30 《宋史》卷243〈后妃傳〉，頁8652。

31 《宋會要輯稿》后妃2之14，頁226上。

32 《宋會要輯稿》后妃2之23，淳熙八年四月五日，頁230下。

抑，遠驕侈」，[33]因此謝氏子弟在政事上都能自持本分。謝淵歷任閤門宣贊舍人，帶御器械。光宗即位後，遷果州團練使，寧宗時任萊州防禦使、知閤門事，幹辦皇城司，尋加太尉，開府儀同三司，封和國公，薨贈太保。

謝澄補承信郎、閤門祗候。淳熙四年（1177）謝皇后歸謁家廟，謝澄與轉右武大夫依舊幹辦皇城司。後特授言州刺史帶御器械、授成州團練使。[34]

二　錢忱、錢端禮

錢忱（1083-1151）出身吳越錢氏，錢俶五世孫，父為錢景臻，母為仁宗女魯國大長公主。錢忱娶唐介孫女，初任莊宅副使，騎都尉。錢忱曾任哲宗伴讀，哲宗很喜歡他，常使侍左右。靖康之亂後，錢忱家族南下，拜檢校少保，瀘州節度使，中太一宮使，又進開府儀同三司，封榮國公，卒贈太師。[35]

錢端禮（1109-1177），以父蔭入仕。紹興間，通判明州，加直秘閣，累遷右文殿修撰，因官聲很好，高宗決定重用他，知臨安府。[36]其後，錢端禮權戶部侍郎兼樞密都承旨，曾經用楮為幣，負責籌畫，也相當成功。孝宗在符離戰後，北伐的志業受阻，主和派聲勢大起，湯思退倡和議，而端禮附和，故除戶部侍郎，又兼吏部。當時張浚、湯思退一主戰一主和，兩派相持不下，錢端禮受湯思退重用，以之充淮東宣諭使，並入奏：

33 《宋史》卷243〈后妃傳〉，頁8652。

34 《宋會要輯稿》后妃2之23，淳熙四年十二月二十四日，頁230下。

35 《宋史》卷465〈錢忱傳〉，頁13588-13589。

36 《宋史》卷385〈錢端禮傳〉，頁11829-11830。又見樓鑰：《攻媿集》卷92〈觀文殿學士錢公行狀〉，頁1257-1275。

兩淮名曰備守，守未必備，名曰治兵，兵未必精。有用兵不勝，僥倖行險，輕躁出師，大喪師徒者，必勝之說果如此，皆誤國明甚。

由此知錢端禮偏向主和，與張浚理念不合。他主張早定和議，由於當時主和已成主流，端禮除吏部侍郎。在金將僕散忠義分兵南下時，湯思退任江、淮軍馬都督，卻因畏怯不能主事，反倒是輔佐的錢端禮尚能赴闕說明，孝宗覺得他能任事，以之拜端明殿學士、簽書樞密院事兼權參知政事。

當時與女真要討論和議，錢端禮推薦王抃擔任此職，並說明自己對主和的主張：「謀國當思遠圖，如與之和，則我得休息以脩內治，若為忿兵，未見其可」。其後除參知政事兼權知樞密院事。

錢端禮出身世家，從《宋史》所述，他的行政資歷完整，能力也很強，孝宗雖然不喜他主和，然而卻不得不承認在和戰問題上，很多大臣常是以朝廷風向為偏的牆頭草，唯有端禮議論不變，因此他能一路升任參知政事，離宰相只有一步之遙。

錢端禮的女兒，是孝宗長子鄧王妃，因此錢端禮有外戚身分，也受到朝臣的攻擊。殿中侍御史唐堯封說他不可任執政，唐堯封被遷太常少卿。凡是上疏論端禮不當的，也都遭到罷職。刑部侍郎王茀因此支持端禮，並以「國是」助其勢。錢端禮想引吏部侍郎陳俊卿合作，故遣客「密告俊卿，已即相，當引共政」，俊卿拒之，[37]上疏力詆端禮之罪，謂：

本朝無以戚屬為相，此懼不可為子孫法。

37 《宋史》卷383〈陳俊卿傳〉，頁11785-11786。

陳俊卿兼任經筵，進讀祖先寶訓，又謂外戚，言：「祖宗家法，外戚不與政，最有深意，陛下所宜守。」上納其言，乃除俊卿為建寧府，一個月後，錢端禮罷政。[38]

乾道元年（1165）五月，鄧王妃生下皇嫡孫，此時恭王妃李氏早已生下皇孫趙挺，但卻遲遲未報，直到鄧王府申文後，恭王府才補申此事，稱李氏於四月二十日已生下皇嫡孫。錢端禮身為鄧王的岳父，自不能放任此事，以嫡庶之別稟孝宗，擬申文的恭王府直講王淮因而免職。[39]在嫡長孫事落幕後，鄧王趙愭被立為皇太子。[40]錢端禮也因而為避嫌，罷執政之位，除資政殿大學士、提舉德壽宮兼侍讀。此事離前述陳俊卿以外戚之故，參劾錢端禮，也不過一個多月。

錢端禮有行政能力，也得到孝宗的信任受到重用，雖也有對權力的企圖心，但在外戚不為執政的祖制約束下，仍然避嫌的辭去執政之位。或許，對錢端禮而言，他的罷職只是權宜之計，畢竟鄧王只是立為皇太子，還不是真正的皇帝，為了避免臺諫的攻擊，讓鄧王做穩太子之位，是當下最重要的事。然而，鄧王在乾道三年（1167）病薨，鄧王長子趙挻卒於乾道九年（1173），侍御史范仲芑劾端禮貪暴不悛，在淳熙四年（1177）端禮起復，但仍無法位居執政。

---

38 李心傳：《建炎以來朝野雜記》乙集，逸文〈陳正獻公論外戚不可為宰相〉，頁905。另見《宋史》卷385〈錢端禮傳〉，頁11831。

39 李心傳：《建炎以來朝野雜記》乙集卷二〈己酉傳位錄〉，頁515-6。

40 《宋史》卷246〈莊文太子趙愭傳〉：「太子病暍，醫誤投藥，病劇。」頁8732。又見葉紹翁：《四朝聞見錄》乙集〈莊文致疾〉所載，當時莊文太子至太廟上香，回宮時經過貢院，當日舉行補試，應試者眾多而堵住道路，影響太子車駕，考生圍住執金吾的梃杖大聲喧嘩，致太子驚愕得疾。頁63-64。

三　光宗李皇后家族

光宗李皇后（1144-1200），父李道（生卒年不詳），相州人。在南宋初年擁有地方武力，[41]聚眾歸宗澤，後屬兵飛選鋒軍，參與收復襄陽的工作。據說李道在紹興十五年（1145）見有一隻黑鳳停在軍營前的大石上，心裡感到奇怪，回家後女兒就出生了，因此覺得這是吉兆，將女兒命名為鳳娘。十多年後，李道出戍湖北，聽道士皇甫坦善於相人，便招待他，女兒們也來拜見，皇甫坦看到李鳳娘，不敢受拜，曰：「此女當母天下」。[42]皇甫坦本來就是高宗信任的術士，將之告訴高宗，遂聘為恭王妃。但李后性格強悍善妬，[43]常在高宗與孝宗面前訴說太子（光宗）的不是，高宗才感到後悔，謂憲聖曰：「吾為皇甫坦所誤」。

孝宗訓斥李氏，曰：「宜法大媽媽（指憲聖）螽斯之行，汝只管與太子爭，吾寧廢汝」，[44]李氏驚憤，又怕真的被廢，行為雖然收斂，但對孝宗不滿，便常利用機會讓光宗與孝宗減少相處，又因孝宗遲遲不願禪位，致使年過不惑的光宗與孝宗之間，感情愈發淡薄。

李皇后個性驕横，光宗即位後，謝太后勸諫她應多加收斂，李后卻回說：「是官家結髮夫妻。」意在諷刺謝后為嬪御冊立為后，此事惹的孝宗與謝后都大怒。[45]光宗對她的悍妬頗為懼怕，甚至因黃貴妃之死感疾，「噤不知人，但張口囈言」。[46]紹熙三年（1176）光宗因病

---

41 據周密：《齊東野語》卷十一〈慈懿李后〉載：「道，本戚方諸將，故群盜也」，頁218。

42 《宋史》卷243〈后妃傳〉，頁8654。

43 據史載，孝宗禪位後，孝宗皇后謝氏曾規勸李氏，李氏卻說：我是官家結髮夫妻，意即諷刺謝氏。

44 葉紹翁：《四朝聞見錄》，乙集〈皇甫真人〉，頁56。

45 周密：《齊東野語》卷十一〈慈懿李后〉，頁219。

46 光宗的寵妃黃貴妃得到專寵，李皇后因妬生恨，在紹熙二年十一月殺黃貴妃，光宗

情反覆，政事多決於李皇后，但李皇后見識不高，對權力慾望也不重，只是常利用權力為母家推恩轉官補官撈一些好處，人數眾多，常超過皇后的恩數，朝臣言其浮濫：

> 紹熙三年是歲，皇后李氏歸謁家廟，推恩使臣鄧從訓等一百八十人。給事中尤袤言其太濫。時議者亦以為外戚家廟防護之兵多於太廟，請釐正之。[47]

有關后族的恩數，南宋的一般規定，皇后受冊、寶，親屬可推恩至二十五人。但孝宗冊立夏皇后時，減去七人，而謝皇后由於后家不顯，沒有那麼多人可以推恩，請求再減八人，李皇后的推恩恩數如果超過謝皇后，有點說不過去，光宗也認可，但李皇后卻不悅。其後歸謁家廟，再度推恩，其中推恩人數不僅相當多，沒有官職在身的李氏門客蔣孝曾、霍溥等人能補官承信郎、將仕郎，引發爭議。[48]

李氏家族在光宗時恩寵甚盛，但都是沒什麼實權的職位，因此對朝政沒有任何影響力。李皇后的姪兒有李孝純、李孝友、李孝斌三人，因皇后故而補官，李孝純、孝友任閤門宣贊舍人，因皇后歸謁家廟轉右武郎。李孝斌任忠訓郎，後除文州刺史。[49]史籍對他們記載都集中在要求恩賞上，沒有在政治上有更多的建樹。

得知驚駭不已，又因當夜狂風驟雨不止，以為獲罪於天，震懼感疾。見《宋史全文》卷28，紹熙二年冬十一月壬申郊祭日，頁2391。周密：《紹熙行禮記》（收入：《說郛》，宛委別藏本），卷51。

47 《宋史全文》卷28，紹熙三年是歲，頁2395。

48 《宋會要輯稿》后妃2之25-25，紹熙四年正月十七日，頁231下至232上。

49 《宋會要輯稿》后妃2之25-26，紹熙四年五月九日，紹熙四年三月一日，頁231下至232上。

第三節　寧宗以後的與政外戚

一　寧宗楊皇后家族

寧宗的第一任皇后為韓皇后（1165-1200），北宋名臣韓琦六世孫，曾祖父為高宗時任簽書樞密院事韓肖冑，韓侂冑為堂曾祖父。在淳熙十二年（1185）入宮後，封為新安郡夫人，晉崇國夫人。寧宗即位後封為皇后，父韓同卿由知泰州升任揚州觀察使，加太尉。慶元五年（1199）卒，贈太師，謚恭靖。韓同卿懼怕權勢太盛，月盈則虧，不敢干政，相當低調，致使天下多不知韓同卿為皇后之父。[50]

韓同卿子韓竢（生卒年不詳），以后兄故，慶元二年（1196）原宣教郎，後除直寶文閣，賜紫章服。至慶元六年（1200）換授觀察使，後官至承宣使。[51]

慶元六年（1200）韓皇后去世。當時有楊貴妃和曹美人皆有帝寵，韓侂冑認為楊貴妃較擅權術，又知書史、通古今，不好控制，支持性格柔順的曹美人為后。楊氏出身低微，正史連她的籍貫都沒有清楚的記載，[52]後來結識同宗的楊次山，以楊次山為兄，歸姓楊氏，並依楊次山的籍貫自稱會稽人。[53]

---

50 《宋史》卷243〈韓皇后傳〉，頁8656。《宋會要輯稿》后妃2之26，紹熙五年閏十月八日，頁232上。

51 見《宋會要輯稿》后妃2之27，慶元二年十一月十六日，頁232下。《宋史》卷243〈韓皇后傳〉，頁8656。

52 見葉紹翁：《四朝聞見錄》，丙集〈慈明〉，楊氏早年孤苦，跟著養母張氏學唱詞，因貌美入宮成為女伶。頁110-1。

53 《宋史》卷243〈后妃傳〉，頁8656。另見周密：《齊東野語》卷10〈楊太后〉載：楊次山武學生出身，被宣召入宮後，和楊后相見，兩人聲淚俱下，一朝相識，為后所授。頁185。

楊皇后（1162-1232）涉書史、知古今，性格機警，據史載楊氏封后之事，乃因寧宗留寢於楊氏處，寧宗醉酒，才書「貴妃楊氏，可立為皇后，付外施行」，楊氏乞寧宗以御筆又書寫一份，交由楊次山。「中貴所受者，未至省，而次山已持御筆自白廟堂矣」，楊氏擔心韓侂胄隱匿上批，故做了兩手準備，造成既定事實，才順利封后。[54]

嘉泰二年（1202）楊氏被立為皇后後，因之前立后，韓侂胄並不支持楊氏，楊氏因此對韓侂胄頗為忌憚。當時韓侂胄意欲北伐，開展功業，但開禧北伐受挫，形勢對韓侂胄明顯不利，時任禮部侍郎史彌遠，便與楊皇后合作，聯合參知政事錢象祖、禮部尚書衛涇、著作郎王居安、前右司郎官張鎡等預謀玉津園之變，利用韓侂胄上朝經過的路上，設下埋伏，將韓侂胄挾至玉津園槌殺之。[55]

韓侂胄被誅後，其首級被送給金人，史彌遠取代韓侂胄成為權臣，並主持與金人的和議。嘉定元年（1208），史彌遠任丞相。

寧宗的養子趙竑對史彌遠不滿，史彌遠不自安，懼怕趙竑即位後會對自己不利，故欲擁立另一位皇子趙昀為帝。（見第三章第四節）嘉定十七年（1224）寧宗病危，史彌遠請楊次山的兩個兒子楊谷、楊石入宮，（楊次山已於嘉定十二年卒）請他們說服楊皇后廢皇子立皇姪趙貴誠。楊皇后一開始拒絕，曰：「皇子，先皇所立，豈敢擅變？」楊氏兄弟一夜往返七次於內廷外朝，楊皇后仍不同意，最後楊谷、楊石跪拜泣曰：

> 內外軍民皆以歸心，苟不從，禍變必生，則楊氏且無噍類矣！[56]

---

54 田汝成：《西湖遊覽志餘》，卷2〈帝王都會〉，頁29。

55 《宋史》卷243〈后妃傳〉，頁8657。

56 《宋史》卷465〈外戚傳〉，13596。

楊皇后才鬆口，接見趙昀，乃矯詔廢趙竑為濟王，趙昀即位為理宗。

在找楊谷兄弟二人入宮之前，史彌遠早已規劃好，他先派鄭清之前往沂王府，告知趙貴誠。[57]又召直學士院程珌入宮，請他與鄭清之共草詔書，在史的授意下，兩人草詔二十五道，其中有關廢立者，有三道詔書：第一道改立趙貴誠為皇子，賜名昀，第二道進封趙昀為武泰軍節度使、成國公，第三道進封皇子趙竑為濟陽郡王，開府儀同三司，出判寧國府。[58]

這場政變在史彌遠、鄭清之的籌劃，楊皇后及楊氏家族的合作下，最終完成。理宗即位後，尊楊皇后為皇太后，並同垂簾聽政，楊氏家族也極盡榮寵。楊谷官至太傅、保寧軍節度使，充萬壽觀使、永寧郡王。楊石授開府儀同三司，充萬壽觀使，楊后撤簾後，進楊石為少保，封永寧郡王。

楊次山與其子楊谷、楊石，在寧宗至理宗時期的政局，扮演了非常重要的角色。楊次山和楊石都曾做過皇帝身邊的閤門官，與內廷和外朝都有聯繫，楊皇后雖然和楊次山沒有實際的血親關係，但為了要有娘家的依仗，雙方也形成密切的合作，一榮俱榮，一損俱損。為了保障權位，楊皇后和楊次山先和史彌遠合作，誅殺韓侂胄，楊谷和楊石又再度和史彌遠合作，說服楊皇后，以矯詔立趙昀為帝。楊次山「能避權勢，不預國事，時論賢之」，不參與政事。楊石出身武學，寧宗時任閤門看班祗候，嘉泰四年（1204）充任金人的接伴使，金使自矜善射，瞧不起宋人，楊石善射，以挽弦三發三中，讓金使氣結，

---

57 《宋史》卷246〈宗室趙竑傳〉，頁8736。

58 見《宋史》卷422〈程珌傳〉：「直學士院時，寧宗崩，丞相史彌遠夜召珌，舉家大驚。一彌遠與珌同入禁中草矯詔，一夕為制誥二十有五。初許珌政府，楊皇后緘金一囊賜珌，珌受之不辭，歸視之，其直不貲。彌遠以是銜之，卒不與共政云。」頁12617。鄭清之也有參與詔書起草，見樓鑰：《後村先生大全集》，卷170〈鄭公行狀〉。

不敢輕視。楊石個性恬澹，不以從龍之功為傲，當時楊太后大行袝廟，理宗欲除兄弟兩人為太師，楊石對自己兄長楊谷說：

> 吾家非有元勛盛德，徒以恭聖故致貴顯。曩吾父不居是官，吾兄弟今偃然受之，是將自速顛覆耳。矧恭聖抑遠族屬，意慮深遠，言猶在耳，何可遽忘？乃合疏懇辭，至再三，不受。[59]

楊次山父子雖然頗有能力，但卻沒有因此干政弄權，而是謹守分際，以維持自家的貴顯地位。

楊次山孫楊鎮，理宗景定二年（1261）尚周、漢國公主，授宜州觀察使，駙馬都尉。[60]周、漢國公主也是理宗唯一的女兒，母為賈貴妃，故甚受理宗寵愛。開慶年間，公主及笄議選尚主人選時，有宰臣主張仿照唐太宗故事，以進士第一名之人尚主，當年狀元為周震炎。「廷謝日，公主適從屏內窺見，意頗不懌」，公主因不滿意周震炎的外貌，此事遂寢。[61]其後才選任太后姪孫楊鎮尚主，楊鎮家族皆推官加封，寵異甚渥。楊鎮也是南宋唯一的駙馬。

二　理宗謝皇后、度宗全皇后家族

理宗謝皇后（1210-1283）是南宋末年最重要的一位皇后。謝氏的祖父是宰相謝深甫（1139-1204），為光宗時右丞相，寧宗時與韓侂胄也有合作。其後他因有援立楊太后之功（謝深甫勸寧宗立楊氏為后），故理宗選后時，楊太后選謝氏入宮。當時入宮有謝氏和賈氏兩

---

59 《宋史》卷465〈外戚傳〉，頁13597。

60 《宋史全文》卷36，景定二年十一月乙卯，頁2907。

61 《宋史》卷248〈公主傳〉，頁8790。

人，理宗更喜歡有容色艷美的賈貴妃，欲立為皇后，但楊太后反對。謝氏後來被立為皇后，度宗尊之皇太后，進封三代，曾祖景之、祖父深甫為魯王，父親渠伯封魏王，宗族男女各進秩賜封賞有差。[62]

謝皇后有兄謝奕，《宋史》僅載他封郡王，資料很少。[63]《宋史全文》載謝皇后親兄謝奕昌，任保寧軍節度使、祁國公、少保、萬壽觀使乞休致仕，詔特除少師，進封魏國公。景定五年（1264）七月甲午薨，尋贈太保，追封臨海郡王，賜謚莊憲。[64]此謝奕與謝奕昌疑為同一人。謝氏家族尚有謝奕修（疑為謝皇后的堂兄弟），曾因父喪服除，理宗欲將他除郡，謝方叔反對，曰：

> 年來戚里予郡太多，祖宗時官高者必換右，蓋有深意。上曰：戚里正卿以上即換右班，此典故也。[65]

由上知謝皇后因祖父為文官，兄弟開始除官也是文官，因而被朝臣進諫不合制度，應換成武資。

謝皇后親姪謝堂，尚榮郡公主，謝堂頗有才幹，受理宗重用。史載他「最深嶮，其才最頡頏難制」，賈似道對他頗為忌憚，假裝與他交好，「未幾不動聲色，悉皆換班。堂雖知墮其術中，然亦未如之何矣」。[66]寶祐二年（1254）欲除郡至江西，理宗問外廷對此意見如何，

---

62 《宋史》卷243〈后妃傳〉，頁8659。

63 謝皇后的兄長，在《宋史》記載為謝奕，資料不多。另在《宋史全文》卷34，淳祐九年十二月己酉：「詔謝皇后親兄謝奕昌特除開府儀同三司，依前保寧軍節度、充萬壽觀使，奉朝請。」頁2800。又在寶祐五年四月乙未出任少保、保寧軍節度使，充萬壽觀。見同書，卷35，頁2858。此謝奕是否為謝奕昌，還是為不同的兩人，尚難斷定。

64 《宋史全文》卷36，景定五年七月癸巳、甲午條，頁2925。

65 《宋史全文》卷35，寶祐二年三月辛丑，頁2833。

66 周密：《癸辛雜識》，後集〈賈相制外戚抑北司戰學校〉，頁67-68。

謝方叔奏：

> 外論皆以謝堂兼江西提舉，恐自此外戚緣例者多，反費陛下區處。[67]

在恭帝時，因邊關告急，可用之臣不多，謝堂累任檢校少保、兩浙鎮撫使、同知樞密院事，在蒙古軍破臨安城時，謝堂也是請降的祈請使之一。[68]

另有姪謝堅、謝堲並為節度使，朝政都有所參與。謝堅於景定五年（1264）任衢州知州，當時有地方土寇詹沔為亂，謝堅應守臣禦敵，但賊寇至未率兵士抵抗，反而棄城逃跑，被論罪奪官三等，褫右文殿修撰，永不收敘。當時尚有臺諫朱貔孫等、中書舍人留夢炎認為，詹沔為亂乃因謝堅苛征賦稅引起，此懲處太輕，故斬謝堅都吏徐信，謝堅再削兩秩勒停。[69]謝堅在理宗時頗得重用，他不僅是文官出身，曾任司農卿，[70]還曾任處州、衢州等地方官。

度宗全皇后（1241-1309）是理宗母親全氏的姪女。[71]全皇后父親全昭孫（？-1259）曾任岳州知州，全氏跟著父親在任，開慶元年（1259）全昭孫任滿回京，在路過潭州時，恰逢蒙古大軍南侵，全昭孫父女便困在潭州，全昭孫歿。全氏因涉書史，又因其父之死，頗得理宗看重，便為度宗聘為皇太子妃。咸淳三年（1267）冊為皇后，全

67 《宋史全文》卷35寶祐二年四月己未，頁2834。

68 《宋史》卷47〈恭帝本紀〉，頁922、926、938。

69 詹沔之亂與謝堅降職事，為景定五年六月甲辰事。見《宋史》卷45〈理宗本紀〉，頁886。《宋史全文》卷36，頁2924。

70 劉克莊：《後村先生大全集》，卷67〈謝堅除司農卿〉

71 理宗生母全氏，父為全大節，與全昭孫的父親全大中是兄弟，故全皇后為理宗母全氏的堂姪女。

昭孫追封金紫光祿大夫。[72]

全氏親弟全永堅，補承信郎、直祕閣。堂弟清夫、庭輝等十五人，各轉一官。[73]全永堅與謝堂在恭帝時因外戚之故，受到重用。德祐元年（1275）與謝堂並檢校少保。德祐二年（1276），加太尉。[74]

第四節　小結

南宋皇帝對母族、后族的外戚贈封一向慷慨，待遇優渥。如以外戚封王者，有孟忠厚、韋淵、吳益、吳蓋、郭師禹、楊谷、楊石與謝奕等人。他們多數都能謹守分際，雖有吳琚、楊谷、楊石曾介入皇位繼承的宮廷之爭，但由於自身對權勢興趣不大，只想安守富貴生活，雖然有成為權臣的條件，但卻不干涉朝政，以致在歷史評價上頗為正面。

高宗對外戚的任用也持以慎重的態度，他曾自言：「朕於外戚，不敢也所私也。況待遇后家，又不敢與宣和皇后家等，故邢氏待遇比韋氏要減。」[75]以外戚典樞密的例子來說，紹興初，樞密都承旨從闕，有人就建議外戚邢煥任之，但被高宗拒絕。寧宗受禪後，韓侂胄任知閤門事除都承旨，雖然後來仍去職，但仍可見皇帝在外戚任用上為主導角色。

而錢端禮在孝宗時成為副相，他雖有青雲之志，但卻因行事太過急切，反遭朝臣攻擊，在他的女婿鄧王成為皇太子後，他為避嫌辭去職位，鄧王也在乾道三年（1167）病逝，錢此後未涉實權。這也顯示除皇帝態度、外戚的個人能力以外，外戚的重用仍有其他的變因，即當時的政治情勢，是否有契機，能讓他們有表現的機會。

---

72 《宋史》卷243〈全皇后傳〉，頁8661。

73 《宋史》卷243〈全皇后傳〉，頁8661。

74 《宋史》卷47〈恭帝本紀〉，頁926、頁937。

75 岳珂：《愧郯錄》，卷15〈外戚贈王爵〉，頁132。

第七章
結論

宋徽宗曾說：

> 朕觀前世外戚擅事，終至禍亂天下。唯我祖考，創業垂統，承平百有餘年，外戚之家，未嘗與政，厥有典則，以貽子孫。[1]

徽宗引以為傲的，是北宋沒有前代外戚擅事之事。然而，這點在南宋卻沒有延續下來。

北宋的士人政治，環繞在誰是君子、誰是小人與親君子、遠小人的朋黨之爭上，因此所有的士人都對祖宗之法有高度的共識，他們謹守外戚、后妃、宦官不得干政的祖制，以避免發生前代亡國之禍，因此北宋雖有參政外戚，但也都是謹靜、本分、遠權勢的類型。

南宋從高宗開始，就有道學型士大夫與官僚型士大夫之爭，（可見余英時《朱熹的歷史世界》一書）。道學型士大夫一直以來以反近習、督促君王勤政勵學，親君子、遠小人，遵循祖制為職志，而孝宗以後重用近習，且擅用近習來控制外朝，外戚又常兼具近習的功能，也成為道學士大夫批評的目標。

南宋執政外戚，同時兼具有權臣角色的有韓侂冑、賈似道兩人，顯見外戚不預政的祖宗之法，在南宋已不被視為是主要問題。這點與北宋的情形差別甚大，北宋外戚只要預政，必然遭受臺諫的反對，在

1　《宋會要輯稿》職官1之30，頁2344。

輿論壓力下，皇帝多數無法堅持他的用人政策。從本書的討論中，我們可以發現，雖然對祖制的共識沒有改變，北宋沒有外戚的問題，而南宋卻發生了，這是因為北宋和南宋有不同的政治環境。

以韓侂胄而言，韓侂胄是韓琦的曾孫輩，雖非科舉進士出身，但為世家名門，他的父親韓誠娶高宗吳皇后的妹妹，又因他的姪孫女嫁給寧宗，可說具備雙重外戚的身分。在紹熙內禪時，韓侂胄因緣際會，接近權力核心。他想要鞏固權力，必須透過利益的共同追求，來集結另一個士人群體，與道學型士大夫來對抗，這些官僚型士大夫有的對道學不以為然，有的針對個別人，有的則是想要官位，透過與他們的合作，韓侂胄透過控制臺諫，並且重用自己黨人，以打壓道學型士大夫，這就是慶元黨禁的發生原因。

反對韓侂胄的士人，僅有少數如彭龜年是在剛開始時以外戚的原因來反對他，其後韓權勢日益鞏固，對他的攻擊也都轉向個人操守、操弄權柄、用兵不當（開禧北伐）與識人不明（吳曦）上，其間，韓侂胄獨攬朝政十四年，「凡所欲為，宰執惕息不敢為異」，以致「言路阨塞」，「事關機要，未嘗奏稟，人莫敢言」，可見其權力之穩固。韓的權力無法完全用政治力來瓦解，這是因為韓侂胄的權力來自於皇權。

賈似道雖然和韓侂胄一樣都有外戚的身分，但他並不是近習，而是進士出身，這個身份更能得到士人的認可，他不僅破除了外戚為文官、為二府執政的限制，尚能維持對執政權的控制二十餘年。理宗雖然昏庸，但政事處理並不假於他人，御筆也多半是自己的意思，換言之，反賈似道其實就是反理宗。因此在吳潛、丁大全去職後，賈似道幾乎沒有政敵。賈似道重視公關、宣傳，在軍事、內政上都有能力，理宗對蒙古軍的懼怕，有了可以依靠的對象，這是賈似道在南宋末年能成為最大權臣的主因。

在這篇文章的討論過程裡，可以發現皇帝的角色至為重要。因為皇權的至高無上，因此外戚任官的限制，皆有「例外」，故而韓侂胄、賈似道可以以外戚任執政權臣，邢煥任右文殿修撰、徽猷閣待制，孟忠厚任徽猷閣待制、顯謨閣直學士，孟嵩任職直祕閣，孟猷任職直寶謨閣、直龍圖閣，邢孝肅、邢孝寬兄弟任直祕閣，吳珽任直祕閣，又除直敷文閣，吳瑊除直祕閣等，都違背外戚不得任侍從官的規定。

皇權的特殊性，反映在南宋的政治情境裡，就是皇帝在皇位的繼承上，並不是那麼順利。高宗、寧宗、理宗無子，他們以宗室子弟入宮養之，讓他們接受皇子的教育，但又擔心萬一自己的親子出生，養子羽翼已成，反而形成對自己親子與皇位的威脅，造成皇權的危機。若是不只一位養子，養子之間也會有競爭，因此皇子的潛邸期間，都會有自己的門客、學官，所謂腹心之人，即位之後加以重用。光宗、寧宗、度宗則分別因健康不佳、性格誠默或寡智等因素，無法負荷龐大的政務處理，因此以腹心親近之朝臣，作為政事處理的代行者，也是在南宋的情境下很特別的現象。

皇權的上升也是南宋的特殊現象，南宋君主重用自己的親信，多將之任命其為閤門官、樞密都承旨等官職，成為近習之臣的重要職位。並透過使用「違法」（沒有經過中書門下）的政令：內批、御筆、白劄子等，繞過中書直接發表，既沒有朝臣論議，也沒有學士院起草頒行，以此遂行皇帝的意志，卻也讓近習有干政弄權的機會。也因此產生道學型士大夫對近習的攻擊，而有韓侂胄利用臺諫貶斥對手，以求自保之舉。

安倍直之、藤本猛在討論孝宗時的近習時，曾提出孝宗是利用側近官的任免來控制樞密院和皇帝的訊息傳達，[2]因此皇權是上升的，

2　見安倍直之：〈南宋孝宗朝の皇帝側近官〉，《集刊東洋學》第88卷，2002年。藤本猛：〈武臣の清要──南宋孝宗朝的政治狀況與閤門舍人〉，《東洋史研究》第63卷，2004年1月。

與士大夫共治天下這個理想則受到衝擊，也引發臺諫的論爭。然而皇權的上升與士大夫共治天下，這兩者並非不能共存。余英時曾在《朱熹的歷史世界》中提出，孝宗在晚年（淳熙十四年至紹熙五年，1187-1194）想要打破因循，重新佈置一個積極有為的新局面，為他的「恢復」奠定基礎：

> （孝宗）每隔幾年便發作一次「恢復」的衝動。乾道五年起用虞允文，淳熙五年趙雄執政，都是這一衝動的表現。淳熙十四年，「恢復」意識又死灰復燃，他便斷然告別王淮執行了多年的「安靜」政策。在尋求「安靜」的時期，他當然依賴保守取向的職業官僚集團，但「恢復」之論一起，他便不能不轉而與理學士大夫謀議了。[3]

由余英時所言，可知無論是想要「安靜」（或因循，保守）或是想要「恢復」，君主都需要與不同集團的士大夫進行合作，才能達成目標。在不同官僚群體當中有各種合作的關係，君主、權臣也都需要有政治盟友的配合，才能發揮某種程度的朝政安定作用。

由韓侂胄、賈似道兩位外戚權臣的得權過程及權勢鞏固的過程來看，他們都只能算是皇權的代理人或代行政處理的角色，針對不同議題結合不同的士人合作，以遂行政事的順利推行，這也是他們能持續執政的原因所在。由於韓、賈兩人都在後世的歷史評價被列為姦臣，也因而與他們交好或合作的士大夫，也都被貼上諂媚當權者的標籤，但是個別士大夫都有其政治的主體性，不應用簡單的兩分法：善或惡，忠或奸來討論，如韓黨中的謝深甫、何澹、胡紘，賈黨中的鄭清

---

3 余英時：《朱熹的歷史世界》，第10章〈孝宗與理學家〉，頁182。

之等，皆是極有才學之人，並非只是隨波逐流的姦佞小人。

南宋道學型士大夫將注意力放在近習的問題上，尤其是皇帝使用內批、御筆來規避訴諸集議的監督，他們不是不在意外戚、后妃等干政，而是最關鍵的問題，其實是在皇帝身上。皇權的絕對性，「與士大夫共治天下」的士人理想，勢必不斷的會發生碰撞、衝突。南宋的政治文化，就是不斷重覆這樣碰撞、衝突的過程。

後記

我從小就是一個慢熟、慢熱的人，有人說「笨鳥慢飛」，是因為鳥想要等有大風的時候，再振翅飛翔，所以從別人的眼裡看來，這隻鳥一直都在等待中，某些時候，我可能就是一直在等待、準備的那隻笨鳥。

從大學三年級開始，我決定要走入歷史研究的道路，一直到拿到博士學位為止，如此長的學習歷程，感謝王明蓀教授的指導與帶領我這隻笨鳥走入宋史的研究，以及廖啟照、林煌達、湯佩津、陳昭揚等學長學友們的互相鼓勵與照顧。

學術研究本身是孤獨的，但學習的歷程中，卻有許多師友的提攜與幫助，令人銘記於心。其中有兩個學術社群對我的影響很大，特別在此銘記與感謝。

二○○○年開始，我參加「宋代墓誌銘研讀會」。這是一個許多宋史研究的老師輪流擔任召集人的研讀會。其中有王德毅老師、梁庚堯老師、黃寬重老師、黃敏枝老師、黃繁光老師、韓桂華老師、劉靜貞老師等，每次集會負責的同學要先研讀兩篇宋人墓誌銘或神道碑的原文，並加標點和注釋。碑銘中選自史語所的原碑拓片、北京圖書館出版的石刻史料影本，這是很珍貴的一手史料，內容包括宋人的世系、社會發展、政治變革等，由於書體常難辨識，有賴老師們的帶領與訂正，經由數年的研讀，讓當時還是研究生的我，從字斟句酌的文字解讀與史料背後的意義分析，都有很深的體會與訓練。

二○○七年有四位宋史研究的老師：黃寬重老師、柳立言老師、梁庚堯老師、劉靜貞老師建立一個學術社群，名為「年輕學者論文精進計畫」，邀請剛拿到學位的博士及助理教授以下的年輕學者，大約三十五人，為期三年進行寫作訓練，並透過老師們的帶領，增加寫作評論能力。我有幸加入了這個計畫，儘管常須臺中、臺北兩地跑，但結識了在同一個領域奮鬥的諸多學友，加上經過老師的研究心得分享及指導，未來研究的議題，也在這樣的契機下，漸漸明晰起來。

宋代外戚的研究，就是我在這個學術社群裡發想的一個研究課題，當時對這個課題的想法還有點模糊，只覺得外戚權臣的特例，過去的討論不能解釋我心中的疑惑，經過幾次的討論，有劉靜貞老師及學友鄭丞良、林韻柔、許守泯、吳雅婷等人對我的初步發想提供意見，鄭丞良、山口智哉提供研究的參考資料等，讓我決定投入這個課題的研究。期間經歷家事的紛擾、母親的生病、離世，所幸我終於完成了這本論文。

感謝上述提到及我漏掉的各位老師與學友，也感謝我的另一半Max的理解與支持，以及我的三個孩子們，雖然陪伴、照顧他們的成長，花掉我生命中大多數的時間，但也因為他們已然長大，可以分擔家事，讓我能無後顧之憂，也因為他們的鼓勵，讓我能在這一年中努力完成這本書。

最後感謝萬卷樓出版社的配合，晏瑞總編及以邠小姐，都辛苦了。

笨鳥雖然感知的比較慢，但還是會有振翅高飛的時候，就好像我與我的這本書，這不是學術歷程的結束，而是一個新的起點。

黃純怡

二〇二一年元月於中興大學

附表
南宋外戚列表

姓名	親屬	任官情形	附註／出處
孟忠厚	哲宗孟太后姪兒	直顯謨閣，後易武弁。	《宋史》卷二四三〈后妃傳〉，頁八六三六至八六三七。
		原文資，以仕進。靖康元年迎康王，奉太后幸杭州，故授徽猷閣待制，提舉一行事務，尋兼幹辦奉迎太廟神主事。康王即位後，除顯謨閣直學士，臺諫交章論列。……命易武秩，授常德軍承宣使，幹辦皇城司。 后崩，復節度使，開府儀同三司，封信安郡王，充禮儀使。	《宋史》卷四六五〈外戚傳〉，頁一三五八五。
孟　嵩	孟忠厚子	蔭補承事郎，紹興二十七年任軍器監主簿。不久，孟忠厚薨，孟嵩特恩除直祕閣，除授浙西安撫司，主管機宜文字。乾道初年，除監尚書六部門，遇事幹練，故以制書攝倉部。乾道二年通判楚州，後改任主管台州崇道觀，又轉通判臨安府。乾道七年（1171）光宗以皇太子身分尹京，孟嵩任推	樓鑰：《攻媿集》卷一〇八，〈直祕閣孟君墓誌銘〉，頁一五三三至一五三四。

姓名	親屬	任官情形	附註／出處
孟　嵩	孟忠厚子	官。翌年，改浙西安撫司參議官。	
孟毅夫	孟太后姪孫	孟皇后大拜，親屬加恩與轉兩官。內親姪之子孟毅夫等各更賜緋章服。	《宋會要輯稿》后妃二之三，頁二二〇下。
孟子禮	孟太后姪孫	右宣教郎，後主管台州崇道觀。	《宋會要輯稿》后妃二之二，頁二二〇上。
孟子夏	孟太后姪孫	右朝奉郎，後主管台州崇道觀。	《宋會要輯稿》后妃二之二，頁二二〇上。
孟　猷	孟忠厚孫	承奉郎兼秀州糴納倉。後通判婺州，知南安郡，都官郎中，改左曹尚右出淮東運判。入為軍器監，左司郎中，直寶謨閣。兩浙運判副使，太府卿兼刑部侍郎，主管沖祐觀。知婺州，直龍圖閣，江東運副，復主沖佑觀。	《水心集》卷二十二〈孟猷墓誌銘〉，頁三九九上至下。《宋元學案》卷五十五水心學案〈侍郎孟先生猷〉，頁一八一三。
孟　導	孟忠厚孫	累官大理正，知嚴州。再知臨江軍，復為忌者所論罷，而先生亦無意於當世矣。	《宋元學案》卷五十五水心學案〈知軍孟先生導〉，頁一八一四。《水心集》卷二十二〈孟達甫墓誌銘〉，頁四四二下至四四四上。
孟繼華	孟猷子	修職郎，監行在點檢贍軍激賞酒庫所都錢庫。	樓鑰：《攻媿集》卷一〇八，〈直祕閣孟

姓名	親屬	任官情形	附註／出處
孟繼華	孟猷子		君墓誌銘〉，頁一五三四。
		舒州觀察推官。	《水心集》卷二十二〈孟猷墓誌銘〉，頁四〇〇上。
孟繼顯	孟猷子	迪功郎。	樓鑰：《攻媿集》卷一〇八，〈直祕閣孟君墓誌銘〉，頁一五三四。
		鎮江府丹陽縣尉。	《水心集》卷二十二〈孟猷墓誌銘〉，頁四〇〇上。
孟繼勳	孟導子	修職郎，監鎮江府大軍倉門。	樓鑰：《攻媿集》卷一〇八，〈直祕閣孟君墓誌銘〉，頁一五三四。
		從政郎，揚州錄事參軍。	《水心集》卷二十五〈孟達甫墓誌銘〉，頁四四三下。
孟繼勤	孟導子	將仕郎。	樓鑰：《攻媿集》卷一〇八，〈直祕閣孟君墓誌銘〉，頁一五三四。
		文林郎。	《水心集》卷二十五〈孟達甫墓誌銘〉，頁四四三下。
孟繼勇	孟導子	兩浙轉運司，進士。	樓鑰：《攻媿集》卷一〇八，〈直祕閣孟

姓名	親屬	任官情形	附註／出處
孟繼勇	孟導子		君墓誌銘〉，頁一五三四。
		修職郎，監臨安府都稅院。	《水心集》卷二十五〈孟達甫墓誌銘〉，頁四四三下。
朱孝孫	欽宗朱皇后兄	靖康中以節鉞換授右金吾衛將軍，卒贈開府儀同三司。	《宋史》卷二四三〈后妃傳〉，頁八六四五。
朱孝章	欽宗朱皇后兄	官至永慶軍承宣使，卒贈昭化軍節度使。	《宋史》卷二四三〈后妃傳〉，頁八六四五。
韋　淵	顯仁太后（高宗母）季弟	親衛大夫，寧州觀察使，知東上閤門事。性暴橫，不循法度，後遷福建路，十二年未嘗磨勘，乞遷秩，帝不許。後以太后入境，封之平樂郡王，令致仕，又遷少師。 韋淵見后，出言詆毀，責授寧遠軍節度副使，袁州安置，卒贈太師。	《宋史》卷四六五〈外戚傳〉，頁一三五八八。
		紹興三年十一月二十五日，德慶軍節度使充萬壽觀使，紹興十一年進封樂平郡王	《宋會要輯稿》后妃二之四，頁二二一上、二之八，頁二二。
韋　訊	韋淵子	紹興中，官至達州刺史，坐過，用太后旨降武德郎，與嶺外監當。	《宋史》卷四六五〈外戚傳〉，頁一三五八八。
		紹興二十九年，原右中大夫、	《宋會要輯稿》后妃

姓名	親屬	任官情形	附註／出處
韋　訊	韋淵子	直祕閣添差江南西路安撫司參議官，改忠州團練使。	二之十二，頁二二五上。
韋　誼	韋太后親姪	轉武翼大夫。 後任昭化軍承宣使，提舉佑神觀。 紹興二十九年，原惠州刺史改貴州團練使。	《宋會要輯稿》。 后妃二之十五，頁二二六下。
韋　謙	韋淵子	好學能詩，官至建康軍節度使。	《宋史》卷四六五〈外戚傳〉，頁一三五八八。
韋　讜	韋淵子	不明。	《宋史》卷四六五〈外戚傳〉，頁一三五八八。
韋　訢	韋太后姪兒	韋太后祔廟，特轉二官。 紹興二十九年，原榮州刺史為成州團練使。	《宋會要輯稿》后妃二之十二，頁二二五上。
韋　璞	韋謙子	淳熙末，官至太府少卿。紹熙初，除煥章閣，論者以為非祖宗舊制，遂換授明州觀察使，十年不遷。寧宗以其恬退，授清遠軍節度使，致仕，卒贈太尉。	《宋史》卷四六五〈外戚傳〉，頁一三五八八。
		紹興二十九年，與韋璹並為右承事郎。	《宋會要輯稿》后妃二之十二，頁二二五上。
韋　玨	韋太后姪孫	紹興十一年八月，任閤門祇候，補保義郎。	《宋會要輯稿》后妃二之八，頁二二三上。

姓名	親屬	任官情形	附註／出處
韋　璹	韋太后姪孫	紹興二十九年，與韋璞並為右承事郎。	《宋會要輯稿》后妃二之十二，頁二二五上。
韋　珪	韋太后姪孫	依格補官。 韋太后祔廟時與轉兩官。	《宋會要輯稿》后妃二之十二，頁二二五上。
韋　璹	韋太后姪孫	忠訓郎、閤門祗候與韋琛並為秉義郎。	《宋會要輯稿》后妃二之十二，頁二二五上。
韋　琛	韋太后姪孫	忠訓郎、閤門祗候與韋璹並為秉義郎。	《宋會要輯稿》后妃二之十二，頁二二五上。
韋　瑛	韋太后姪孫	紹興二十九年，韋太后慶壽八十，親屬推官。忠訓郎韋瑛為秉義郎。	《宋會要輯稿》后妃二之十二，頁二二五上。
錢　忱	駙馬錢景臻（娶仁宗女）之子	吳越錢俶五世孫。初任莊宅副使，騎都尉。高宗立，拜檢校少保，瀘川節度使，中太一宮使，進開府儀同三司。紹興十五年，以秦魯王終喪，封榮國公，除少保，卒贈太師。	《宋史》卷四六五〈外戚傳〉，頁一三五八八至一三五八九。
錢端禮	錢忱子，孝宗長子鄧王妃之父	以恩補官，紹興間通判明州，加直祕閣，累遷右文殿脩撰，仕外服有聲，高宗材之，知臨安府。 後任戶部侍郎兼樞密都承旨，又除參知政事兼權知樞密院事。	《宋史》卷三八五〈錢端禮傳〉，頁一一八二九至一一八三一。

姓名	親屬	任官情形	附註／出處
邢　煥	高宗邢皇后之父	朝請郎，北遷後於紹興九年卒。	《宋史》卷二四三〈后妃傳〉，頁八六四六。
		原為徽猷閣待制，換授光州觀察使，提舉亳州明道宮。	《宋會要輯稿》后妃二之一，頁二一九下。
邢蓋臣	邢皇后親叔	紹興十三年武義大夫兼閤門宣贊舍人與轉三官。	《宋會要輯稿》后妃二之九，頁二二三下。
邢孝揚	高宗邢皇后之親弟	紹興三年除直祕閣，六年授武義大夫、遙郡刺史。紹興十年授成州團練使，帶御器械。 紹興十三年除保信軍承宣使。	《宋會要輯稿》后妃二之至四，頁二二一下，后妃二之五，頁二二一下，后妃二之七，頁二二二下。
邢孝肅	高宗邢皇后之弟	右承務郎，除直祕閣。	《宋會要輯稿》后妃二之八，頁二二三上。
邢孝寬	邢皇后親弟	右承務郎，除直祕閣。 隆興元年權通判臨安府。	《宋會要輯稿》后妃二之八，頁二二三上。 后妃二之十四，頁二二六上。
邢孝蘊	高宗邢皇后之弟	邢煥故去，邢家遺表請補京官，未成，補忠訓郎。同年十一月除閤門祇侯。	《宋會要輯稿》后妃二之三至四，頁二二〇上至一下
邢孝蹇	高宗邢皇后之弟	邢煥故去，邢家遺表請補京官，未成，補忠訓郎。同年十一月除閤門祇侯。	《宋會要輯稿》后妃二之三至四，頁二二〇上至一下。

姓名	親屬	任官情形	附註／出處
邢孝純	邢皇后堂弟	登仕郎。	《宋會要輯稿》后妃二之五，頁二二一下。
邢孝慶	邢皇后堂弟	右承務郎。	《宋會要輯稿》后妃二之五，頁二二一下。
邢　鏵	邢皇后姪	承務郎，紹興十三年轉三官。	《宋會要輯稿》后妃二之九，頁二二三下。
邢　鍇	邢皇后姪	承務郎，紹興十三年轉三官。孝宗時權通判嚴州。	《宋會要輯稿》后妃二之九，頁二二三下。 后妃二之十四，頁二二六上。
邢　鋁	邢皇后姪	承務郎，紹興十三年轉三官。	《宋會要輯稿》后妃二之九，頁二二三下。
邢　銖	邢皇后姪	承務郎，紹興十三年轉三官。	《宋會要輯稿》后妃二之九，頁二二三下。
邢　鉞	邢皇后姪	承務郎，紹興十三年轉三官。	《宋會要輯稿》后妃二之九，頁二二三下。
潘永思	高宗潘賢妃之叔	曾任閤門宣贊舍人，帶御器械。因有過罷職，下獄追一官。復為閤門宣贊舍人，遷同知閤門事。	《宋史》卷四六五，外戚傳。

姓名	親屬	任官情形	附註／出處
吳　近	高宗吳皇后之父	累官武翼郎，贈太師，追封吳王，謚宣靖。	《宋史》卷二四三吳皇后傳，頁八六四八。
吳　益	吳皇后弟	右武翼郎帶御器械。	《宋會要輯稿》后妃二之九，頁二二三下。
		恩補官，幹辦御輦院，帶御器械。吳氏立后後推官為宣贊舍人，加成州團練使。歷官保康軍節度使，提舉萬壽觀。後加太尉，開府儀同三司。初建節，以檜故，受文資，累加祕閣修撰，直徽猷閣。 孝宗進少傅，封衛王。	《宋史》卷四六五〈外戚傳〉，頁一三五九一。 曹勛《松隱集》卷三十五〈吳益墓誌銘〉，頁三右。
吳　蓋	吳皇后弟	武翼郎兼閤門宣贊舍人。	《宋會要輯稿》后妃二之九，頁二二三下。
		吳氏立后後推恩加文州刺史，累官至寧武軍節度使，升太尉，開府儀同三司，充萬壽觀使，又遷少保。孝宗時封鄭王。	《宋史》卷四六五〈外戚傳〉，頁一三五九一。 曹勛《松隱集》卷三十五〈吳蓋墓誌銘〉，頁五左。
吳　琚	吳益子	習吏事，孝宗時任臨安府通判，歷尚書郎部使者。換資授鎮安軍節度使，復以才選除明州兼沿海制置使。 寧宗時知鄂州，位至少師。	《宋史》卷四六五〈外戚傳〉，頁一三五九二。

姓名	親屬	任官情形	附註／出處
吳　璹	吳益子	官至保靜軍節度使。	《宋史》卷四六五〈外戚傳〉，頁一三五九二。
吳　珣	吳益子	從義郎。	曹勛《松隱集》卷三十五〈吳益墓誌銘〉，頁三右。
吳　璝	吳益子	從義郎。	曹勛《松隱集》卷三十五〈吳益墓誌銘〉，頁三右。
吳　琠	吳益子	從義郎。	曹勛《松隱集》卷三十五〈吳益墓誌銘〉，頁三右。
吳　璐	吳益子	秉義郎。	曹勛《松隱集》卷三十五〈吳益墓誌銘〉，頁三右。
吳　璟	吳益子	秉義郎。	曹勛《松隱集》卷三十五〈吳益墓誌銘〉，頁三右。
吳　珙	吳益子	秉義郎。	曹勛《松隱集》卷三十五〈吳益墓誌銘〉，頁三右。
吳　琦	吳益子	秉義郎。	曹勛《松隱集》卷三十五〈吳益墓誌銘〉，頁三右。
吳　瓌	吳蓋子 韋太后姪女夫	官至昭化軍節度使。	《宋史》卷四六五〈外戚傳〉，頁一三五九二。

姓名	親屬	任官情形	附註／出處
吳　鈞	吳益長孫	淳熙九年十二月二十二日，吳太后慶七十。……特與添差兩浙東路安撫司，主管機宜文字。	《宋會要輯稿》后妃二之十七，頁二二七下。
吳　綱	吳琚子	原補官從事郎，年九歲參加童子試，能誦六經、《語》、《孟》，特改承務郎。	《宋史全文》卷二十八紹熙三年夏四月，頁二三九二。
張　說	高宗吳皇后之妹夫	累官知閤門事、樞密都承旨，簽書樞密院事，後罷為太尉，責居撫州。	《宋史》卷四七九〈佞幸傳〉，頁一三六九二至一三六九三。有子張薦，文州刺史，子嶷，明州觀察使。
潘永壽	高宗潘賢妃之父	直翰林醫局官，太子薨，從隆裕太后於江西。	《宋史》卷二四三〈后妃傳〉，頁八六四八。
張　萃	高宗張賢妃之弟	閤門宣贊舍人，妃死後遷秩兩階。	《宋史》卷二四三〈后妃傳〉，頁八六四九。
劉　懋	高宗劉貴妃之父	累官昭慶軍節度使，金人南侵曾助軍費二萬緡。	《宋史》卷二四三〈后妃傳〉，頁八六四九。
劉允升	劉懋之子	紹興末年曾任和州防禦使，知閤門事，奉使還，遷蘄州防禦使及福州觀察使。	同上。
劉　伉	高宗劉婉儀兄	累官和州防禦使，知閤門事。	《宋史》卷二四三〈后妃傳〉，頁八六五〇。

姓名	親屬	任官情形	附註／出處
郭　瑊	孝宗郭皇后之父	累官昭慶軍承宣使，追封榮王。孝宗待郭氏恩禮彌厚，然不假外戚以官爵。	《宋史》卷二四三〈后妃傳〉，頁八六四五，頁八六五一。
		紹興三十二年右朝散郎充祕閣修撰，以后故，特授鄂州觀察使，提舉萬壽觀。後除昭慶軍承宣使。	《宋會要輯稿》后妃二之十三，頁二二五下。
郭師禹	郭瑊之子	官承宣使，內禪後除節度使。光宗朝官至太保，封永寧郡王。	《宋史》卷二四三郭皇后傳，頁八六五一。
		淳熙十一年任福州觀察使，提舉佑神觀。	《宋會要輯稿》后妃二之二十一，淳熙十一年九月十四日，頁二二九。
郭師元	郭瑊之子	官承宣使，但不及建節而卒。	《宋史》卷二四三〈后妃傳〉，頁八六五一。
		淳熙元年任武功大夫、忠州團練使、主管佑神觀特改添差兩浙西路兵馬鈐轄。 淳熙十一年任利州觀察使，提舉佑神觀。	《宋會要輯稿》后妃二之二十一，淳熙元年四月五日，頁二二九下。
郭善庸	郭師禹孫	寶祐六年授承務郎，免銓注差。	《宋史》卷四十四〈理宗本紀〉，頁八六一。
夏　協	孝宗夏皇后之父	父亡後，后始貴。	《宋史》卷二四三〈后妃傳〉，頁八六五一。

姓名	親屬	任官情形	附註／出處
夏　悅	夏皇后叔	補承務郎。	《宋會要輯稿》后妃二之十四，頁二二六上。
夏執中	夏皇后弟	補承信郎，閤門祇侯。未幾，遷右武郎、閤門宣贊舍人，累遷奉國軍節度使，提舉萬壽觀。寧宗即位，加少保。	《宋史》卷二四三〈后妃傳〉，頁八六五一至八六五二。
		隆興元年十月十一日詔夏執中依格補承信郎，二十四日執中除閤門祇候。十八日立賢妃夏氏為皇后。	《宋會要輯稿》后妃二之十三，頁二二五下。
夏居中	夏皇后堂弟	補成忠郎。	《宋會要輯稿》后妃二之十四，頁二二六上。
夏守中	夏皇后堂弟	補成忠郎。	《宋會要輯稿》后妃二之十四，頁二二六上。
夏行中	夏皇后堂弟	補成忠郎。	《宋會要輯稿》后妃二之十四，頁二二六上。
夏允言	夏皇后親姪	淳熙八年四月五日，秉義郎寄班祇候，除閤門祇候。	《宋會要輯稿》后妃二之二十三，頁二三〇下。
謝　淵	孝宗謝皇后弟	以后貴，授武翼郎。後歷閤門宣贊舍人，帶御器械。光宗時遷果州團練使。寧宗時轉萊州防禦使，擢知閤門事，仍幹辦皇城司，三遷至保信軍節度	《宋史》卷二四三〈后妃傳〉，頁八六五二至八六五三。

姓名	親屬	任官情形	附註／出處
謝　淵	孝宗謝皇后弟	使，尋加太尉、開府儀同三司。謝后崩，封和國公，薨贈太保。	
謝　澄	謝皇后弟	補承信郎，閤門祇候。淳熙四年歸謁家廟，謝澄與轉右武大夫依舊幹辦皇城司。五年特授言州刺史帶御器械，十二月授成州團練使。	《宋會要輯稿》后妃二之二十三，頁二三〇下。
鄭　藻	徽宗鄭皇后外家二世孫	孝宗時任太尉，保信軍節度使兼充萬壽觀使。	《宋會要輯稿》后妃二之十四至十五，頁二二六上至下。
鄭興裔	鄭藻之姪	以后故，授成忠郎，累至江東路鈐轄，孝宗時累差浙東，浙西及江東提刑。知閤門事兼幹部皇城司，又兼樞密副都承旨。光宗遷保靜軍承宣使，寧宗即位，任知明州兼沿海制置使。卒贈太尉。	《宋史》卷四六五〈外戚傳〉，頁一三五九三至一三五九四。
李　道	光宗李皇后之父	為慶遠軍節度使，後贈太尉。	《宋史》卷二四三〈后妃傳〉，頁八六五四。
李孝純	李皇后親姪	紹熙三年任閤門宣贊舍人。因皇后歸謁家廟轉右武郎。	《宋會要輯稿》后妃二之二十五，紹熙三年，頁二三一下。
李孝友	李皇后親姪	閤門宣贊舍人，因皇后歸謁家廟轉右武郎。	同上，紹熙四年五月九日。
李孝斌	李皇后姪	忠訓郎，文州刺史。	《宋會要輯稿》后妃二之二十六，紹熙四

姓名	親屬	任官情形	附註／出處
李孝斌	李皇后姪		年三月一日，頁二三二上。
韓同卿	寧宗韓皇后之父	由知泰州陞揚州觀察使。累遷慶遠軍節度使。加太尉，慶元五年卒，贈太師，謚恭靖。 朝奉大夫權知泰州特換授揚州觀察使，提舉佑神觀。	《宋史》卷二四三〈后妃傳〉，頁八六五六。 《宋會要輯稿》后妃二之二十六，紹熙五年閏十月八日，頁二三二上。
韓侂冑	韓同卿季父	由有定策功，聲勢薰灼。	《宋史》卷二四三〈后妃傳〉，頁八六五六。
		以父任入官，歷閤門祇候、宣贊舍人、帶御器械。淳熙末，以汝州防禦使知閤門事。 寧宗立，侂冑益用事，拜保寧軍節度使，提舉佑神觀。又除平章國事，其後被誅於玉津園。	《宋史》卷四七四〈韓侂冑傳〉，頁一三七七一至一三七七七。
韓　竢	韓同卿子	為后兄，官至承宣使。	《宋史》卷二四三〈后妃傳〉，頁八六五六。
		慶元二年原宣教郎等除直寶文閣，賜紫章服。至六年閏二月換授觀察使。	《宋會要輯稿》后妃二之二十七，慶元二年十一月十六日，頁二三二下。
楊次山	寧宗楊皇后兄	后為貴妃，任知閤門事，帶御器械。理宗立後，為少保，封永陽郡王。	《宋史》卷二四三〈后妃傳〉，頁八六五八。

姓名	親屬	任官情形	附註／出處
楊次山	寧宗楊皇后兄	南郊恩加少傅，充萬壽觀使。致仕，加太保，授安德軍、昭慶軍節度使，改封會稽郡王，卒贈太師，追封冀王。	《宋史》卷四六五〈外戚傳〉，頁一三五九五至一三五九六。
楊　谷	楊次山子	理宗即位，封新安郡王。 太傅、保寧軍節度使，充萬壽觀使，永寧郡王。	《宋史》卷四六五〈外戚傳〉，頁一三五九六。
楊　石	楊次山子	慶元中，補承信郎，善射。嘉定時除揚州觀察使、知閤門事，進保寧承宣使，又提舉萬壽觀，進封信安郡侯。 理宗立，授開府儀同三司，充萬壽觀使，又進石少保，封永寧郡王，卒贈太師。	《宋史》卷四六五〈外戚傳〉，頁一三五九六。
楊　鎮	為楊皇后姪孫，尚理宗女周漢公主，為南宋唯一駙馬	官至左領軍衛將軍，駙馬都統景定二年為宜州觀察使、駙馬都尉，賜玉帶。楊鎮父蕃孫進官二等，戚屬增秩、進封有差。	《宋史》卷四六五〈外戚傳〉，頁一三五九六。 《宋史全文》卷三十六，景定二年十一月乙卯，頁二九〇七。
謝深甫	理宗謝皇后祖父	深甫曾為相，對楊太后有援立之功，故謝氏立后，度宗時謝氏為太后，故追封三代，深甫封魯王。	《宋史》卷二四三〈后妃傳〉，頁八六五九。
謝　奕	理宗謝皇后之兄	封郡王。	《宋史》卷二四三〈后妃傳〉，頁八六五九。
謝奕昌	謝皇后親兄	淳祐九年：詔謝皇后親兄謝奕昌特除開府儀同三司，依前保	《宋史全文》卷三十四，淳祐九年十二月

姓名	親屬	任官情形	附註／出處
	（疑與謝奕為同一人）	寧軍節度使、充萬壽觀使，奉朝請。	己酉，頁二八〇〇。
		景定五年，保寧軍節度使、祁國公、少師、魏國公謝奕昌薨。	《宋史全文》卷三十五，景定五年七月甲午，頁二九二五。
謝奕修	疑為謝皇后堂兄弟	上諭輔臣：謝奕修服除且以郡予之。……四月乙卯，又諭輔臣：謝奕修干郡，朕不欲從內批出，可從公將上。	《宋史全文》卷三十五，寶祐二年三月辛丑，頁二八三三。 同書，四月乙卯，頁二八三四。
謝　堂	謝皇后之姪	兩浙鎮撫大使，尚縈郡公主。	《宋史》卷二四三〈后妃傳〉，頁八六五九。
		寶祐二年謝堂兼江西提舉。	《宋史全文》卷三十五，寶祐二年四月庚申，頁二八三四。
		恭帝時任檢校少保。 德祐元年二月，為兩浙鎮撫使。十二月，賜同進士出身，同知樞密院事。	《宋史》卷四十七〈恭帝本紀〉，頁九二二、頁九二九、頁九三六。
謝　塈	謝皇后之姪	節度使。	《宋史》卷二四三〈后妃傳〉，頁八六五九。
		原衢州知州，因土寇詹沔之亂被降職三等，永不收敘，又收官勒停。	《宋史全文》卷三十六，景定五年六月甲辰，頁二九二四。 《宋史》卷四十五〈理宗本紀〉，頁八八六。

姓名	親屬	任官情形	附註／出處
謝　堲	謝皇后之姪	節度使，與暨在端平初年頗有干國政云。	《宋史》卷二四三〈后妃傳〉，頁八六五九。
謝　垕	謝皇后之姪	恭帝時任保康軍節度使。 德祐元年二月任檢校少保。	《宋史》卷四十七〈恭帝本紀〉，頁九二二、頁九二六。
賈似道	理宗賈貴妃之弟	以父之蔭補嘉興司倉的官職，因妃故擢為太常丞、軍器監，嘉熙二年（1238）登進士第。淳祐元年任湖廣總領，三年加戶部侍郎，五年以寶章閣直學士為沿江制置副使、知江州兼江西路安撫使，再遷京湖制置使兼知江陵府，調度賞罰，得以便宜行事。九年加寶文閣學士，京湖安撫制置大使。十年以端明殿學士移鎮兩淮，寶祐四年加參知政事，隔年加知樞密院事，丞相。 度宗時除太師、平章軍國重事。	《宋史》卷四七四〈賈似道傳〉頁一三七七九至一三七八七。
全昭孫	度宗全皇后之父	知岳州，早卒。冊皇后後追贈三代。	《宋史》卷二四三〈后妃傳〉，頁八六六一。
全永堅	全皇后親弟	補承信郎、直祕閣。 恭帝德祐元年二月，與謝垕並檢校少保。德祐二年正月，加太尉。	《宋史》卷二四三〈后妃傳〉，頁八六五九。 《宋史》卷四十七〈恭帝本紀〉，頁九二六、頁九三七。

姓名	親屬	任官情形	附註／出處
全清夫	全皇后弟	在冊后後各轉一官。	《宋史》卷二四三〈后妃傳〉，頁八六五九。
全庭輝	全皇后弟	冊后後各轉一官。	《宋史》卷二四三〈后妃傳〉，頁八六五九。

參考文獻

一　史料

（清）丁傳靖編　《宋人軼事彙編》　京都市　中文出版社　1980年1月

不著撰人　《宋大詔令集》　北京市　中華書局　1997年12月

不著撰人　《續編兩朝綱目備要》　北京市　中華書局　1995年7月

不著撰人　《皇宋中興二朝聖政》　臺北市　文海出版社　1967年

不著撰人　《宋季三朝政要》　《叢書集成初編》本　北京市　中華書局　1985年

不著撰人　汪聖鐸點校　《宋史全文》　北京市　中華書局　2017年11月

不著撰人　《朝野遺記》　收入《全宋筆記》　鄭州市　大象出版社　2006年

不著撰人　《東南紀聞》　《叢書集成初編》本　北京市　中華書局　1985年

王十朋　《梅溪王先生全集》　《四部叢刊初編》本　臺北市　臺灣商務印書館　1967年

（明）王夫之　《宋論》　北京市　中華書局　校點本　2009年10月

王　林　《燕翼詒謀錄》　收入《唐宋史料筆記叢刊》　北京市　中華書局　1997年12月

王應麟　《玉海》　臺北市　大化書局據日本中文出版社校印本　1977年

方　回　《桐江集》　宛委別藏本　第105冊　上海市　江蘇古籍出版社　1998年
孔平仲　《孔氏談苑》　《叢書集成初編》本　北京市　中華書局　1985年
（明）田汝成　《西湖游覽志餘》　臺北市　世界書局據明嘉靖初刻本　1982年11月
朱　弁　《曲洧舊聞》　《叢書集成初編》本　北京市　中華書局　1985年
朱　熹　《朱熹集》　據宋淳熙本《晦庵朱先生大全文集》校印　成都市　四川教育出版社　1996年10月
黎靖德編　《朱子語類》　北京市　中華書局　1994年
李心傳　《建炎以來朝野雜記》　收入《唐宋史料筆記叢刊》　北京市　中華書局　2006年3月
李心傳　《建炎以來繫年要錄》　北京市　中華書局　1988年
李清臣　《琬琰集刪存》　臺北市　成文出版社　1971年
（清）徐　松輯　《宋會要輯稿》　臺北市　新文豐書局　1976年
（元）脫　脫等　《宋史》　二十五史點校本　北京市　中華書局　1995年3月湖北第3次印刷
岳　珂　《桯史》　收入《唐宋史料筆記叢刊》　北京市　中華書局　1997年12月
岳　珂　《愧郯錄》　《叢書集成初編》本　北京市　中華書局　1985年
周必大　《周益國公文集》收入《宋集珍本叢刊》　北京市　線裝書局　2004年
周　密　《癸辛雜識》　收入《唐宋史料筆記叢刊》　北京市　中華書局　1997年12月

周　密　《武林舊事》　《叢書集成初編》本　北京市　中華書局　1985年

周　密　《齊東野語》　校注本　上海市　華東師範大學出版社　1987年5月

周麟之　《海陵集》　《四庫全書珍本》　臺北市　臺灣商務印書館　據1935年重印

胡　榘等修　《寶慶四明志》　收入《宋元方志叢刊》　北京市　中華書局　1990年

徐　度　《卻掃編》　收入《宋元筆記小說大觀》　上海市　上海古籍出版社　2001年

袁　燮　《絜齋集》　《叢書集成初編》本　北京市　中華書局　1985年

陳　均　《九朝編年備要》　收入《四庫全書珍本》　臺北市　臺灣商務印書館　據1935年重印

陳　模　《東宮備覽》　《四庫全書珍本》　臺北市　臺灣商務印書館　據1935年重印

陳世崇　《隨隱漫錄》　收入《宋元筆記小說大觀》　上海市　上海古籍出版社　2001年

陳傅良　《止齋先生文集》　《四部叢刊初編》本　臺北市　臺灣商務印書館　1967年

趙　升　《朝野類要》　收入《唐宋史料筆記叢刊》　北京市　中華書局　2007年10月

張端義　《貴耳集》　收入《宋元筆記小說大觀》　上海市　上海古籍出版社　2001年

彭龜年　《止堂集》　《叢書集成初編》本　北京市　中華書局　1985年

葉夢得　《避暑錄話》　收入《全宋筆記》　鄭州市　大象出版社　2006年

葉夢得　《石林燕語》　收入《唐宋史料筆記叢刊》　北京市　中華書局　1997年12月

葉紹翁　《四朝聞見錄》　收入《唐宋史料筆記叢刊》　北京市　中華書局　1997年12月

葉　適　《水心集》　《景印文淵閣四庫全書》本　臺北市　臺灣商務印書館　1986年7月

黃　震　《黃氏日抄古今紀要逸編》　《叢書集成初編》本　北京市　中華書局　1985年

黃宗羲　《宋元學案》　北京市　中華書局　2007年1月

楊萬里　《誠齋集》　《四部叢刊初編》本　臺北市　臺灣商務印書館　1967年

真德秀　《西山先生真文忠公文集》　收入《宋集珍本叢刊》　北京市　線裝書局　2004年

崔敦禮　《宮教集》　收入《宋集珍本叢刊》　北京市　線裝書局　2004年

樓　鑰　《攻媿集》　《叢書集成初編》本　北京市　中華書局　1985年

曾敏行　《獨醒雜志》　收入《宋元筆記小說大觀》　上海市　上海古籍出版社　2001年

趙汝愚編　《諸臣奏議》　臺北市　文海出版社　1970年5月

劉　宰　《漫塘集》　《四庫全書珍本》　臺北市　臺灣商務印書館據1935年重印

（元）劉一清　《錢塘遺事》　收入《全宋筆記》　鄭州市　大象出版社　2006年

劉克莊　《後村先生大全集》　《宋集珍本叢刊》　北京市　線裝書局　2004年
（清）陸心源　《宋史翼》　北京市　新華書店　1991年
曹　勛　《松隱集》　《四庫全書珍本》　臺北市　臺灣商務印書館據1935年重印
魏了翁　《鶴山先生大全文集》　收入《宋集珍本叢刊》　北京市　線裝書局　2004年
羅大經　《鶴林玉露》　收入《唐宋史料筆記叢刊》　北京市　中華書局　1997年12月

二　專書

（日）平田茂樹　《宋代政治結構研究》　上海市　上海古籍出版社　2010年8月
（日）寺地遵著　劉靜貞、李今芸譯　《南宋初期政治史研究》　臺北市　稻鄉出版社　1995年7月
（德）傅海波（Herbert Franke）　〈賈似道——一個邪惡的亡國丞相？〉　收入《中國歷史人物論集》　臺北市　正中書局　1973年
（英）崔瑞德（Denis Twitchett）、（美）史樂民（Paul Jakov Smith）編　*The Cambridge History of China, Vol. 5 Part One: The Five Dynasties and Sung China And Its Precursors, 907-1279 AD*　”2006.11　中譯本《劍橋中國宋代史》　北京市　中國社會科學出版社　2021年4月第2次印刷
刁忠民　《宋代臺諫制度研究》　成都市　巴蜀書社　1999年5月
王瑞來　《君臣：士大夫政治之下的權力場》成都市　四川人民出版社　2019年3月

任崇岳　《誤國奸臣賈似道》　鄭州市　河南人民出版社　1991年
何忠禮、徐吉軍　《南宋史論》　杭州市　杭州大學出版社　1999年4月
余英時　《朱熹的歷史世界——宋代士大夫政治文化的研究》　臺北市　聯經出版社　2003年
李　超　《南宋寧宗朝前期政治研究》　上海市　上海古籍出版社　2019年11月
李光偉　《南宋權相政治研究》　山東大學歷史系碩士論文　2012年
沈松勤　《南宋文人與黨爭》　北京市　人民出版社　2005年4月
范　帥　《宋代皇子制度研究》　開封市　河南大學歷史學碩士論文　2014年5月
徐美超　《史彌遠的政治世界：南宋晚期的政治生態與權力型態的嬗變1208-1259》　山東大學歷史文化學院碩士論文　2012年5月
張　禕　〈中書、尚書省劄子與宋代皇權運作〉　《歷史研究》2013年第5期　頁50-66　另載於《過程、空間——宋代政治史再探研》　北京市　北京大學出版社　2017年7月　頁22-49
張邦煒　〈兩宋無內朝論〉　《河北學刊》1992年第1期
張邦煒　《宋代皇親與政治》　成都市　四川大學出版社　1993年12月
張金嶺　《宋理宗研究》　北京市　人民出版社　2018年10月
張維玲　《從南宋中期反近習政爭看道學型士大夫對「恢復」態度的轉變（1163-1207）》　臺灣大學歷史系碩士論文　2009年5月
張儒婷　《宋代外戚地位研究》　長春市　東北師範大學歷史學碩士論文　2007年6月
陳正庭　《賈似道與晚宋政局研究》　臺中市　中興大學歷史系碩士論文　2009年
程誌華　《學術與政治：南宋「慶元黨禁」之研究》　新竹市　清華大學歷史研究所碩士論文　1995年6月

黃俊彥　《韓侂胄與南宋中期的政局變動》　臺灣師範大學歷史研究所碩士論文　1976年7月
黃純怡　《北宋的外戚與政治》　臺北市　萬卷樓圖書股份有限公司　2016年3月
黃寬重　《藝文中的政治：南宋士大夫的文化活動與人際關係》　臺北市　臺灣商務印書館　2019年7月
楊宇勛　《南宋理宗中晚期的政爭：從史彌遠卒後之相位更替來觀察》　臺南市　成功大學歷史語言研究所碩士論文　1991年
虞云國　《南宋行暮：宋光宗、宋寧宗時代》　上海市　人民出版社　2018年9月
賈志揚　《天潢貴冑：宋代宗室史》　成都市　江蘇人民出版社　2005年11月
廖健凱　《權相秉國——史彌遠掌政下之南宋政局》　臺北市　臺灣師範大學歷史系碩士論文　2003年6月
趙雅書　〈賈似道與公田法〉　《第二屆宋史學術研討會論文集》　臺北市　中國文化大學　1995年
劉子健　《兩宋史研究彙編》　臺北市　聯經出版社　1987年11月
劉坤新　《南宋潛邸出身官員群體研究》　開封市　河北大學歷史學博士論文　2015年5月
劉靜貞　《北宋前期皇帝和他們的權力》　臺北市　稻鄉出版社　1996年4月
鄧小南　《祖宗之法——北宋前期政治述略》　北京市　生活・讀書・新知三聯書店　2006年9月
鄧小南、曹家齊等編　《文書、政令、信息溝通——以唐宋時期為主》　北京大學出版社　2012年1月
戴仁柱　《丞相世家：南宋四明史氏家族研究》　北京市　中華書局　2014年11月中譯本

三　論文

（日）小林晃　〈南宋中期における韓侂冑專權の確立過程〉　《史學雜誌》2005年　頁31-54

（日）小林晃　〈南宋孝宗朝における太上皇帝の影響と皇帝側近政治〉　《東洋史研究》第71卷第1號　2012年　頁69-97

（日）小林晃　〈南宋寧宗朝における史彌遠政權の成立とその意義〉　《東洋學報》第91卷第1期　2009年　頁35-64

（日）王瑞來　〈皇帝權力に關する再論〉　《東洋文化研究》1號　東京　學習院大學東洋文化研究所　1999年3月　頁57-88

（日）安倍直之　〈南宋孝宗朝の皇帝側近官〉　《集刊東洋學》第88卷　2002年　頁83-103

（日）宮崎市定　〈南宋末の宰相賈似道〉　收於《宮崎市定全集》第11冊　東京　岩波書店　1993年　頁291-325

（日）藤本猛　〈武臣の清要——南宋孝宗朝的政治狀況與閤門舍人〉　《東洋史研究》第63卷　2004年1月　頁1-35

方誠峰　〈御筆、御筆手詔與北宋徽宗朝的統治方式〉　收入鄧小南編《過程、空間——宋代政治史再探研》　北京市　中華書局　2017年7月　頁50-79

方震華　〈賈似道與襄樊之戰〉　《大陸雜誌》第90卷第4期　頁31-37

方震華　〈轉機的錯失——南宋理宗即位與政局的紛擾〉　《臺大歷史學報》第53期　2014年6月　頁1-35

王曾瑜　〈宋孝宗時期的佞幸政治〉　收入《絲毫編》　保定市　河北大學出版社　2009年6月

白文固　〈宋代外戚恩蔭制度淺論〉　《青海社會科學》2001年第5期　頁85-91

柳立言　〈南宋政治初探——高宗陰影下的孝宗〉　《中央研究院歷史語言研究所集刊》第57期3分　1986年　頁553-584

苗書梅　〈宋代宗室、外戚與宦官任用制度述論〉　《史學月刊》1995年第5期　頁32-38

黃寬重　〈略論南宋時代的歸正人〉　《南宋史研究集》　臺北市　新文豐書局　1985年　頁185-232

黃寬重　〈賈涉事功述評——以南宋中期淮東防務為中心〉　《漢學研究》第20卷第2期　2002年12月　頁165-189

楊世利　〈論北宋詔令中的內降、手詔、御筆手詔〉　《中州學刊》2007年11月第6期　頁186-188

楊光華　〈宋代后妃、外戚預政的特點〉　《西南師範大學學報》1994年第3期　頁62-67

楊宇勛　〈宋理宗與近習：兼談公論對近習的態度〉　《中山大學學報》2014年第6期

雷海宗　〈皇帝制度之成立〉　《清華學報》第9卷4期　1934年10月　頁853-871

趙冬梅　〈試論宋代的閤門官員〉　《中國史研究》2004年第4期　頁107-121

趙英華　〈略論宋代皇儲的教育與培養〉　《蘭州學刊》2007年第7期　頁182-185

劉靜貞　〈唯家之索—隆祐孟后在南宋初期政局中的位置〉　《國際社會科學雜誌》　北京市　中國社會科學雜誌社　2016年3期　頁41-51

蔣義斌　〈史浩與南宋孝宗朝政局——兼論孝宗之不久相〉　《宋史研究集》第19輯　臺北市　國立編譯館　1988年　頁29-77

鄭丞良　〈試論南宋嘉定年間（1208-1224）對金和戰議論與政策的轉變〉　《臺灣師大歷史學報》第57期　2017年5月　頁1-34

韓冠群　〈從政歸中書到權屬一人：南宋史彌遠專權之路〉　《四川師範大學學報》第44卷第3期　2017年5月　頁149-156
韓冠群　〈御筆、白劄子與宋孝宗的獨斷〉　《宋史研究論叢》第20輯　北京市　科學出版社　2017年12月　頁173-183

史學研究叢書 · 歷史文化叢刊 0602017

皇權、近習與權臣：南宋的外戚與政治

作　　者　黃純怡
責任編輯　林以邠
特約校對　龔家祺

發 行 人　林慶彰
總 經 理　梁錦興
總 編 輯　張晏瑞
編 輯 所　萬卷樓圖書股份有限公司
臺北市羅斯福路二段 41 號 6 樓之 3
電話 (02)23216565
傳真 (02)23218698

發　　行　萬卷樓圖書股份有限公司
臺北市羅斯福路二段 41 號 6 樓之 3
電話 (02)23216565
傳真 (02)23218698
電郵 SERVICE@WANJUAN.COM.TW

如何購買本書：
1. 劃撥購書，請透過以下郵政劃撥帳號：
帳號：15624015
戶名：萬卷樓圖書股份有限公司
2. 轉帳購書，請透過以下帳戶
合作金庫銀行 古亭分行
戶名：萬卷樓圖書股份有限公司
帳號：0877717092596
3. 網路購書，請透過萬卷樓網站
網址 WWW.WANJUAN.COM.TW
大量購書，請直接聯繫我們，將有專人為您服務。客服：(02)23216565 分機 610

如有缺頁、破損或裝訂錯誤，請寄回更換

ISBN 978-986-478-439-4
2021年3月初版一刷
2021年7月初版修訂再刷
定價：新臺幣360元

科技部人文社會科學研究中心
Research Institute for the Humanities and Social Sciences, Ministry of Science and Technology
本著作獲科技部人文社會科學研究中心補助出版

國家圖書館出版品預行編目資料
皇權、近習與權臣 ：南宋的外戚與政治/黃純怡著. -- 初版. -- 臺北市 ：萬卷樓圖書股份有限公司, 2021.03
480 面 ；17*23 公分. -- (史學研究叢書. 歷史文化叢刊 ；602017)
ISBN 978-986-478-439-4(平裝)
1.外戚 2.南宋史

625.2　110000301